洞见的力量

成就不凡的十二大引擎

THE POWER OF INSIGHT

胡国安 著

中国经济出版社
CHINA ECONOMIC PUBLISHING HOUSE
北 京

图书在版编目（CIP）数据

洞见的力量：成就不凡的十二大引擎 / 胡国安著. -- 北京：中国经济出版社，2024.4
ISBN 978-7-5136-7709-7

Ⅰ. ①洞… Ⅱ. ①胡… Ⅲ. ①企业经营管理 Ⅳ. ① F272.3

中国国家版本馆 CIP 数据核字（2024）第 067683 号

策划编辑 崔姜薇
责任编辑 黄傲寒
责任印制 马小宾
封面设计 久品轩

出版发行 中国经济出版社
印 刷 者 湖南湘裕印刷有限公司
经 销 者 各地新华书店
开 本 710mm × 1000mm 1/16
印 张 16.5
字 数 229 千字
版 次 2024 年 4 月第 1 版
印 次 2024 年 4 月第 1 次
定 价 68.00 元
广告经营许可证 京西工商广字第 8179 号

中国经济出版社 **网址** http://epc.sinopec.com/epc/ **社址** 北京市东城区安定门外大街 58 号 **邮编** 100011
本版图书如存在印装质量问题，请与本社销售中心联系调换（联系电话：010-57512564）

序一

国学智慧，中国企业最好的营养

大家都知道我是研究《周易》的，在中华文化的历史长河中，《周易》是源头的那一泓清泉，它以奔流不息的生命之水，汇聚成了悠悠五千年的中华文明。以《周易》为发端，形成了中华文化的智慧宝库。这就是我们所说的国学，而国学中的智慧，是我们中国企业最好的营养。

《周易》《道德经》《论语》或者《孙子兵法》，翻开中华古代典籍中的任何一部，无论是做人还是经营企业，都能够从中汲取到营养，因为先贤们的思想是从修身、齐家、治国、平天下全方位出发的。

德国哲学家雅斯贝尔斯曾经把公元前 8 世纪至公元前 2 世纪称作“历史的轴心时代”。翻开世界历史画卷可以看到，这一时期对应着古希腊繁盛的文化思想和中国春秋战国“百家争鸣”的文化景观。

以儒家、法家、道家为代表的诸子思想奠定了中华文明的基础，对后世礼仪风俗、衣食住行、科学技术等各个层面产生了深远的影响。这些思想是中国传统文化的精髓，也是中国人的精神家园。其不仅存在于个人的修为中、存在于家庭中，还应该存在于社会组织中，尤其是企业组织中。

我的学生中有很多是办企业的，我关注他们的企业的成长，更关注他们的品牌创新和文化根基。因为我相信，随着人类文明的螺旋式上升，审美和其他精神需求必将永久进化，有文化、有思想的品牌进化才是永无止境的。

经营与管理工作既是一种科学，更是一种艺术和文化。特别是在心理文化层面，源自民族习惯和文化认同的历史积淀会对人们的价值观产生难以估量的影响。

胡国安董事长经营企业二十年的成功经验让我更加坚信：一个业绩突

出、发展健康的中国民营企业，需要中国传统文化的支撑。

就像《洞见的力量》这本书提到的，中国人的企业，其灵魂一定是中国人的。强调德能配位，笃信内圣外王，这些一直是胡国安董事长与众不同的企业经营管理思想。同时，胡国安董事长用儒家的仁义之道、法家的变革之道、道家的无为之道审视和“翻新”了西方管理模式，将中式理念与西方管理方法融会贯通，使道术合一、知行合一。

今天，中国社会正进行着深刻的历史变革，在经济转型的过程中，既需要科技进步与创新，也需要以传统文化为根基改进国家、企业的领导与管理工作，中国式管理思想日益显示出巨大的价值和蓬勃的生命力。因此，充分挖掘传统的人文管理资源、提升管理效率，成为中国当代商业管理者的重要选择。

当然，以传统文化为企业文化之根，并不意味着每一句话都引经据典，更不意味着顽固不化的教条主义。所以，《洞见的力量》这本书让我赞叹的还有，它提供了一种全新的视角，通过阐释儒家、法家、道家的管理细节，以历史的成败得失加以印证，并结合国内外知名企业的领导与管理案例，为大家展示了中国式管理的精妙之处。

伟大的商业管理实践必然以本土管理理论作为支撑，才能拓展自己的发展空间。我国古代社会文明绵延几千年，其中必然蕴藏着出色的领导智慧和管理哲学。

我期待胡国安董事长的这本书给人们带来惊喜，帮助新时代的改革开拓者借鉴更多经验、获得更多方法。更希望这种既持守大道又独具匠心的中国民营企业越来越多！

片语匆匆，算为序。

全国政协委员
国际易学联合会名誉会长
北京中医药大学国学院创院院长
2023 年 12 月 7 日

序二

潮涌湾区，激昂逐梦

千山一脉，万水同源，粤港澳的命运从来都与全国人民紧密相连。几年前，我国提出粤港澳大湾区协同发展的战略计划，要使粤港澳大湾区成为新发展格局的战略支点、高质量发展的示范地、中国式现代化的引领地。这三大战略定位，对大湾区建设提出了更高的要求，也为每一位大湾区的建设者，包括企业家指明了方向。

像胡国安董事长这样的一批企业家都得益于改革开放的伟大政策，都是和这个时代共同发展的。具体到胡国安董事长本人，多年来，他一直为湖南的建设、为中国香港的发展倾注着自己的智慧、才能和物力、人力，为促进湘港两地经济、文化、教育的交流与发展做出了积极的贡献。作为中国香港长沙联谊会的会长，他主动担负社会责任，凝聚广大港籍湘籍企业家的力量，内外挖潜，扩容拓新，有效推动两地企业家商务往来、项目合作、技术交流等，引导和带动粤港澳大湾区“骨干”企业投资长沙，推进中国香港和长沙经济文化全方位深度合作。

回想起来，我与胡国安董事长结识并成为好朋友已有 10 多年的时间。我们相识于一场民营企业高峰论坛，这是我第一次聆听胡国安董事长的演讲。用餐时，我们又坐同一张桌子，聊起犹太商业文化、中国古代商业文化等世界上优秀的商业文化，相谈甚欢。此后，我带领企业界的学员参访绿之韵集团长沙总部、深圳机构，直接感受绿之韵集团管理和成长的经验，自是获益良多。

我觉得这是个很伟大的企业，是我学习的榜样。总结下来可以用“两个心”来形容。

第一，坚持初心。绿之韵是一家坚守初心的企业。20年来，绿之韵坚定不移深耕大健康产业，为解决人类亚健康问题服务，胡国安董事长的这份初心从未改变过。

第二，发扬善心。《老子》里面有一句很经典的“上善若水”，意思是最高境界的善行就像水的品性一样。“水”文化在很大程度上展现了绿之韵优秀的企业文化底蕴和至高品位。绿之韵在发展实业的同时，积极履行社会责任，勇担责任与使命，一直以来致力于对青少年一代的培养，倾注全力关心关爱身处困境的儿童的学习生活、精神生活，这和香港中华教育基金的理念不谋而合。

思想的自由就是最高的独立。我觉得这句话很适合胡国安董事长，以及他所代表的那一代人。他的个性中呈现着矛盾的多样性，慈悲和敏锐共存，刚强和温情共举。一个不擅长表达情感的企业家，并非心中没有情感，而是心中装得太多。

作为扎根湖南本土的民营企业，绿之韵集团在各级政府的精心指导和部署下，牢牢把握“湖南—粤港澳大湾区”区域经贸合作发展新机遇，充分发挥大健康全产业链优势，助力中医药文化传承与创新、健康中国战略和“一带一路”倡议发展，全面提速“大品牌、大健康、大金融”战略和企业上市进程，积极拓深、拓宽在美国、新加坡、以色列、中国香港、中国澳门等地区的合作与交流。胡国安董事长为此倾注了大量心血，取得了长足的成效，积累了宝贵的经验。

在胡国安董事长的身上，最可贵的品质是“学习”这两个字，他为人谦和坦诚，待人接物热情，管理思维超群，分析问题有深度。他被授予美国林肯大学的荣誉博士，我很为他高兴。他对自身要求很高，每天要走2万步，在路上他会跟管理层谈话，每天坚持学习、吸收很多新的资讯，对社会的职能也是常记在心，有企业家领袖的大师风范。

如今，胡国安董事长的新作《洞见的力量》一书即将付梓，我有幸先睹为快。通读全稿后，深感此书对胡国安董事长创业初心，直至对当今的企业文化与胡国安董事长超越利润、富有社会责任的追求，做了全景式扫描与深入剖析。书中材料丰富、翔实，观点深刻、系统，论述生动、流畅，可以称为一部具有启发性的管理学著作。同时，这本书对于正面临高质量发展路径上诸多问题的众多中国企业家而言，提供了可资系统借鉴的极好案例。

承蒙胡国安董事长请我作序，深感责任重大之余，写下上述文字。谨以复命。

香港金融管理学院首任院长
香港中华教育基金理事长
2023 年 12 月 27 日于中国香港

序三

百战归来再著书，万壑人生见坦途

一

好多年来，我已不再亲自为文作序了。原因有二：一是时代飞速发展，云谲波诡，深感胸中所藏，已不足以应对今日之变，轻率捉笔，唯恐贻笑；二是长江后浪推前浪，后生可畏，吾辈再不让位，恐落不能自知之名。但这次遇上《洞见的力量》一书，却无论如何也没办法推辞了。

为什么？具体说来有两大缘由：其一是本书的作者国安先生是我 20 余年的老朋友，故友情重。20 年来，我见证了他把自己的企业从 0 做到 1，又从 1 做到 N，踔厉奋进，堪称传奇。我敬佩他所创造的作品和作品背后的所有智慧，由是只能提笔；其二是当我通读完本书的初稿后，如逢甘霖，内心极为震撼。全书以国安先生自身的创业和发展为主轴，融故事和哲学于一体，夹叙夹议，娓娓道来，既如博学鸿儒，也如邻家兄长，亲切而润泽心田。“百战归来再著书，万壑人生见坦途”，这确系难得一见的好书。故此，我亦不能弃笔。

造访名山胜景，需要导游；研读好书佳作，需要向导。对于国安先生之大作，既然我已先睹为快，今天就权且做一回该书的导读吧。唯愿序成之后，国安先生不怪我，万千读者不怨我，足矣！

二

通读此书，首先让我深感震撼的是国安先生作为一名成功企业家的洞见和智慧。我们身处一个变化与危机、挑战与机遇交互并存的时代。从 0 开始，励精图治，在急速变化的时代变局中，把自己创办企业的想法变成现实，同时守正创新，勇毅前行，力克各种困难，让企业迎风斗浪，且达成持续成长，确实是诸多企业界人士的追求和愿望。国安先生在书中，通过对自己创办企业心路历程的有形记录和无形梳理，为我们提供了在复杂变局中驾驭现实和未来的深度思考和成功经验。从 0 开始，白手起家，历经 20 年，国安先生把一个从 150 平方米陋室中诞生的企业，经营成了百亿级资产的企业，培育出了中国大健康产业集群中一个卓越的民族脊梁型品牌，充满了远见、卓识和智慧，值得我辈尊敬和礼赞。

那么，在国安先生创造这个优秀企业的过程中，他到底洞见和运用了哪些无上的企业家智慧呢？通观全书，十二个章节，每一个章节中都溢满了精彩的挖掘和展示。真可谓句句经典、字字珠玉。其中特别浓墨重彩予以披露的则有四大支柱。它们分别在第一、第三、第六和第七章。在国安先生看来：首先，在中国，一个企业要蓬勃发展，企业的创始人要志存高远、襟怀远大。只有这样，他才能运筹帷幄、决胜千里，并在经营企业的过程中，无论身处顺境逆境、顺流逆流，都能真正做到闲庭信步、永不放弃。其次，生长在中国的企业家，一定要深谙国情，坚持永远跟党走，永远听党话。唯有如此，企业才能建立红色根基，获取永不衰竭的红色动能。再次，企业在自始至终的成长中，始终通过卓越的产品，精准满足消费者的多元化需求，则是企业安身立命的根本。最后，从企业的长远发展和基业长青来看，持续不断的科技创新才是企业与时俱进、建立新的竞争优势的活力源头。

国安先生 20 年如一日，在打理和成就自己企业的过程中，是这么想的，也是这么做的。他知行合一、勇往直前，既是一名思想深刻的思索者，同时也是一名无畏的斗士。实践证明，他选择的方向是对的，他所洞见的规律是有力量的，他所总结的智慧是能与当今时代同频共振的。若读到此书，我想那些无数打算创建和正在推动自己企业成长的梦想者们，一定会有醍醐灌顶之感。

三

通读此书，其次让我深感震撼的是国安先生作为一名卓越的团队锻造者的洞见和智慧。当今时代，每一个组织的推动者，都希望自己一手建立起来的组织和团队，在经历一段时间的培育和磨砺后，能像传说中的“息壤”一样，不断地裂变成长。其组织内部，生机勃勃，活力无限；其团队建设，英才云集，战将如云；其对外展现，秣马厉兵，纪律严明；而一旦走上战场，则动如脱兔，静若处子。拥有这样的组织和团队，干事业才能纵横捭阖，所向披靡。但在我们今天的生活中，理想往往非常丰满，现实却难免骨感苦涩。要打造一个这样的组织和团队，谈何容易！但是，国安先生通过他的亲身经历和上下求索，给出了我们四两拨千斤的无上智慧。

论及国安先生组建和锻造自己的组织和团队，他其实并无辉煌的起点，而是在毫无时代竞争力的环境中起步的。一个简陋至极的平台，五六个从业诉求各异的成员，不足半年的粮草储备，随时可能人去楼空的散伙宿命，这便是国安先生创业时组织和团队的所有本钱。但是，基于一名卓越领导者与生俱来的高远眼光和自信，他一步一个脚印，从选材，到磨炼，到培育，再到锻造，从小到大，建立了一支召之即来、来之能战、战之必胜的铁军团队。在这个团队中，对组织的忠诚和热爱深入每个成员的骨髓，对自己的不断超越和突破是整个团队的群体性格，而“自动波”式的高效能工作和奉献精神则成了它最傲人的标签。

用平凡生不凡，起于累土，成于巅峰，成功培育和锻造这样一个卓越的组织和团队，国安先生的核心密码到底是什么？很显然，它就镌刻在《洞见的力量》的字里行间。纵观全书，你不难发现，该书的十二个章节，通篇展示的都是这种来自一线的经验之谈和洞见的力量。其中，尤其是第二、第五、第八、第十一章等章节，更是与众不同地披露了国安先生打造卓越团队的重点方略。

在国安先生看来：首先，一个优秀组织和团队的建设，文化永远是第一根基。而在这种文化的底色上，充满正能量的核心价值观、不断超越自己理想的愿景，则是组织和团队文化的灵魂；其次，以加速成长为核心目标的管理体系，则是促进组织和团队不断进化的核心力量；再次，建设边界清晰、权责分明的授权和分权体系，让听得见炮火的人拥有决策权，则是一个优秀组织和团队建设的机制保障；最后，力倡人格建设，搭建开放包容的广阔舞台，让每一个组织成员充满家的归属感，自由奔放地拥抱展示自己精彩人生的机会，这些都是优秀组织建设和团队锻造的核心抓手。总之，在组织和团队建设的过程中，一手抓制度建设，一手抓文化浇灌；一手抓理想情怀，一手抓现实蜕变。这就是国安先生成功锻造优秀组织和团队的不二法门。

毫无疑问，国安先生是一名充满洞察力和智慧的组织缔造者。他在自己团队打造实践中的这些所思、所悟、所行，正在被实践证明，是可以借鉴、复制的成功方法论。正是基于此，站在我个人的观点，快速拥有《洞见的力量》这样一本书，并且在反复研读中领悟国安先生 20 年的成功经验和智慧，犹如站在巨人的肩膀上成长，对于诸多拥有美好理想而苦无良策的组织建设者而言，是何其幸福的一件事情啊。

四

通读此书，最后让我深感震撼的是国安先生作为一个平凡人创造不凡人生的洞见和智慧。我们所处的时代，正被速度、变化和危机全域包围，每一个个体的学习、改变和创业，也正在无可争辩地成为整个社会和世界的时尚风景。崛起于普通，成就于非凡，建功立业，拥有世界百年变局下的丰盛人生，则是每个人心中最深沉的期望。

而谈到个人创业，我们不能不面对一个残酷现实：即这个世界上的绝大多数人不是社会精英。他们没有良好的家世渊源，没有傲人的海归或者“985”“211”学历，没有可传承的资产，没有随手可触达的顶级资源。因此，从一开始，他们的创业之路就充满了先天命途中的坎坷和辛酸。而对于这群覆盖面广阔的创业者而言，通过自己的挣扎与奋斗，经过一段实践岁月的淘洗，能够拥有一份自己的事业，在不断成长和成功的道路上，获得尊严和荣耀，拥抱不凡人生，是他们多么梦寐以求的事情啊。作为一个普通人，作为一个只有平凡起点的追梦者，他们到底如何想、如何做、如何迈步、如何坚守、如何奋斗、如何拼搏、如何借势、如何借智，才能在艰难困苦中去创造属于自己的不凡呢？没有任何疑义，国安先生的这本新作，给我们送来史诗级的“马太福音”。

翻阅国安先生的上一本文化巨作《水道渠成》，我们就可以十分清晰地看到：和中国绝大多数的个体创业者一样，国安先生立志改变命运的事业起点也是极度贫瘠的。绵延千里的雪峰山脉深处，树高林密，土地贫瘠，这便是国安先生的生长之所。在这里，自古以来的贫穷和闭塞，几乎限制了人们对于成功人生的全部想象。但就是在这样的一个环境中，改革开放的时代春雷震醒了国安先生，他立志走出大山，改变自己和家族的命运。从山村到都市，从湖南到深圳，再从中国到世界，用20多年的披荆斩棘和上下求索，国安先生闯出了自己的一番天地，建立了一个横跨健康、金融、投资、酒店服务等多产业领域的企业王国，成就了自己卓尔不群的人生事业。那么，在无数人的惊叹和感喟中，国安先生到底是凭借什么才成为这个时代的人生赢家呢？

“台上一分钟，台下十年功”，国安先生在自己的最新力作中，酣畅淋漓地抖开了自己20年来的奋斗画卷，毫无保留地给我们展示了这种“从创业小白到成功教练”的实践智慧。在国安先生这本书中，从第一章到第十二章，他娓娓道来的每一个故事、每一次自省，都包含着他自己边干边悟边行的独特智慧。其中，尤其是第四、第九、第十、第十二章的内容，更是把这种经验阐述得振聋发聩。在国安先生看来：每个人要想成就非凡人生，首先，一定要自信自强。在国安先生看来，天生我材必有用，每个人都是一只沉睡的雄狮，每个平凡的人都可以创造属于自己的人生辉煌；其次，要想成就非凡人生，每个人一定要有自己永远珍藏于心的梦想和初心，要有自己明确的人生目标，同时从自己的梦想和初心出发，不断进行自我超越；再次，要想成就非凡人生，还必须时时刻刻懂得感恩，感恩时代、感恩祖国、感恩家乡、感恩父母亲人、感恩人生道路上的贵人、感恩一切帮助过自己的人，要把感恩当成自己的一种行为习惯，超越时空坚守。只有这样，一个人在创造不凡人生的征程中，才能获得越来越多的资源和贵人助力；最后，要想成就非凡人生，每个追梦者还必须时刻警惕自己的小富即安，要把个人的成功与多数人的成功连接在一起，用大爱和使命驱动自己不断进化，不断追求更高远的理想和人生格局。只有这样，一个平凡人，才可以通过自己不断的努力，创造不负时代、不负韶华的非凡人生。

五

“问渠哪得清如许，为有源头活水来”，无可争辩，国安先生是平凡的，因为他所出生和成长的环境与绝大多数人并无二致，上天也并没有给予他异于常人的厚爱；在他成长和创业的道路上，他和我们一样，饱经了沧桑、苦难、煎熬和挑战；他所走的路，就是一条从大山里蜿蜒而出、沟壑纵横的崎岖的人生之路。但是，国安先生又是不平凡的，因为在同一个时代、同一种浪潮中、同一片土地上，他却能先知先觉，用洞察和行动作为双翼，飞越崇山峻岭、渡过急流险滩，勇毅前行，用 20 年的拼搏和坚持创造了今天不平凡的人生。他所走的路，本质上就是一条志存高远、相信自己、永不放弃、创造传奇的人生之路。《洞见的力量》是记录、是总结、是见证、是思考、是顿悟、是智慧；我相信它一定会成为一个时代、无数逐梦者宝贵的精神财富！而国安先生在书中所展示的思想和方法体系，也会成为我们每一个平凡人创造不凡人生的金钥匙！

祝福结缘此书的所有朋友！

祝福国安先生和他的企业！

著名战略研究专家
北大、清华新营销总裁高级研修班特邀授课导师
2023 年 12 月 6 日于北京

自序

鲸波万里，一苇可航

一千个人的眼中会有一千个哈姆雷特，那么一千个人的眼中也会有一千个绿之韵。

但对我来说，绿之韵只有一个。

它是我的整个人生，所有的梦，一切的意义、价值、标签和符号。它是我在这个世界上存在过的证明。

我希望它成为百年企业，成为不朽的象征。这需要未来者为它注入新的生命。我所能赋予绿之韵的，就像李云龙为独立团所赋予的，是那种叫作“灵魂”或是“精神”的东西。

现在，人们经常称呼我为“企业家”，但我之所以成为企业家，并非源于我的本能，也并非我真正的性格使然。我只是在一个找不到出路的年代里，使劲儿地为自己找一条出路。等到年纪大了，回过头一看，自己竟走出了一条路——一条水路，“弱水三千，只取一瓢”的路。

我是艰苦创业，一路走过来的，没有时间去享受，生怕享受了、贪图安逸了，企业就垮了。而且那些太古怪的东西，我也不敢去尝试。

我小时候的理想很多，后来被社会现实慢慢地修正。有什么机会就抓住什么机会，就像《士兵突击》里的许三多一样，把每个机会都当作救命稻草，牢牢抓在手中。没有理想、没有目标是不行的。我年轻的时候在深圳闯荡时就有想法，要让父母过上好生活，出人头地以后再回报家乡。

在商业生活中，我没有去学别人的什么理论，完全是从中国传统文化，这一很多流派和思想兼容并蓄的知识体系中汲取营养，判断一个问题应该怎么解决比较好、怎样去管理比较好，自己总结提炼，通过实践才知道对错。

自序

鲸波万里，一苇可航

近几年，有一个问题一直占据着我的脑海。一个人最伟大的成就，应该是为社会创造了什么。那么，除了为这个国家提供了更多税收，我还能为这个国家、这个时代提供的最大价值是什么？

直到我看到，当下几乎所有的年轻人都想成为出类拔萃的人，但大部分人成了“类”而不是“萃”时，我才意识到世界每天都在改变，但不变的是我们内心亘古的准则与律令，我还可以为人们本身的事业进步和建设提供意见，提供建设性的思维模式和建设性的处世方案。

因此，我再次提起笔，著书问道，以启未来，写下了这本《洞见的力量》。

这本书从传统文化的角度与大家分享了一个企业的初心、使命、文化、管理、人才、科研、公益等 12 个方面的“底层逻辑”，提供了一个管理者工作上所必须知道的一切，协助其为高层管理职位做准备，同时书中的内容又尽力做到了好读且易懂，即使是忙碌的企业人也能在有限时间内抽空读完。

当然，这些“底层逻辑”并不局限于商业世界。我期待人们在看到千变万化的世界后，依然能心态平稳、不焦虑，能够通过“成就不凡的十二大引擎”不断创造新的方法论，在工作和生活中都始终如鱼得水。

新商业世界瞬息万变，宁可心里有底地焦虑，莫要云里雾里地心安，愿《洞见的力量》助你一臂之力。

我也希望在未来的时光中，无论对新一代的学生、奋发向上的年轻管理人才，还是实践经验丰富的企业管理者，本书仍然能发挥同样的功能，做出同样的贡献。

愿所有看过这本书的人能够跟我说：“不用担心，我们的看法相去不远。”

2024 年 1 月 10 日

目录

引擎一　穷则独善其身，达则兼善天下……001

第一节　以仁爱之心经营企业……003
第二节　繁星不怕被看作流萤……006
第三节　坚持长期主义发展观……010

引擎二　济大事者，必以人为本……015

第一节　没有信仰的企业走不远……017
第二节　以“水”构筑企业特色之魂……020
第三节　以“家”为核的企业幸福观……027

引擎三　君子务本，本立而道生……037

第一节　红色引擎驱动高质量发展……039
第二节　“三把钥匙”开一把锁……043
第三节　党建品牌的“窗口效应”……047

引擎四　士不可以不弘毅，任重而道远……051

第一节　不能辜负这个伟大时代……053
第二节　坚持以人民为中心……061
第三节　写好“绿文章”，做强“绿经济”……067

引擎五　道之以德，齐之以礼 ······ 073

第一节　历史是最好的教科书 ······ 075
第二节　打造团队“自动波” ······ 082
第三节　把终身学习培育成企业性格 ······ 085
第四节　让听得见炮声的人去做决策 ······ 089

引擎六　工欲善其事，必先利其器 ······ 095

第一节　发现和满足时代需求 ······ 097
第二节　好产品自己会“说话” ······ 102
第三节　以“匠心”酬“雄心” ······ 105
第四节　让国粹焕发时代光芒 ······ 111

引擎七　执古之道，以御今之有 ······ 119

第一节　从“筑巢引凤”到“借船出海” ······ 121
第二节　不要吝啬对未来的投资 ······ 127
第三节　擦亮“国家高新技术企业”底色 ······ 131

引擎八　用人之术，当尽其材 ······ 135

第一节　人才是企业的第一资源 ······ 137
第二节　凡学百艺，莫不有师 ······ 144
第三节　品牌是集体智慧的“结晶” ······ 149

引擎九　诚于中，形于外 ······ 155

第一节　人无忠信不可立于世 ······ 157
第二节　“十二字”积累德行厚度 ······ 161
第三节　新时代呼唤新君子 ······ 168

引擎十　投我以桃，报之以李……173

第一节　企业家要胸怀“国之大者”……175
第二节　每年都要为家乡做点事……180
第三节　感恩让世界变得更美好……184

引擎十一　仁者爱人，有礼者敬人……191

第一节　让爱成为生命的习惯……193
第二节　脱贫攻坚到乡村振兴的递嬗……199
第三节　“以善励善”先富带后富……206

引擎十二　善谋者行远，实干者乃成……213

第一节　将“绿之韵梦”融汇于中国梦……215
第二节　百年企业，世界名牌……219
第三节　我们永远都是追梦人……225

后　记……243

引擎一

穷则独善其身，达则兼善天下

孟子曰：“穷则独善其身，达则兼善天下。”古代先贤教导我们的是，贫穷的时候，守住自己的本性，不做分外的事情；物质上富有的时候，不独享财富，要让天下更多的人受益。这体现的是一种担当的观念，包括强烈的对国家、民族命运的责任意识和深沉的忧患意识，以及君子人格、奉献精神等。

我们企业人胸怀产业报国的担当，坚持长期主义发展观，以仁爱之心经营企业，在管理上追求选贤与能、讲信修睦；经济上追求共同发展；合作上强调建立平等相待的伙伴关系。我们的奋斗历程充分证明，“达则兼善天下”的理念与我们企业的远景设想内在相通，与我们的奋斗目标深度契合。

第一节 以仁爱之心经营企业

商业竞争与组织管理中充满陷阱和诱惑，以至于许多企业在多元化、国际化、规模扩张等问题上“乱花渐欲迷人眼”，忘记了自己的初心、志向，最终陷入成长的烦恼。

“艰难困苦，玉汝于成”，每一条追逐梦想的青云之路上都会布满荆棘。我在创业的过程中，遇到的困难是实实在在的，是不容回避的，但无论是出身也好，还是遭遇到的市场环境波动也好，这些困难只会让我意志更加坚定，在任何情况下也不要忘记自己的初心，要以仁爱之心做经营。

“以仁爱之心做经营”，我这一感悟来自《论语》。孔子是提倡人们去追求财富的，例如，子曰：“富而可求也，虽执鞭之士，吾亦为之。如不可求，从吾所好。”意思是：如果富贵合乎道义就可以去追求，哪怕是给人执鞭的下等差事，我也愿意去做。如果富贵不符合道义，那我就还是按我的爱好去做事。在孔子的得意门生中，子路是很成功的商人，在当时可以算是首富了。可见，孔子不反对赚钱，因为金钱不是恶的，而是中性的。但是“君子爱财，取之有道”，关键是做到“有道”，不可以不择手段。

在西方，买进卖出是经营，而在儒家看来，“有道”是“仁者爱人”“修己以安人”，这样才是经营。做企业远非开发一款商品，卖出去把钱收回来那么简单，而是领导者通过自身修炼，安自己的用户，让消费者用得安心、用得放心；安自己的员工，当员工感知企业的“仁爱”，感受到幸福，便会更好服务于用户，企业自然获利。这与儒家“爱人者，人恒爱之”的思想一脉相承。

在我的理解中，“以仁爱之心做经营”，包括爱国、诚信、友善、合作等，这是一种家国情怀、一种道德修养、一种惠泽精神、一种“成人之美、美美与共”的境界。具有仁爱之心的企业，能获得“得道多助”的优势，能在成就他人的同时成就自己，能在激烈的市场竞争中站稳脚跟、扬帆远航。

仁爱之心，体现于赤胆忠诚的爱国情怀。国家好、民族好，大家才会好。优秀的企业家都胸怀着产业报国、实业强国的远大志向，自觉把企业发展同国家繁荣、民族兴盛、人民幸福紧密地结合在一起，用发展佳绩彰显赤子情怀。

我们企业人唯有始终与祖国同心、与时代同行，才能永葆生机、不断超越。

仁爱之心，体现于诚信守法的经营之本。重信守诺、依法经营是企业的立身之本，也是企业长足发展、赢得口碑的“金字招牌”。优秀的企业家都坚守着法治意识、契约精神、守约观念，自觉遵守国家法律法规，遵循市场规则和行业规范，维护市场经济秩序，并以此带动和促进社会道德素质和文明程度提升。

仁爱之心，体现于互利共赢的合作精神。互利才能共生，共生才能共赢。市场经济下，企业只有相互协作，才能使资源得到充分利用，共同把“蛋糕”做大，使各方利益最大化。优秀的企业家都会摒弃零和思维的定势，迈入共生共赢的境界，以更加宽广的胸襟和更加高超的合作艺术来挖掘优势、寻求合作，汇聚起同舟共济、实现超越的强大力量。

在这些认知下，我得出一个结论：作为一个民营企业家，要做仁商，应当用仁爱之心经营企业，以爱和敬的感情为纽带，将企业全体人员、消费者和合作者团结在一起，形成价值链，共同致力于企业的发展。

企业的发展固然是企业家的能耐，但是，员工的理解和支持也是至关重要的。现代企业不是资本的堆积，而是一个由人组成的群体。企业内部上下级之间、员工与员工之间的关系怎样，是关系到一个企业是否具有强大生命力的重要条件。

因此，在企业内部，我提倡将“仁爱”作为企业管理者与被管理者长期共同遵守的行为准则。领导与员工之间要做到“己欲立而立人，己欲达而达人”；员工与员工之间要做到“己所不欲，勿施于人”，互相以仁爱之心去善待对方。所以，我们建立了一套以人为本的工薪制度和福利制度，吸引人才，信任并尊重个人，致力于给员工家的感觉；同时下放权力，配给资源，充分民主，积极营造使员工发挥最大潜能、彼此信任、友好合作的良好氛围。

“仁爱”是一种正向的义利价值观，它指导企业在合法获取利益的同时，兼顾相应的社会利益。企业一方面力求提供令消费者满意的全方位的创新服务。对消费者的爱，不仅体现在狠抓产品质量、打造最好的业内品牌上，更表现在努力发现消费者需求、以百姓利益为己任、讲求诚信、提供优质服务上。另一方面，当国家遇到天灾人祸、人民有困难时，企业还要怀揣仁爱之心，捐款捐物、贡献力量，彰显社会责任。

让我引以为豪的是，在这样的义利价值观指引下，我所做的工作获得认可，被中央统战部、工信部等联合授予“第四届全国非公有制经济人士优秀中国特色社会主义事业建设者”光荣称号。此评选活动每五年一次，是全国非公有制经济领域最高层次的表彰活动之一。

“仁者不忧，智者不惑，勇者不惧。”从仁爱之心生发出的同理同情心，让我们企业的性格更像一位知识分子而非商人。它坚持自己的理想，漠视外界的种种诱惑。它隐忍而不张扬，做着分内之事。这种风格被外界称为“谦谦君子，温润如玉”。

仁爱之心本身包含丰富含义，也蕴藏着巨大的能量，最终的指向是以人民为中心这个根本立场。仁爱者，人恒爱之。企业以仁爱之心为经营之道，于己有益，于国有益。

第二节　繁星不怕被看作流萤

资本有逐利的天性，很多时候，商业社会中的机会主义者甚嚣尘上，“利”字当先，“利”字至上，抓住并用尽一切获利的机会，其结果必然是无利不起早的短期行为，结局大多是像流萤一样，成为市场中一个匆匆过客。

《国富论》中用“市场中看不见的手”为资本主义解开了道德枷锁，但并不表明企业家就可无视国家和民族的利益。具有社会责任感的商业理想主义者们，“利”字之上有更高追求，实业报国就是其中之一。他们兼具了“发展”与“有为”、“担当”与“责任”，像夜空中闪烁的繁星，为后进者照亮征途。

回溯历史，在我们国家，这种实业报国的企业家精神发端于晚清，从“中国商父”盛宣怀到倡导“实业救国”的张謇，从“民生精神”的先行者卢作孚到“中国民族化学工业之父”范旭东，在他们身上我看到了敢为天下先的创业精神、激扬的家国情怀和民族意识，以及实业报国的发展与传承。

传承先贤的家国情怀，如今，“实业报国”也成为我们企业的追求，更是我们企业的初心和使命——实业报国，做大健康产业，帮助更多的人。

现在的一些中国企业似乎陷入了两个怪圈之中：一方面是第一代、第二代企业家高呼实体经济不能丢，另一方面是新生代商界翘楚却醉心资本运作与新经济冒险；一方面是沉溺于中国企业已经“站起来了”“做大做强”的自我陶醉，另一方面却是鲜有能够在国际竞争中真正彰显自身核心竞争力的品牌的尴尬。

不可否认，虚拟经济是现代市场经济与科学技术高度发达的必然结果，经济的虚拟化极大地推动了实体经济的快速增长与发展。虚拟经济在一定范围内的存在，在优化资源配置、分散社会风险等方面确实有利于实体经济的发展。但我们必须清晰地认识到，虚拟经济再繁荣，其自身也不可能增加一丝一毫的社会财富。越来越多的人热衷于从事虚拟经济，必然会出现由实体经济向虚拟经济"输血"的现象，通过资本全球性的不合理转移和聚集，不仅不断侵吞实体经济的发展空间及其创造的财富，而且还刺激社会非理性的过度消费。

我看到过一个统计数据，中国在服务贸易方面是逆差，因为中国人出国旅游的太多了。但这不代表中国经济的竞争力。中美贸易摩擦很明显地体现出来这一点。敢不敢面对、怎么应对？最基础的就是经济实力。

对我们这一代人来说，实现中华民族伟大复兴的中国梦是时代赋予的使命。今天，我们比历史上任何时期都更接近、更有信心和能力实现中华民族伟大复兴的目标。在这样的时代背景之下，企业发展与国家繁荣、民族兴盛、人民幸福更加紧密地联系在了一起，这让我经常思考绿之韵和我存在的理由。

从当初 5 万元的启动资金到今天注册资本 1 亿元；拥有 12 家下属企业、15 家分公司、6 个种植生产基地；连续多年被长沙市人民政府授予"利税过 5000 万元企业"称号，财务实力强健。可是，数字就能代表我们的一切吗？

当我看着大都市里那些为了美好生活而深夜加班的年轻人，公园里与家人一同快乐奔跑的孩子，医院里由儿女陪伴守护着的老人，还有贫困山区里为自己孩子的温饱、健康、教育而烦恼的父母，我知道这世上还有太多的事需要我们去做。

我们要做的就是实业报国，实体经济是经济社会发展的基石，是保障人民群众生活的物质基础。加快科技创新、推动实体经济高质量发展，离不开我们民营企业的深度参与。作为民营企业的掌舵人、领头雁，民营企业家们有责任、有义务在实体经济主战场建功立业、展现才华。

我们践行实业报国的梦想不是空谈，而是真切实践。

我们把“实”的出发点放在发展信心上。新时代的10年，中国经济稳健前行，中国保健品行业快速发展，我们乘东风、集大势，实现了自身的飞跃发展。

党的二十大再次强调“两个毫不动摇”，这是对民营经济的鼓励与肯定，也是厚爱与期待，让我们投资兴业更有信心、生产经营更有干劲、谋划目标更有底气。

我们把“实”的支撑点放在卓越品质上。我们以国家质量标准为原则，多举措强化安全生产痕迹化管理，制定高于国家标准的原辅料、成品企业标准。从原辅料到成品，需要依次通过原料检测、生产现场检测、半成品检测、成品出厂检测四道检测关卡，保障出厂产品100%合格。同时，集团先后引入了多台国内外精密检测设备，并对检验人员进行了使用培训，确保产品检测结果的有效性。我们从聚焦保健食品安全风险管理到关注消费者品质体验，从卓越质量管理到引领消费者品质观，逐步由质量管理向品质管理升级，为消费者提供高品质的健康产品，引领、带动全行业迈上高质量发展之路，助力健康中国建设，让世界共享健康。

我们把“实”的立足点放在独特优势上。我们全面推行“红色引擎”工程，并总结提出“三色”建设、“三有”基础、“三亮”工程的党建基本经验，坚持业务开展到哪里，党组织及党员就覆盖到哪里。党员先锋岗在关键环节、关键岗位上发挥了强大的示范带动作用，党建工作和企业发展有机融合、同频共振，持续为企业发展赋能。

我们把“实”的切入点放在创新驱动上。党的二十大强调“创新是第一动力”。我们始终把创新摆在关键的位置，注重科技成果转化，不断提升和完善企业价值链，借助中医中药现代化技术手段对系列产品进行革新升级，贴近市场，贴近民生，不断满足人民群众对美好生活的向往。

我们还把“实”的根本点放在责任担当上。我们牢固树立和践行“绿水青山就是金山银山”的理念，积极响应“双碳”目标，主动融入美丽中国建设。

我们继续广泛参与社会公益，让更多公益行动和关怀计划落到实处。

以企业自身的健康、可持续发展，持续创造经济财富、社会价值，促进共同发展、共同富裕、共同繁荣。

因为这些坚持与实践，回望过去的 20 年，我们的发展在行业内可能不是最快的，但正如泰戈尔在《飞鸟集》中所写的那样，“繁星不怕被看作流萤”，我们不畏被人忽视和低估，不受他人的眼光和评判束缚，我们用自己的努力和坚持证明自己的价值，创造属于自己的辉煌。

历史长河波澜壮阔，一代又一代人努力奋斗创造了今天的中国。何以爱国？何以报国？我想到的答案始终是发展实业，振兴民族经济，实现富民强国，这就是爱国；把企业做好，让员工、合作者、消费者各方受益，这就是最好的报国！对于广大民营企业而言，抓住机遇、担当责任，紧紧聚焦国家发展重点，融入国家发展大局，就是必由之路。

回首来时路，我的创业经历既有低谷坎坷，又有辉煌坦途，但风雨不变的，是我在时代发展的大潮中，始终保持着“实业报国”“振兴民族企业”的初心和使命。也因为这份初心和使命，我曾获得共青团中央“第四届中国青年创业奖”。这是由共青团中央、人力资源社会保障部共同发起设立，旨在表彰创业事迹突出、为经济社会发展做出重要贡献的中国青年创业者的奖项。对于我来说，这不仅是一份荣誉，更是一份沉甸甸的责任与担当。新时代给予了我们这么好的机遇，我们将继续响应国家号召，勇于承担社会责任，这是我作为一名创业青年永不改变的坚持。

展望未来，我将继续持产业强国、实业报国之志，以工匠之心谋百年大计，以新时代下的全球观来放眼自身发展，以恒心办恒业，推动创新发展，做强企业能级，释放人文情怀。

当然，我也希望有更多的人与我一道，躬行实业报国，锐意创新图强，以一往无前的拼搏精神踔厉奋发，为全面建设社会主义现代化国家、全面推进中华民族伟大复兴而团结奋斗，为书写中国经济新奇迹贡献新的力量。

第三节　坚持长期主义发展观

杭州市上城区紫阳街道元宝街，是一条长不过数百米、宽仅两米的小巷。这条始于宋代的道路，如今仍是青石铺路，白墙黛瓦，基本保留了当年的原貌。元宝街东端，是被称为“新中国第一个居民委员会”的上羊市街社区，西端则是有着“江南第一豪宅”之称的胡雪岩故居。

我参观过胡雪岩故居，给我留下深刻印象的，不是故居内的建筑、园林、匾额、家具、摆设等，而是朱镕基同志的题词。“胡雪岩故居，见雕梁砖刻，重楼叠嶂，极江南园林之妙，尽吴越文化之巧。富埒王侯，财倾半壁。古云：富不过三代。以红顶商人之老谋深算，竟不过十载。骄奢淫靡，忘乎所以，有以致之，可不戒乎？”

在穿廊过亭之际、凭栏赏景之时，参观者会自然而然地以史为鉴，引发对奢靡之风、廉洁家风、稳健发展等方面的思考。

我也是如此，我在思考，一个企业如何活得久？靠的不是行情，不是风口，不是运气。因为风口、运气总有一天会消失。我思考的更多的是企业的长久之道，真正的成功企业或者伟大企业的标准是什么？

我认为，伟大企业必须具备“四个统一”：经济效益和社会效益高度统一；物质追求和精神追求高度统一；企业利益和员工利益高度统一；战略目标和执行过程高度统一。

我希望做这样的企业，能实现这样的目标。同时，这四个标准在我看来也是划分普通企业和伟大企业的分界线。比如规模很大、赚钱很多的企业，它是一个成功的企业，但未必是一个伟大的企业。成功是伟大的前提，但伟大不是成功的彼岸。

今天，社会价值观更多地强调“四个统一”前端的四大“基础”动作，即经济效益、物质追求、企业利益、战略目标。能做到这四点的企业是优秀的、成功的，但这些只是基础动作，如果这四点都做不到，那就连成功都没做到，更没资格谈伟大了。

后面的社会效益、精神追求、员工利益和执行过程则是企业的自选动作，是“修行”。即如何在业绩长虹、高利润的时候兼顾社会效益，如何在坚持企业利益最大化的同时坚持员工利益最大化，四个自选动作难度更高，却是伟大企业的基础之一。

在这样的思考中，我开始不争一时之勇，坚守长期主义发展观，着眼长远，让潺潺细流也能汇聚成川。

长期主义发展观之所以作为我的一个关键认知，是因为无数的事实证明，只有长期主义才能超越危机。我们企业要追求最基本的价值、人本性的善良与真诚，推动人类社会进步，增加人类的福祉，这些是可以穿透时间、超越危机的。

对组织而言，最忌讳的就是胜则一日千里，负则一败涂地。在商业世界的表现，就是赚快钱，但是没有自己核心竞争力的企业；就是那些今天这个有机会就做这个，明天那个有机会就做那个，却没有核心优势的企业。

短期与长期的选择，其实是一个资源分配的过程。短期行为是将资源投到当前，被动应对环境的变动；而长期主义是将资源投到未来，主动塑造自己的命运。

个人和组织的资源永远是有限的，你的资源分配到什么地方，你就会收获什么样的结果。只有长期主义才能让你跳出一时一地，发展出自己独特的能力和优势，才能从更长期的维度把握好自己和组织的方向与命运。

坦率地讲，在瞬息万变的世界中谈“长期主义”是需要勇气的，因为这是一个循序渐进的过程，同样也是一个厚积薄发的过程，伴随着隐忍、寂寞甚至痛苦，所以才有一些企业家如雨后春笋般来，又如秋风落叶般去，所以才有创业难，守业更难的叹息。

当然，我始终认为，大健康行业谈“长期主义”是有底气且非常自信的。

这个底气和自信首先源自历史规律和发展现实所呈现出来的事实。

历史和现实的“实证”，源自“规范”的经济学原理。众所周知，国民经济是一个大系统，它是由许多部门、行业共同组成的。可持续发展是针对这个大系统而言的概念，而不是仅针对这个系统中的某个特定部门或行业。在这个复杂的大系统中，总会有一些产业、行业会随着科技的发展、消费者需求的变化等获得更进一步的成长，有一些则会衰退甚至消亡。如果所有的产业、行业都是可持续的，那就不可能有所谓产业的升级换代问题，不可能有所谓经济转型问题，不可能有所谓社会进化的问题。物竞天择，适者生存，讲的就是“有生有死、有兴旺有衰亡”这样的道理。

但大健康行业一定是一个可持续发展的行业。这是因为大健康行业“经营”的是健康，而健康是不可能消失的。随着科技的进步、经济规模的增大和社会结构的日益庞杂，人们的健康需求越来越多，以健康管理为己任的大健康行业就有存在的充分理由，并且，它不是一个“简单”的存在，而是必须稳健地成长、壮大。随着人们健康需求的增多，能有效应对这些需求的健康产品、服务的种类也会越来越多，健康管理的手段也会越来越先进，从而适应整个经济社会发展的需要，这就提出了一个大健康行业自身可持续发展的问题，而这正是大健康行业长期主义的历史、现实与理论的逻辑脉络。

作为普通人，想要取得成功，也要坚持长期主义。普通人的努力，在长期主义的复利下，会积累成奇迹。时间帮助了他们，他们成为时间的朋友。曹雪芹用了10年写出了《红楼梦》，司马迁用了14年写出了《史记》，他们都坚定地做着一件事情，做精做透，最后势必会成功。

当今的社会，一些人一直被“有用”哲学推着铆足劲儿跑，整个社会“内卷”得很厉害，比如，希望学的金融知识马上就能帮人炒股赚钱，学的情感知识马上就能帮人找到男女朋友或者利益关系，实用主义倾向特别强。

但在我们企业，我经常建议大家，一定要把“有用”和“无用”做一个平衡。要花点时间去看大趋势，而不是全部时间都只关注当下，做些短期而紧急的工作。可以 80% 的时间做紧急而短期的事，20% 的时间做长期而重要的事，强调一个更平衡的发展。

从目标感来讲，如果一个人只知投机，那么他即使精于算计、苦心经营，也无法走得长远。投机者的路会越走越窄，处境越来越差。更主要的是失去了更好的未来的可能。而长期主义可以为我们的人生提供明确的方向和持续的动力。方向感和动力是人生成功和组织成功所需的非常关键的两个条件。

从认知上来讲，实用主义也可以称为短期主义，是以浮躁应对浮躁，以短视应对短期；而长期主义赋予我们全新的认知框架，让我们从更长的时间维度，分清哪些是一时的喧嚣、泡沫、杂音，哪些才是真正的大势，从而可以在浮躁多变的时代保持内心的从容、宁静与镇定。

《孙子兵法》讲过，真正的高手是“求之于势，不责于人”，也就是在借势、造势方面下功夫，而不是苛求自己的团队成员或下属。企业管理也是这样，遇到问题时如果没有长远的思考，不能跳出来看问题，就只会在具体的人、具体的事上去争对错。

从行动上来讲，长期主义可以赋予我们眼前的行动以深远的意义，让我们的努力有了一致性和连续性。长期主义并不排斥短期行为，不排斥眼前的选择。

下棋当然要一步一步地下。但一个棋子如果没有长远的考虑，就是个废子，只有用清晰的战略将棋子联系起来，每个棋子的战略价值和意义才会真正体现出来。

我会要求我们每一个部门的负责人，对部门的未来进行长远思考和规划，这会使他们更多地考虑到当前行为会对未来产生的影响，从而把长期目标渗透到眼前的决策中，用长期主义来过滤掉短期行为。

从竞争的角度来讲，长期主义是跳出内卷式竞争的最好选择。并不是所有人或组织都会选择长期主义，这就是为什么最后胜出的一定是长期主义者。亚马逊的前CEO贝佐斯讲过：做一件事把眼光放到未来三年，和你同台竞技的人就很多，但能放到未来七年，和你同台竞争的人就很少了，因为很少有公司愿意做那么长远的打算。

中国人最善于积累，战国时《荀子·劝学》讲道："真积力久则入"，苏轼告诫弟子"博观而约取，厚积而薄发"。古代先哲无一不在告诫国人重视积累才能走得更远。

在一个人"深蹲"的时刻，没人看得到"起跳"的高度。而坚守"长期主义"的价值正是在于在发展过程之中，不断穿越"小周期"，去迎接"大周期"。

20年的绿之韵，聚焦家国需求的"因"，培育企业健康发展的"果"，认定了家国情怀，实业报国，以专业精神不断创新，紧随时代市场的价值潮流，让长期主义不只是风口概念，而是从始至终，一步一个脚印踏实前行的道路。

我们的赢面不在一"时"，而在于"势"，走向长久的胜利，才更加值得期待。

引擎二

济大事者，必以人为本

“济大事者，必以人为本”。这句话出自陈寿所撰《三国志·蜀书·先主传》，意思是，想成就大事业必须以人民作为根本。“以人为本”是指以人为中心，以人为根本，注重人的生命与价值。这是中华传统文化的基本精神，自古至今源远流长、含弘光大。

我们企业不断加深对“以人为本”这一理念的认识和实践，总结归纳出“水文化”和“家文化”作为企业的标志性文化，一个促进个体的进化，另一个保障组织的进化，两者相辅相成，文教结合，以文化人。

第一节　没有信仰的企业走不远

同样的人才、设备、原料，在不同的企业发挥的作用是不同的。因为企业文化不同，这些生产要素从进厂那天起就被注入了这个企业的基因，就会按照这个企业的逻辑运转。

在我看来，做人要讲“为人之道”，做企业要讲“经营之道”。企业文化的系统就像人的基因，无时不有，无处不在。“一两”基因胜过“一吨”教育，基因健康决定了企业的可持续发展。而决定企业基因的一个关键因素就是企业文化。企业文化反映了某一特定人群的一种致力于物质生产的精神气质，也是一种企业的经营哲学和自我超越的生活态度。

“绿之韵”这三个字本身就是一种文化。“绿”代表生命，是本体之德；“之”在古意中有“大路”的解释，是本道之德；“韵”则是一种境界，相当于本果之德。“绿之韵”三个字融合了命运交响曲、英雄交响曲和田园交响曲，奏响了个体生命的音符，在这个乐谱中，有清纯的音质，醇厚的音色，饱满的音量，柔和的音调，明亮的音光，以及柔缓的音频，“绿之韵”就是一支水的韵律之曲。

绿之韵的企业文化，在不同阶段经历了多次提升和再塑，沉淀了绿之韵独有的气质，持续引领着企业的发展。

我常常听到大家对绿之韵的一些评价：公司的高管说，喜欢这里的真诚互助、干事创业的单纯氛围，这是绿之韵鲜明的企业文化；在这里工作超过 10 年的一位员工说，绿之韵让她有归属感，有家的氛围，给她成长的时间和空间，这是绿之韵家的企业文化；合作伙伴告诉我，相信绿之韵，是因为我们始终做的比说的多，是因为我们不乱来，这也是绿之韵的企业文化。

大家给予绿之韵这样的评价，令我非常高兴。因为我坚信，良好的企业文化才是基业长青的基石。

绿之韵的文化与企业相伴发展。在创业初期的朴素文化，或者说创始人文化中，我们就强调快乐、学习、共享、成长。当时，尽管缺乏系统思考，但我始终认为，企业发展离不开企业文化。到后来，从“做生意”到“做企业”，再到“做事业”，我不断地系统梳理，绿之韵有了自己的“家文化”“水文化”，有了自己的行动纲领，有了自己的司歌，也有了自己的使命愿景。

透过文化，绿之韵不断清晰地认清自己、定位自己。

绿之韵提倡水的精神：

我们每个人都能做到像水一样，除了自己流动，还带动其他物体行动；

像水一样，在遇到阻力与障碍时，反而加倍努力，释放全部能量，与之搏击；

像水一样，虽然只是涓涓细流，但坚韧不拔，持之以恒，水滴石穿；

像水一样，涤荡各种污垢，永葆自洁，不停进步；

像水一样，有“无孔不入”的精神；

像水一样，无论来自何处，都能朝向一个既定的方向不懈前进，直至汇成江河，实现自我价值。

绿之韵提倡家文化。“凝聚小家、发展大家、报效国家”是绿之韵集团的经营哲学。公司始终倡导以社会和谐为基础的、以忠诚实干来维系的、具有较强凝聚力和竞争力的家文化，这是我们区别于其他企业的优秀秉性和鲜明特征。

家文化建设是践行以人民为中心的发展思想，弘扬中华民族家文化传统美德，与时俱进构筑职工与企业命运共同体，着力解决广大职工最关心、最直接、最现实的问题，积极营造企业内部舒心、顺心、开心的家文化氛围，为确保企业健康发展可持续、确保职工利益稳定可持续提供文化保障和精神动力。

我们的家文化主要体现在两个层面：

一是企业是职工的家园，职工要视企如家、敬业爱家、勤俭持家、团结兴家，把企业维护好、建设好、发展好。

二是职工是企业的家人，企业要建设平安之家、效益之家、创新之家、和谐之家，把职工引领好、培养好、照顾好。

党的二十大报告指出，全面建设社会主义现代化国家，必须坚持中国特色社会主义文化发展道路，增强文化自信，围绕举旗帜、聚民心、育新人、兴文化、展形象建设社会主义文化强国，发展面向现代化、面向世界、面向未来的，民族的科学的大众的社会主义文化，激发全民族文化创新创造活力，增强实现中华民族伟大复兴的精神力量。

文化自信是更基本、更深沉、更持久的力量，唯有文化自信，才能文化自强。国家如此，企业亦如此。绿之韵的“水文化”“家文化”都是传承自源远流长的中华文化，具有强大凝聚力的核心价值观，是我们企业的未来发展优势，更是我们企业的信仰。

我相信，没有信仰的企业注定走不远。企业信仰是一家企业经营理念得到员工的充分认可，从而将其作为自己的精神寄托和行动指南，在精神与行动上表现出高度自觉与统一的一种意志。从本质上讲，企业信仰是企业对自身存在价值的宣告，为企业提供了追求自身价值的动力和目标。没有信仰的企业，无论是它的管理者还是普通员工，工作起来都会很忙、内心都会感觉很累，因为找不到实现企业价值的方向。

企业信仰是一家企业屹立于世界的气质所在，是企业扬帆远行的力量所使，是企业坚韧铿锵、渡过难关的意志力来源。企业文化只有升华到信仰层面才有价值，因为企业文化只有被信仰才有力量。

当企业信仰塑造完成之后，人们对于制度才会有统一的理解，对于行为才会有统一的判断标准，也只有这时候，企业中才会形成管理者所需要和期望的主流文化氛围，并且这种氛围能够得到维持和自我培育，形成企业自组织能力，一批批新来的员工才能在不知不觉中被企业文化熏陶感染，认同遵循。

今天，我们企业全面贯彻落实党的二十大精神，实现中国式现代化，坚定不移走好中国特色现代资本市场发展之路，建设中国特色现代企业，必然要继续把成熟的市场经验与中华优秀传统文化融会贯通，真正把崇法守信、契约精神等传统文化精髓，全方位、深层次地融入企业管理活动，形成企业自身的价值认同和文化自信，把企业文化上升到企业信仰层面，在实现中华民族伟大复兴征程中展现民营企业的担当、作为和形象。

第二节　以“水”构筑企业特色之魂

在我 50 余年生命历程中，有着最深刻的“亲水情结”。我的“水之缘”首先源自我的家乡——湖南省益阳市安化县小九溪村。在那儿，唯一的小溪——小九溪，从雪峰山麓发端，经过我们的家门口，一路奔波，入资江，融洞庭，奔长江，汇东海。这样一个清晰的“水轨迹”深深地印在我的脑海里，仿佛一张印刷精美的水系图。爱水至深，也促使我不断去关注水、研究水。

我曾经在夜幕中跟随小九溪的路径，一路走到黎明，看着它汇入资江时是什么样的状态；我曾经来到黄河的入海口，欣赏“黄河之水天上来”的壮观景象；我曾经在恒河、尼罗河、密西西比河、亚马孙河边久久驻足；我亲自拍摄过中国西湖的宁静、东湖的婉约，以及北美五大湖的浩瀚；我更感受了天山天池的美丽、钱塘江潮水的壮观、北冰洋冰川的巍峨、太平洋海啸的肆虐！

我还在中国的文化典籍中研究水，战国时期的思想家告子在论及“性无善无不善”时曾巧妙地以水作比：“性，犹湍水也，决诸东方则东流，决诸西方则西流。人性之无分于善不善也，犹水之无分于东西也。”荀子《劝学》曾说：“不积跬步，无以至千里；不积小流，无以成江海。”

魏征《谏太宗十思疏》则曰："求木之长者，必固其根本；欲流之远者，必浚其泉源；思国之安者，必积其德义。"凡此说明，"水"为"智者"提供了丰富的文化源泉，"智者"亦开发了"水"无穷的文化矿藏。

圣贤文化以水的智慧为核心，宋代以后，湖湘文化以理学的兴起为标志，成为中国儒家文化的正宗，号称"儒南正脉"。儒家认为，水代表了德，人们应该向水学习，君子应该像水那样永不停息、顺其自然地加强道德修养。孔子总结"水魂十品"，即德、理、义、道、勇、法、正、明、志、善。

道家对于"水"也给予了极高的评价。道家以水象征道在流变，比喻柔弱可以战胜刚强，天下"攻坚强者莫胜于水"。《道德经》第八章说道："上善若水。水善利万物而不争，处众人之所恶，故几于道。居善地，心善渊，与善仁，言善信，正善治，事善能，动善时。夫唯不争，故无尤。"

在我的办公室，我建立了一个完整的"水知识档案库"，水的原理、水的科技、水的诗歌、水的寓言故事、水的文化、水的至美照片、水与人生、水与社会进步等资讯，应有尽有。

慢慢地，我形成了自己的关于水的哲学。依我之见，水有三大特质：一是"原水"，二是"活水"，三是"整合之水"。它启迪了我们的智慧，高屋建瓴地指导着我们的人生与事业。

"原水"，就是要把握"本我"、保持"真我"，真诚面对世界与人际关系；

"活水"，就是要行动、进取、拼搏，不能"等、靠、要"，而应当奋而起之，搏击而取之；

"整合之水"，就是要灵活机智、因机而变、整合资源、聚势而用，不断实现华丽转身。

我把对水的感情和思考带到了绿之韵，绿之韵的Logo，"水"的元素醒目地蕴含其中。其飘逸的水姿态、弯曲的水轨迹，明白无误地向世界宣告：绿之韵企业举起了一面巨大的文化旗帜，那就是独特的"水文化”。绿之韵思先贤，将水的精神贯穿在企业经营理念和具体行为中，成为绿之韵的无形资产，它和谐地融入绿之韵各个部门的经营、管理工作，串联起各个价值链环。绿之韵所倡导的就是“水的精神、火的热情”，水的精神表现了绿之韵人永不自满、永远进取、永远创新、生生不息的精神境界。

如今，“水文化”是绿之韵集团的企业文化标签，成为业界公认的一个事实，也是许多行业专家、品牌专家和知名媒体高度评价绿之韵的一个重要方面。

结合多年实践经验，绿之韵董事总裁劳嘉对于“上善若水，水善利万物而不争”这句话给出了独到的解读：“我认为水虽然有至善之功，却默默无闻地流向低处，甘愿处在一个谦卑的地位，所以我们都要学习水文化中的至谦之德。水的哲学是一种至柔的智慧，一种无所不能。水的哲学是奥妙无穷的，但水之哲学的终极目的只有一个——和谐。”

在绿之韵取得了一定的成绩之后，我经常会在散步时思考：“绿之韵为什么赢？”“绿之韵赢了吗？”“绿之韵赢得了什么？”现在，我越来越清楚地认识到，绿之韵之所以能够坚持到今天，能够在风起云涌的市场竞争大潮中生存和发展 20 年，是因为有一条核心的红线在贯穿，那就是绿之韵在生存和发展过程中对三大层面的坚守。这三大层面是信念层面、精神层面、技术和操作层面。而这三大层面的源泉又是什么呢？就是以“水道”而构架的核心思想体系。20 年来，我们在水文化的启发、激励和推动下，积淀了我们最宝贵、最珍视的东西。

我理解的“水道”是常怀梦想。经常探求自己方向的，是水。“探求自己的方向”，就是找到奋斗的目标、事业的梦想。人类因有梦想而伟大，所有的伟人都因有梦想而成功。梦想让我走出了大山，开创了一番事业。像我一样，绿之韵人也胸怀梦想，为造梦、追梦、圆梦而努力地奋斗着。正如习近平总书记在党的十八大上所强调的那样：“中国梦是中华民族的梦，也是每个中国人的梦。”“生活在我们伟大的祖国和伟大时代的中国人民，共同享有梦想成真的机会，共同享有同祖国和时代一起成长与进步的机会。”“有梦想，有机会，有奋斗，一切美好的东西都能够创造出来。”

中国梦是每个中国人的梦，也是每个绿之韵人的梦。过去的20年，绿之韵正朝着这个梦想一步步地走近。作为企业的掌舵人，我对企业未来走向何方一直有着谨慎的思考，并带领团队朝着这个方向不断地前行。我在2003年绿之韵创立伊始对员工们所描绘的所有梦想，至今已全部实现。未来，绿之韵人有着更加远大的梦想与愿景，方向更加明确：让所有在绿之韵事业平台上奋斗的营销伙伴都享有人生出彩的机会，享有梦想成真的机会，享有与绿之韵共同成长与进步的机会，享有获得健康、美丽、财富、快乐的机会。

梦想让绿之韵与祖国同行、与世界共振。有了这样的梦想，绿之韵作为传递健康、美丽和财富的使者，将成为引领潮流、追求卓越的民族品牌，受人尊敬的民族企业。

我理解的“水道”是海纳百川。以自己的清洁，洗净他人污浊的是水。老子说“上善若水。水善利万物而不争”。上善若水，厚德载物，一直是中华民族处世之道和经商之道的精华。水是生命之源，其功至伟，其行最谦。海纳百川，有容乃大，这也正是绿之韵人的胸怀与品质。

佛祖问弟子：“一滴水怎样才能够不干涸？”弟子们都回答不出来，佛祖说：“把它放到江河湖海里去！”佛祖又问弟子：“江河湖海怎样才能够不干涸？”弟子们又是面面相觑，佛祖说：“容纳每一滴水！”江河湖海是水的归宿地，无数的水滴汇聚到了一起，才使江河湖海不会干涸，才使它越来越开阔。水因其博大，而能净化万物。无论世间万物多么脏污，它都能敞开胸怀，无怨无悔地接纳，然后再慢慢净化自己，这是人生包容接纳至善至美的境界。

绿之韵这个大家庭，从不放弃每一个人，成立20年来没有主动辞退任何一个人。相反，当有的员工主动离开，在绿之韵三进三出时，绿之韵的大门依然会坦荡地向他敞开。对于大多数企业而言，这是不可能的事，但在我看来，这一切自然有发生的机缘，都是上天给予自己的恩赐，要用感恩惜缘的心态来面对和接纳。正是这种包容与大度的水道修炼，让绿之韵蕴养出“把每一只菜鸟都当作凤凰培养”的企业文化，成就了今天的绿之韵。而在包容与信任中成长起来的绿之韵人，也正以其巨大的热忱回报着绿之韵。

我理解的“水道”是同修共进。自己努力，并且能推动别人的，是水。我比较喜欢学习，同样，绿之韵也是一个学习型的企业，推行着“每个人都能做到像水一样，除了自己流动，还带动其他物体行动”的思想。

绿之韵注重员工的学习和发展，强调团队合作和知识共享，坚持日常学习与专题调研、全员覆盖与分类培训、思想政治教育与专业技能培养相结合，为员工取经充电，积蓄动能；

绿之韵结合员工特长和岗位技能需求，成立学习兴趣小组，丰富学习交流活动，充分发挥业务骨干传帮带作用，实现以点带面、互助提升；

绿之韵加强员工多岗位锻炼，打通员工与各部门之间的交流培养渠道，推动员工在急难险重一线壮筋骨、长才干、展拳脚；

绿之韵通过考核加分、职级晋升、薪酬调档等激励机制，引导员工制定职称、专业技术资格或学历提升目标，激发员工自我提升、创先争优的能动性。

水挟万物而向前，水利万物而流动。我自己的努力上进、对于学习的态度和立场，也感动了跟随我立志追梦的一群人。现在，他们都已成了绿之韵的骨干和精英，在物质、精神两个方面，都获得了丰富的回馈。

如今，我对“水文化”的这些思考、总结已经融入每一个绿之韵人的血液，成为我们企业高质量发展的核心基因，成为绿之韵人成才、成熟、成功的动力源泉！正如人们走进绿之韵产业园区所看到的，在遒劲的“绿之韵”三个石刻大字旁边，水流潺潺，日夜不息。水之道是绿之韵过去发展的指针，更将永远成为绿之韵值得珍惜的重要财富。

当前，中国特色社会主义进入新时代，新时代下企业文化建设也应紧跟时代步伐、把握时代特点、直面时代课题，全方位全景式展现新时代的精神气象。绿之韵的“水文化”正聚焦引领力、执行力、市场力“三力”建设，充分体现时代性、先进性和独特性，为企业高质量发展提供不竭动力。

在绿之韵,“共同的革命目标”就是企业的发展方向，企业通过使命、愿景、价值观表达出价值追求及远大理想，并以文化建设体系践行来感染人，引领企业的发展方向、市场定位、战略路径。

仔细观察，水的运动过程，就是一个引领壮大的过程，因为它不拒绝任何细流，不拒绝任何其他的事物，它挟万物而前行。因此，在流淌、引领的过程中，它的队伍越来越强大，最终汇聚成为浩瀚的大海、大洋。

就拿我家乡的小九溪来说，它发自雪峰山麓，开始只是一股极小的水流，慢慢地，接纳了诸多细流，流量就越来越大，走到响水洞的时候，它已经具备了较大的流量。然后，继续引领、接纳着各个比它更小的溪流，一路高歌。当它走到资江入口的时候，它已经完全不是雪峰山麓的那条小九溪了，因为它的规模和内涵，都发生了深刻的变化。

所以，在水的流淌轨迹中，它是从细流出发，沿途以极强的引领力和吸纳力，不断吸收，然后由小到大，直至变成江河湖海，不断修炼成浩大、宏大、伟大的规模和格局。

在绿之韵，我们塑造的是基于共同价值的引领力，不仅在于跟崇高的人在一起也会让一群人崇高，还在于面临困难挫折至暗时刻的精神力量，可以让企业顽强地坚持和逆转境况，不失灵魂方能峰回路转、柳暗花明。

企业锻造引领力，要强调共性、彰显个性。小成靠智，大成在德。强调共性就是必须坚决以习近平新时代中国特色社会主义思想为根本遵循，牢牢把握社会主义核心价值观，坚定“上善若水、德行天下、正道而行”这样的共通理念。彰显个性，就是倡导企业根据所处的行业、产业属性体现企业独特的基因，通过把握机遇、专注极致、不断创新、探索进取，引领一条条小的溪流，成为“河团队”“江团队”“海团队”乃至“洋团队”，创造出民族品牌企业，同时也绽放特色鲜明的企业文化。

上下同欲者胜。市场竞争，取胜的关键在于团队执行力。执行出力量，执行力通过塑造企业文化和影响企业所有员工的行为，进而提升企业的战斗力、凝聚力、竞争力。

“黄河之水天上来，奔流到海不复还。”这句诗就揭示了水的执行性，在确立了奔向大海的既定目标后，勇敢地面对任何艰难险阻，挑战一切悬崖峡谷，越过任何暗洞和急弯。

企业执行力的提升，重在基础，贵在基层。加强基层组织建设是企业发展的必由之路，中国共产党的基层组织建设为企业的基层组织建设起到了示范引领作用，提供了发展的路径保障。在这方面，我们学习的“支部建在连上”就是在为企业发展强基固本。

水的最大特性是“无我”，以“厚德载物”的胸襟出发，确立目标、坚定目标，以海纳百川的姿态，低调实干、勇往直前，通过厚积薄发，运用团队制胜的原理，坚持到底，不断整合资源，实现自身的改变，从而使得自身的力量一步步壮大，最终实现自己美好的梦想。这是一种胸怀，也是一种境界。

“无我”的特性使“水文化”提升企业生机和活力，帮助企业在资源有限的情况下，最大限度地激发员工的工作热情，转化为务实的经营绩效成果。对内作用于员工，提升服务发展的本领；对外感染客户、吸引客户，提升知名度、美誉度、忠诚度，彰显公众公司的社会责任、社会公民的价值，更能获客、活客，为业务的发展赋能。

在“水文化”的引领下，绿之韵这个崛起壮大的民族骄子，像水一样，在自己流动的同时，以绿色经济促进产业腾飞，也将善德之心带到了各地。它会像水一样与各种阻力和障碍搏击，不停进步，朝向一个既定的目标，不懈前进，直至实现其“建百年企业，创世界名牌”的宏伟蓝图。

第三节 以“家”为核的企业幸福观

美国有华尔街、百老汇、好莱坞、自由精神；英国有甲壳虫、哈利·波特、绅士文化；法国有启蒙主义、葡萄酒庄园；日本有樱花、武士道精神；那么最能代表中国文化的标志是什么？是大气磅礴的故宫、长城？是精美绝伦的瓷器、丝绸？还是驰名中外的中国功夫？这些都是。但我认为，真正环绕在普通大众周围的是中华五千年的传统文化，其中家文化是其精髓，也只能是家文化。

家文化的形成最早可以追溯到远古时期。原始社会，人们必须群体生活才能生存，最早的组织是血缘关系组成的氏族部落，这便是“家”的雏形。在以孔子为代表的儒家学说里，在伦理道德方面，对“天下一家”的家文化思想进行了进一步细化，在信仰、思想、行为上给予理论支持，形成了忠孝、仁义、家和万事兴等儒家理念，从而丰富了家文化思想，进而形成了中国独有的家族文化体系，比如家规、家教、家训，并代代相传！

《论语·季氏》记载：“(孔子）尝独立，鲤趋而过庭。曰：‘学诗乎？’对曰：‘未也。’‘不学诗，无以言。’鲤退而学诗。他日又独立，鲤趋而过庭，曰：‘学礼乎？’对曰：‘未也。’‘不学礼，无以立。’鲤退而学礼。”

虽然这是孔子对孔鲤的教育，但也是一个普通的父亲对儿子的教育，所以这段记载也被视为中国古代家文化的典范之一，而孔子所说的“不学诗，无以言”和“不学礼，无以立”则成了古代早期家训的典型内容。

当然，就文献而言，《论语》所载孔子对孔鲤的教育还不是我们所能看到的最早的有关家文化的记录。作为商周时期文献的合集，《尚书》中收录着更多，也更为典型的家训作品。其中最有名的《无逸》篇，是周公辅政时，周公教导侄子成王如何勤俭执政的。其中一句“君子所，其无逸，先知稼穑之艰难”，也成了后世诸多帝王教育后代不要贪图安逸奢华生活的名训。

中国人一生受到家庭教育、家庭文化的影响，对中国人的成长影响巨大，每个人的成长都离不开家的影子，而“家”显然是中国人的精神信仰，是中国人内心最深处的根。今天，无论传统文化和人的精神层面发生怎样的变化，“家”依旧是维系所有中国人的地方。

最为典型的莫过于春节回家过年，这牵动着亿万中国人的心，堪称世界上最大规模的集体迁徙。“春运”被认为是世界上独一无二的节日景观，到处是拿着大包小包急匆匆赶路的人群，他们都有一个信念“有钱没钱，回家过年”。那是家的驱使，那是家人的期盼。对于大多数中国人而言，春节家人团聚有神圣不可动摇的地位。家是春节活动的核心，人们收拾起平时的锐气和倔强，回到家里，贴窗花，包饺子，其乐融融。在中国，也只有回家过年才有这样伟大的感召力。

家，对每个中国人都意义非凡。家是安身立命的根基，是精神休憩的港湾，是个人情感的依托。在崇尚人文精神与世俗生活的中国文化中，家作为饮食起居的场所、亲情血缘的纽带，具有极高的地位。

不仅如此，由家文化引申出的尊老爱幼、妻贤夫安、母慈子孝、兄友弟恭、耕读传家、勤俭持家、知书达理、遵纪守法、家和万事兴等中华民族传统家庭美德，也被铭记在中国人的心中，融入中国人的血脉。所以，我在绿之韵引入家文化、提倡家文化，不仅是要让我们的企业文化更有底蕴，更是想让家文化成为支撑绿之韵生生不息、薪火相传的重要精神力量。在绿之韵，我们打造家文化，注重人的归属感，注重人的培育、磨炼和辅导式成长。绿之韵刚刚起步时，我在公司注册登记上是“董事长兼总裁”，但由于那个时候我们人手不多，因此每一个人都身兼数职，什么岗位的工作都得做，没有像现在这样分工明确。我作为总裁，也随时可能开着车，承担发货员的职责去车站发货。从 2002 年底到 2003 年 6 月，大半年的时间，绿之韵基本上都是十几个人。就是这十几个人，挤在那个100多平方米的办公室里，也许就是因为空间的“窄”而导致了彼此的“亲近”，员工们两两一组，按组每天负责大家的午餐，大家吃饭的时候，就好像在自己的家里，那种温馨的感觉，是特别美好的。

那时，我心里想的是“仁者爱人”，意思是作为企业的领导者，我要关爱下属、帮助下属、体恤下属。绿之韵要体现一种“仁”的精神，注重人情和个体的心灵感受。孟子说：“民为贵，社稷次之，君为轻。”“乐民之乐者，民亦乐其乐；忧民之忧者，民亦忧其忧。”这都是在提醒我注意下属的感受，与他们同甘共苦，就可以获得大家的支持，在工作上认真负责、尽心竭力，全力以赴做好绿之韵的工作。

正是有着这样的思想，我把关爱和体贴下属作为重要的日常功课，有时候在下午下班之前，只要听说哪位员工晚上要在办公室加班，我就会记着这个事，到了晚上九十点钟，就到小区外百货大楼边上的麦当劳、肯德基买一些宵夜来给员工吃。公司搬到浏阳以后，我也经常会守在我们班车停靠点，给员工带一些早餐。

这些年，每当新员工入职之后，人事部都会把我的微信推送给他们，让员工加我微信，建立日常联系，让他们更快更好地融入这个大家庭。我也会在微信上进行备注，时间一长我基本知道公司每个员工的信息，了解他们的个人成长情况。一般来说，过生日是每个人的一个幸福日子，都会特别在意。因此，对于员工的生日，我也比一般人用心。我让秘书把每个员工的生日时间都列出来，做了一个详细的表格，然后按照月份进行分类。这样，在每个月的1日，我就把那个月过生日的人全都记住了，提前给每个人准备好生日贺卡并提前签好名。然后我要求秘书在每个人过生日的前两天提醒我，我好编辑一条生日祝福的信息发给这位员工。信息都是一对一定制的，绝对不是简单的一句群发性的“祝你生日快乐”。因为，对于发信息我有自己的观点，凡是群发的就没有必要格外理会，只有一对一发送，并写上接收人抬头的，才是用心发的，因此才值得重视。发了信息之后，我还会要求秘书处精心挑选礼物，送给当月的“生日达人”。这么多年过去了，每一个绿之韵的员工过生日，都会收到我发去的祝福消息，从无遗漏。

不只是了解员工的生日，他们其他的基本情况我也都清楚。出差时，看到合适的物品，我也会根据员工的个人情况与喜好，买回去送给他们，如围巾、皮包、腰带、行李箱、衣服之类的。很多员工收到过我送的各种礼物。日常跟随我工作和生活时间最长的就是司机、秘书、助理们，所以每逢春节、端午节和中秋节时，我会安排秘书组织所有秘书、助理、司机，包括已经离职的员工，在我家里举办一个私人聚会，大家聊聊家常、叙叙旧，如果他们有什么工作和生活上的困难、困惑愿意找我倾诉与求助，我也会想办法帮忙解决。

我读《论语》时看到里面有一句话叫“慎终追远，民德归厚矣”。意思是，慎重对待去世的人，经常缅怀先祖，民风就会越来越淳厚了。给我的感悟是，具体到现代的企业，领导人要善待为组织做出贡献的人，如果他们离开企业，要做好善后工作，对他们怀有感激之情。这样还可以对其他员工起到示范作用，获得众人的认同，增强企业的凝聚力。

天下没有不散的筵席，一个企业聚集了来自五湖四海的成员，当有人因为各种原因离开时，在我心里，我们仍然是一家人。所以有时，我出差在外地，也会联系已离职的员工，请他们吃个饭叙叙旧。

新冠疫情期间，我要求公司给每个员工都发放一个防疫大礼包。前一阵，大家“阳”在家里时，我又让人事部去了解每个人的情况，针对没有药的员工，人事部会将药品同城寄过去，且每天问候一次，直到他们都康复。在绿之韵，我把每一位员工都当成家人，每逢传统节日，绿之韵工会都会贴心地为员工准备精美的礼品。不仅如此，绿之韵的企业关怀还特别贴心地送到了员工的父母手中。每年春节，所有员工的父母都能收到来自绿之韵的慰问金和礼物。每个员工提交的卡号必须是父母本人的，因为我们想真正地关心每位绿之韵员工，让他们安心地在绿之韵工作，更让他们的父母放心。在绿之韵，我建立了共享机制，员工可享受 12 项福利。

我认为，只有当员工跟企业和企业的创始人建立了很深的情感连接之后，员工才会真正地站在企业的角度去思考问题。所以，从绿之韵刚起步时，员工们就觉得他们身边的这个“胡总”，很细致，很关心员工，他们更愿意叫我“大家长”。在一点一滴之中，我们绿之韵的“家文化”概念慢慢沉淀，越来越厚重，一直积累到今天。

在家的氛围中，我也感到了家的力量，那就是“大家齐心，其利断金”的境界。在绿之韵初创期，我的事业伙伴们就体现出“共赴时艰”的决心和共同创业打拼的姿态。这些事业伙伴，现在是绿之韵体系中一个个拥有如雷贯耳声名的主帅，但在当初，他们是单凭一份对我的信任而毅然选择了绿之韵。事业启动时，面对公司的一穷二白，他们没有任何怨言，没有提任何条件，在与我一道开拓市场时，有时为了节省费用，几个人就挤在宾馆的一个房间，有的还睡过地铺。

进了绿之韵的门，就是绿之韵的人。在绿之韵，我们把事业伙伴，把同事都叫作家人，我希望大家在一起能够感觉到家的温暖、家的温馨，感受到来自家人的关爱。在绿之韵，“家人”的概念不仅是温馨，也是一种莫大的荣誉。从创办企业之初，我就一直有一个梦想，那就是我们能够真正像家人一样，经常在一起互相关爱。因此，在我们的绿之韵酒店贵宾楼，我给我们优秀的事业伙伴都准备了专门的房间，并把他们的照片都挂在房间里，让他们一回到公司就有一个自己的家。

如今，我更关注的是绿之韵这个大家庭的家风和家教的建设。家风是一个家庭的精神内核，也是一个社会的价值缩影。党的二十大报告对社会主义文化建设做出重要部署，将“加强家庭家教家风建设”作为“推进文化自信自强，铸就社会主义文化新辉煌”的重要内容，彰显了家风建设对于全面建设社会主义现代化国家、增强实现中华民族伟大复兴的精神力量、巩固全党全国人民团结奋斗的共同思想基础的重要作用。

对于我们企业来讲，就是要以习近平总书记关于家风建设的重要论述为指引，深刻领会其中的价值意蕴，把握内涵要求，通过传承中华优秀传统文化、弘扬红色家风文化、践行社会主义核心价值观等途径，努力培育清白做人、勤俭齐家、干净做事的良好家风，让企业为树立新时代文明新风提供更大助力。

绿之韵的家风要传承中华优秀传统文化。中华民族历来重视家庭，传统家庭美德是中华优秀传统文化的重要组成部分，是家风建设的宝贵精神财富，能够为新时代家风建设提供丰厚滋养。

古语蕴含和诠释着中国人独有的精神传承，从“修身、齐家、治国、平天下”到“天下兴亡，匹夫有责”，彰显着中华儿女的家国情怀；从“士不可以不弘毅，任重而道远”到“古之立大事者，不惟有超世之才，亦必有坚忍不拔之志”，凸显着中华儿女的志向抱负。北宋杨家兴隆三代，将帅满门，人人忠肝义胆、战功卓著。究其缘由，不由让人感叹“杨家儿孙，无论将宦，必以精血肝胆报国”之家风的分量。

中华传统文化源远流长，中华传统美德历久弥新，其中的优秀内容一直指引着后人立身处世，鼓舞着后人成长成才，潜移默化地影响着我们的思想与行为，在新时代，这依然是涵养良好家风的重要内容。绿之韵的家风就是要传承中华优秀传统文化，继承和弘扬中华民族传统美德，从传统家风、家训、家规中汲取精华，结合新的实践和时代要求进行创造性转化、创新性发展，促进家庭和睦、亲人相亲相爱、下一代健康成长、老年人老有所养，合力塑造新时代家庭文明新风。国是最大的家，家是最小的国，没有国哪有家，国与家是融为一体的。我希望我的子孙后代也牢记这一点，一定要做利国、利人、利他的事情。

绿之韵的家风还包括继承和弘扬红色家风。我是在红色家风故事的熏陶下长大的，红色家风是革命文化的重要组成部分，是我们党永不褪色的传家宝。在培育良好家风方面，老一辈革命家为我们做出了榜样，他们注重言传身教，严格要求子女，经常告诫子女不要自以为是、不要搞特殊，也从不利用权力为自己或亲朋好友谋私利。

红色家风是经过不断沉淀与发展而形成的，它在新时代背景下将会焕发出更强的生命力。革命先辈不仅把个人、家庭与党的事业密切联系在一起，用马克思主义理论指导家风建设，充裕着厚重的家国情怀，还将勤俭节约、艰苦朴素这些中国共产党人在长期革命、建设和改革实践中形成的优良传统和作风融入家风之中。焦裕禄“带头艰苦、不搞特殊”、谷文昌“清白持家、简朴本分、为民奉献”等家风都是我们学习的榜样，这些高尚的道德品质已深深熔铸在红色家风中，成为激励后辈不懈奋斗的精神财富。

在我的家里，我很早以前就开始注意家风的塑造。我的两个孩子，在他们很小的时候，我就注意培养他们独立自主的精神，告诫他们要坚定信仰、勤俭节约、清白做人，别人的东西，即使是一分钱也不能要。对于企业员工，我要求他们都要有底线原则，严于律己，终生追求真善美。

当然，绿之韵的家风也要践行社会主义核心价值观。社会主义核心价值观是当代中国精神的集中体现，凝结着全体人民共同的价值追求。而我们绿之韵家风中以和为贵、自强不息、诚实守信等价值理念，与社会主义核心价值观高度契合。

良好的家风和美德是社会主义核心价值观在现实生活中的直观体现，绿之韵要做的就是积极践行社会主义核心价值观，将其与生产经营中的点滴小事联系起来、结合起来，通过看得见、感受得到、行得通的具体实践，更好地引导企业员工养成良好的道德规范，使其真正融入工作、生活的方方面面，在每个人的心中生根发芽。让我们的员工在温馨的家庭生活中耳濡目染，把社会主义核心价值观内化为精神追求和自觉行动，并在传家风、立家训中铸牢责任意识、担当精神，在正家风、齐家规中砥砺道德追求、理想抱负，最后使这些员工的家庭成为国家发展、民族进步、社会和谐的重要基点，凝聚起奋发向未来的磅礴动力。

一个家庭能否做到源远流长、薪火相传，其关键因素就是这个家庭的家风相传问题。在家风的传承问题上，家规和家教起着至关重要的作用，尤其是家教的作用，更是不可替代。

相信大家都应该听过这么一句话：“富不过三代。”对于大多数富豪家族而言，最多富三代，就要开始变普通了，但洛克菲勒家族却是个例外。这个家族的创始人是亿万富豪、石油大王洛克菲勒，他不仅是一个出色的商人，也是一个优秀的父亲。他非常热衷于用写信的方式教育孩子，因为他认为这是最安全的传承家族财富的方式。

他一共写了38封信，总页数超过百页，被整合成了《洛克菲勒写给儿子的38封信》。这些信总结和浓缩了他的人生经验和处世智慧，以及财富秘诀。通过深情的教诲和极富文学魅力的笔锋，他在学识、品格、交际、事业和生活等方面，对儿子提出了非常宝贵的人生忠告，并给出了许多中肯的指导。

美国有洛克菲勒的家信，中国也有曾国藩的家书。

中国近代史上，曾国藩是个争议很大的人物。但无论后世对他的评价如何两极分化，他修身治家的家书都始终为人称道。曾国藩生前死后，很多人给他戴了各种各样的“帽子”。我给他的一个头衔是——优秀的家长。

在《曾国藩家书》和《曾国藩家训》中，我真切地看到一位称职的兄长，一位宽严相济的父亲。作为一代大儒、理学传人的曾国藩，被钱穆先生称“算得上是一个标准的教育家”。他一生重视教育，无论在京为官，还是在外带兵，总是作有大量教育子弟的书信、文章。在他生前，《曾国藩家书》就已结集出版，并在当时就极受世人瞩目。曾国藩希望兄弟子侄都能成为自家庭前的“芝兰玉树”，所以在家书中不厌其烦、呕心沥血地教导他们如何做人、如何持家、如何做事、如何读书、如何写作，等等。

无论是洛克菲勒家族的家信还是曾国藩的家书，都给我对绿之韵这个大家庭的建设和教育带来了重要的启示。崇德向善和做人气节是我们绿之韵家教的核心内容。在绿之韵，我们大力加强社会公德、职业道德、家庭美德、个人品德建设，在企业中营造崇德向善的浓厚氛围，坚持用言传身教、榜样激励、严教习积等方法开展家教活动，给员工的不仅是财富和地位，更有文化内涵和精神力量。

当然，家文化也是有“烟火味”的，在多数中国人的眼中，居家过日子就是生活的全部内容，人生的价值和意义也都体现在过日子、过光景之中。每年春节，家家户户都要在门上贴一个大大的福字，意味着福气盈门。林语堂说，人生幸福，无非四件事：一是睡在自家床上；二是吃父母做的饭菜；三是听爱人讲情话；四是跟孩子做游戏。中国人对幸福、平淡家庭生活的追求由此可见。

为了大家的幸福，面对未来，作为绿之韵这个大家庭的大家长，我更感到一份沉甸甸的责任。因为，无论是对于员工团队，还是事业伙伴团队，我都必须将家文化的特征贯彻到底，为每一个人搭建一个成长与发展的平台。绿之韵的家文化建设，将更加强调奉献与成长的关系，呼唤全体绿之韵人在“建家”“爱家”“兴家”的过程中，不断付出自己的劳动、汗水和感情，吸取经验，不断成长，使“家”成为群贤毕至、精英辈出之所。

引擎三

君子务本，本立而道生

《论语·学而》有云：“君子务本，本立而道生。”意思是：君子专心致力于根本的事务，根本建立了，做人做事的原则方法也就有了。这里“本立”是前提，“道生”是结果，意在强调培根固本的重要性。

“万物得其本者生，百事得其道者成。”在“本”字上下功夫，适用于各个领域。我们企业自成立以来，高度重视红色文化，总结提出了“三色”建设、“三有”基础、“三亮”工程的非公党建基本法，把党员的模范性、先进性融入企业发展的血脉，把骨干培养成党员，把党员培养成骨干，逐步让党建工作和企业发展有机融合。我们从思想上正本清源、固本培元，筑牢信仰之基、补足精神之钙、把稳思想之舵，这是我们企业能够快速崛起的重要原因。

第一节　红色引擎驱动高质量发展

我的父亲、母亲都是农民，我从小接受的是朴素的家庭教育，无论过去还是现在，我们全家都是普通老百姓，是党的十一届三中全会做出的改革开放的历史性决策，让我们这些人有了积极性和创造性，可以参与市场公平竞争，自由地研究新技术、新产品，得到了改变命运的机会，这也让我从年幼时就对党的感情非常深厚。

没有党的政策，就不可能有现在的民营企业，也不可能有绿之韵，这是大格局。所以，我认为一个企业首先要埋头拉车，埋头拉车是指脚踏实地去做该做的事，对企业而言就是做产品、市场、营销、品牌、管理；其次，企业要抬头看路，要看行业的路，要看市场的路，观察市场有没有发生变化；最后，企业还要仰头望天，了解党的各项政策，中国的宏观经济形势以及世界经济大格局的变化。企业要脚踏实地去耕作、埋头拉车，在抬头看路的时候，时不时仰头望天，把这三者结合，才可能不犯大错误，才可能让企业高质量发展。

我相信，做企业一定要懂政治，但又不能与政治捆绑在一起。以前媒体讲究“政治家办报”，我们做企业，也应该讲究“政治家办企业”，这不是要求企业的领导人成为政治家，而是希望企业的领导人拥有政治家的视野、思维、判断，从而赢得更大的生存空间。

非公有制企业是发展社会主义市场经济的重要力量。因此，非公有制企业的数量和作用决定了非公有制企业党建工作在整个党建工作中越来越重要，成为新时期党的建设伟大工程的重要组成部分。加强非公有制企业党建工作，既是非公有制经济健康发展的现实需要，也是夯实党的执政基础的内在要求。

同时，党和国家的方针政策是充分分析了中国社会、经济的实际情况后提出的，它集中了全党智慧，最具科学性、全局性、前瞻性和导向性。把握好党和国家的方针政策，企业就能捕捉到发展机遇，明确发展方向。开展党建工作，有助于提高企业重大管理与发展决策的科学性和准确性，企业发展过程中对重大事件的处理都离不开对党和国家的重要方针政策的学习和领会。

在新形势下，一个企业只有坚持正确的信仰，才能保持企业经营发展方向正确，保持行业价值观念正确，保持从业人员队伍纯洁，能够在大是大非上保持清醒认识、在大风大浪中站稳正确立场。企业有没有按照中国特色社会主义理论体系指导思想进行科学化、规范化管理，能不能让政府、监管部门放心，能不能得到社会认可，将直接决定企业在社会经济发展中的稳定性和长久性。

“万物得其本者生，百事得其道者成。”正因为有这些认识，尽管我不是中国共产党党员，但我全力支持绿之韵成立党组织，把党组织建设当作企业的“头号”大事来推进。2006 年，绿之韵成立了党支部，而这距绿之韵成立尚不足 3 年。接下来的几年间，绿之韵陆续获批成立党总支部、党委，并建立了党建文化教育基地，浏阳经开区首次非公企业党建工作现场交流会就在绿之韵集团召开。目前，我们企业共获批成立了 12 个党支部，打造出新时代非公党建新生态。

“物有本末，事有始终。知所先后，则近道矣。”我们绿之韵的党建工作一直走在长沙非公企业党建的最前沿。党的十八大以来，党中央高度重视非公有制经济发展和非公企业党建工作，2012 年中央办公厅印发《关于加强和改进非公有制企业党的建设工作的意见（试行）》，中央组织部召开全国非公有制企业党的建设工作会议，各地也加强了企业与政府、干部与职工、党员和群众的血肉联系，推动党建工作水平提升与企业业务能力提升同频共振，而此时，我们绿之韵已经让党建引领在企业落地生根。

“把党员培养成骨干，把骨干培养成党员”是党培养人才的方针，同时也是绿之韵党委党务工作的真实写照，更是绿之韵集团的人才培养理念之一。绿之韵通过以激发人才队伍活力为目标实施“双培养”机制，进一步发挥党员和技术骨干的双带动、双促进作用，真正实现党建工作与生产工作的同频共振、互融互促，进而培养出更多的“尖兵”团队，为企业的高质量发展提供了有力的技术支撑和人才保障。

党员是发掘出来、培养出来的，绿之韵集团常务副总经理梅其慧就是“把骨干培养成党员”的典范之一。梅其慧 2003 年就加入了绿之韵，是绿之韵的创业元老之一。20 年的时间里，梅其慧在绿之韵出色地完成了各项任务，在学历和职称上都有了进步。她取得的成绩除了自身努力，还得益于公司用人主体作用的充分发挥，通过党管人才，筑巢引凤，留人留心。

在刘云书记的带领下，梅其慧不仅加入了中国共产党，还成为绿之韵集团三支部的书记。2021 年，她带着三支部党团成员去了革命老区贵州，开展“重温党史、不忘初心、洗礼思想、坚定信念”主题教育学习。党员们身着红军服，重走长征路，参观遵义会议旧址，重温革命岁月，感悟红色精神。在遵义干部学院、中共遵义市委党校，她还特别邀请了中共遵义市委党校教授陈正奎为党员们带来《遵义会议与遵义会议精神》党史学习教育专题教学。2023 年春节假期，她从党委借走了党的二十大的相关书籍，带着孩子一起学习党的二十大精神，在员工中起到了榜样的作用。

不仅是领导、骨干，在绿之韵，一些基层的员工，如果平时表现优秀，愿意做一些党务工作的志愿活动，愿意去给同事们排忧解难，也会被优先吸纳进入党员队伍。

在绿之韵，“把党员培养成骨干”的案例更多。许多优秀的员工、高管在入职绿之韵前就入了党，在工作中，他们勇于担当，充分发挥了党员的先锋模范作用，屡次获评公司“优秀共产党员”和“优秀党务工作者”。

一组数据，让我清晰地看到了党建工作对企业发展起到的积极推动作用。在绿之韵获批成立党委的第二年，绿之韵的业绩就比上一年增加了一倍。在日常经营中，我们的党员以自己的行动影响和带动市场营销人员，共同营造企业良好的生存发展环境，为社会创造效益。统计显示，党员带领、指导的销售队伍，业绩占了绿之韵销售额的70%以上，集团每年表彰的优秀市场伙伴中党员占比为30%，在各项公益活动中党员参与的比例为50%~60%。

中国共产党是先进生产力的代表，也是先进文化的代表。绿之韵集团的党员在创造价值的过程中也承担了更多的社会责任。

在推进脱贫攻坚、助力乡村振兴工作中，绿之韵集团党委书记刘云、副书记许达仲带领绿之韵党团爱心志愿者在浏阳市小河乡乌石村开展帮扶活动，精准帮扶农产品直购会走进浏阳市小河乡。

此外，绿之韵集团党委还多次组织开展无偿献血活动，让党员们通过自己的实际行动，为无偿献血公益事业贡献一份力量。

不只扶贫、献血，绿之韵还积极号召集团党员参与关爱留守儿童、慰问百岁老人和贫困母亲、帮扶大学生创业就业等多项社会公益活动，以党员的责任和力量为社会做贡献，增强绿之韵人的社会责任意识。

为国家分忧，为民生担责。新冠疫情出现后，绿之韵集团党委迅速成立了疫情防控工作组，部署和组织落实各项防控举措，广大党员坚决担负起“指挥员”“战斗员”的责任，主动冲锋在前，在疫情大考中彰显出绿之韵党员的使命与担当。

凭借出色的党建工作，绿之韵集团党委先后多次被长沙市、浏阳经开区评为“先进基层党组织”“党建示范点”“标杆引领先进基层党组织”，我和劳嘉分别被评为园区、长沙市支持党建工作优秀企业家，集团党委书记刘云同志被评为湖南省两新领域“优秀党务工作者”，党委副书记许达仲同志先后被浏阳市、浏阳经开区评为“优秀党务工作者”“优秀党员”，集团二支部、绿之韵保健品用品支部先后被浏阳经开区评为“先进基层党组织”，绿之韵保健品用品支部书记杨丹同志被浏阳经开区评为“优秀党务工作者”，集团二支部书记陈建新同志、三支部书记梅其慧同志、赵光意同志、宋沂芳同志、肖波同志等，被评为“优秀共产党员”。

我觉得，之所以获得这些荣誉，虽然有个人的辛勤付出，但更多的是组织的培养，是集团党建工作与集团生产工作相融合碰撞结出的硕果。

党建强，发展强。多年来，绿之韵集团始终坚持党的领导、加强党的建设，让党建成为企业发展的“指南针”，成为企业践行社会责任的“指挥棒”。我们 12 个基层党支部就像一台台红色发动机，释放澎湃的发展动力，及时将党的政策传达至市场一线，推动企业发展驶入高质量发展快车道。

第二节 “三把钥匙”开一把锁

在中国共产党带领亿万人民推进现代化建设的漫漫征程中，新时代十年绘就浓墨重彩的篇章，为中国式现代化提供了更为完善的制度保证、更为坚实的物质基础、更为主动的精神力量。

我认为，中国式现代化必须从中国的特点出发，包含着不可分割的两个方面：一是现代化的价值取向，二是基于中国国情的中国特点。在这一认识基础上，做延伸的思考，我得出这样的结论：一家企业只谈业务，不抓党建，企业就会失去方向；而如果企业的党建工作脱离业务工作、脱离群众，党建也会失去生命力。

在这一结论的指引下，我们绿之韵集团党建工作最大的特色，就是用好“三色”建设、“三有”基础、“三亮”工程这三把“钥匙”，以组织建设为“脊梁”，开启了基层党建的新局面，使党建工作与业务工作互融互促，把党建工作做出了凝聚力、战斗力、生产力。

“三色”建设为魂，我们的“三色”建设指的是坚持以“金色”为主打，始终把发展经济作为工作的重要切入点，把党员的模范性、先进性融入集团发展的血脉；坚持以“红色”为中心，始终把坚持共产党的领导放在中心位置，执着坚守回馈社会的初心；坚持以“绿色”为保障，打造“绿体红心”的红色企业文化，发展实业，打造绿色品牌。

绿之韵集团获批成立党委以来，一直坚持以坚定理想信念为重点，切实加强思想建设，围绕建设学习型党委目标，增强学习的针对性和有效性，计划性地开展了《党章》、习近平新时代中国特色社会主义理念治国方略、“学习强国”平台天天学的学习，重点学习了习近平总书记在庆祝中华人民共和国成立70周年大会上的重要讲话精神和中国共产党成立100周年大会上的重要讲话精神，以及习近平总书记在湖南的讲话精神，及时按上级要求召开专题会议，传达党中央在各个时期的路线、方针、政策，做到全体党员在思想上、行动上始终与党中央保持高度一致。

近年来，绿之韵集团党委已将奋战在第一线的30多名业务骨干培养成党员，仅2017年，就有18名业务骨干光荣加入中国共产党。同时，集团党委也将公司的30多名老党员培养成了业务骨干，优先提拔10多名党员骨干成为公司中高层。目前，绿之韵集团的高管中50%是党员，已经基本形成了以党员为核心的管理团队，在企业发展中起到中流砥柱的作用。

在工作中，我看到我们的党员职工带着浓厚奉献精神，敢于担当，勇于担当。例如，保健品党支部的党员胡树峰，每天来得最早，走得最晚，他从一个非常普通的基层员工做起，慢慢成为车间的管理人员，公司车间里的一些细小、琐碎的事情都由他管理。2021年，浏阳下了几场暴雨，某天下午4点多的时候，堆放小家电的车间仓库进水了，那个仓库并不在胡树峰的管辖范围内，又临近下班时间，但胡树峰还是召集了身边所有人，放弃赶班车的时间，大家一起把这些货物运到一个相对安全的地方，为公司避免了经济损失。

胡树峰这样的故事并不是孤例。目前，绿之韵集团200多名员工中，党员是最活跃、最优秀的群体，他们在研发、生产、销售、防疫和管理等多条战线上攻坚克难，成为推动企业不断发展的中坚力量。而我也可以很自豪地对大家说：绿之韵有着一支“既红又专”的专业型、服务型、技能型人才队伍，广大党员实实在在地为企业发展创造业绩，实现了自我价值，拥有了社会财富。

“三有”基础为骨，我们的“三有”基础指的是有阵地建设彰显党建力量，建成了“职工之家”、党群活动室等满足员工学习活动的场所；有特色教育彰显党建作为，主动开展形式多样的特色教育，升华党员思想；有争先创优彰显党建效能，一边抓争先创优，一边抓细节融入，助推企业发展张弛有度。

多年来，集团党委坚持党建工作有力量、有作为、有技能为企业服务，并不断在立足“三有”的基础上求突破，在创新发展上彰显党建力量，筑牢企业发展红色根基。

按照“有设施，有标志，有党旗，有书报，有制度”的创建标准，我们建成了集团党建文化教育基地，这是一个集党员活动、党群活动、职工之家于一体的多功能型服务中心，主要展示厅分为“党委简介”“公益项目”“党团活动掠影”“荣誉墙”“领导关怀”等几大板块，充分展示集团发展和党建工作所取得的成就。这里的党建文化墙润物无声，提醒着党员干部坚守红线、保有风清气正的政治素养。

在建设好主题党日、组织好“三会一课”的基础上，集团党委结合发展实际，主动开展形式多样的特色教育，使全体党员思想境界得到了进一步升华。

例如，集团党委将党建工作融入公益活动，组织党员青年无偿献血，为无偿献血公益事业贡献一份力量；积极号召党员参与关爱留守儿童、慰问百岁老人和贫困母亲、帮扶大学生就业创业等活动；在浏阳经开区举办的“深学细悟党的二十大精神，奋力建功园区高质量发展”党员微宣讲竞赛活动中，绿之韵集团选送的《青春中国》作品以全场最高分获得一等奖，向建党 102 周年献礼。

同时，集团党委将党建工作融入集团的主题活动，党员人人主动参与绿跑公益活动，在献爱心、送温暖活动中党委和党员也都全力投入。通过党建教育活动融入，全体党员深受启迪和鼓舞。

创新党建工作、组织生活常态化，已经成为绿之韵党委日常工作的一部分：谁工作中有困惑，马上就有党员与其交心谈心；谁生活上有难处，党课之余，大家会主动地为其出谋划策；读到了一本好书，大家就会在“两学一做”的党课中主动分享。随着“三有”基础建设的不断推进，绿之韵集团的党建工作已逐渐形成了一整套长效机制，让绿之韵集团党委的组织生活既有章可循，又不拘泥于形式，还能精准落地。

“三亮”工程为肉，我们的“三亮”工程则指的是强化组织建设“亮旗帜”，让党的旗帜真正在绿之韵集团的各个岗位上亮起来；强化党员管理“亮正气”，要求每个党员自觉学习，在党纪国法面前有正气，在公司发展途中有底气；强化感召示范“亮身份”，建立党员“示范岗”，强化绿之韵党委在非公企业“两新”组织中的影响力。

“亮旗帜，亮正气，亮身份”，“三亮”工程激励着绿之韵集团每名党员在本职岗位上展风采、亮业绩。

我们开展的“共产党员示范岗”要求党员自觉做到“七好”和“五前”。“七好”即积极进取，政治思想好；以身作则，组织纪律好；勤奋学习，业务水平好；开拓创新，爱岗敬业好；乐于奉献，为民服务好；公道正派，廉洁自律好；诚实守信，道德品质好。“五前”要求党员示范岗的党员们做到执行制度严在前、模范表率干在前、技术创新学在前、观念更新做在前、优质服务争在前。“共产党员示范岗”的建立与发展，为绿之韵集团带来了企业管理上的优势，并让企业在经营发展中充分享受到“把政治优势转化为企业核心竞争力”的胜利果实，企业经营业绩实现了全面可持续性稳健增长。

通过“三亮”工程，集团强化了“听党话，跟党走，抓党建，促发展”的经营理念，实现了党建工作与生产经营、企业文化、群团工作、从严治企的四个融合，同时也促推党员不断加强党性修养，严守党员标准，坚持以知促行、知行合一，不断改进工作作风和提高服务质量，在推进法治社会稳定发展中当标兵、做模范，用实际行动彰显共产党人的风采。

第三节　党建品牌的“窗口效应”

基层党组织是我们党在基层阵地上的堡垒，堡垒强则阵地坚，堡垒弱则阵地失。新时代新征程，必须把基层党组织建强、把基础工作做扎实，不断推动基层党建全面进步、全面过硬。

全面进步，意味着全方位优于过往；全面过硬，意味着实践中淬炼提升。

因此，我经常对同事们讲，我们是基层一线非公企业党组织，一定要坚定理想信念，注重学习提升，矢志艰苦奋斗，从一点一滴做起，把小事当大事干，踏踏实实把每一件事情都做好，靠勤劳双手成就属于自己的人生精彩，共同创造我们的幸福生活和美好未来。我们要把党建工作做到与企业自身发展相结合，与党员的生活实际相结合，与当前信息科技发展相结合，与党的工作大局要求相结合，与时代发展总体要求相结合。

当前，我国经济下行压力持续增大，加之新冠疫情带来的后续影响，各类企业、许多市场主体均面临生存和发展的挑战。但越是在困难的时候，越是要大力加强党的领导和党的建设，越是要充分相信和紧紧依靠党组织和广大党员，坚定发展信心，激发发展潜力。

同时，进入新发展阶段，就要贯彻新发展理念，构建新发展格局，实现我国经济和企业的高质量发展。人民对美好生活的向往和追求是无限的，这就决定了市场需求是无限的，中国经济发展还存在巨大的潜力，有待挖掘。

民营企业是推动我国市场经济发展的重要市场主体之一，我们企业除了自身的党建工作，还要带动和推动党员事业伙伴积极参与党的组织建设工作，充分发挥流动党支部的作用，引导党员事业伙伴发挥先锋模范带头作用，依法合规经营，切实保护消费者合法权益，在新的历史时期做出新的贡献。

下一阶段，绿之韵党委的总体思想是：坚持以习近平新时代中国特色社会主义思想为指导，认真贯彻党要管党，全面从严治党的总要求，紧紧围绕“改革创新，提升效能”两大任务，坚持“思想建设、组织建设、作风建设、制度建设和党风廉政建设”常抓不懈，进一步把工作主业向党建主体责任聚焦，把工作重心向支部建设聚焦，切实推进集团党建工作再上新台阶。

在党组织建设方面，进一步强化集团党组织建设，主要是选优配强支部班子，继续深化党员骨干的政治理论学习，不断提高党员的整体素质，充分发挥集团各支部的牵头优势，努力为集团发展多做贡献。

在培训学习方面，进一步加强党员培训，在培训内容上，主要抓好党性修养和理想信念教育，以及遵守社会公德和无私奉献教育；在培训方法上，主要采取集中分散、典型示范、直观形象等形式；在时间安排上，本着“注重实际，讲究实效”的原则，既保证正常参加组织生活，又不影响集团日常的商业活动，力求培训达到实效。

在党建工作方法方面，进一步创新，跳出“就党建抓党建”的自我循环，转变为“围绕经济抓党建，抓好党建促经济”的大循环，提倡“服务型”党建工作，寓党建工作于集团发展、管理和文化建设之中，使集团党委真正成为集团促推发展的得力帮手。

在阵地建设方面，努力把集团党委阵地培养成集团向外展示形象的窗口的同时，积极推动支部阵地形象窗口建设，坚持“成熟一个，巩固一个，提高一个”的原则，扩大阵地建设教育覆盖面，要主动与员工大会、工会、共青团工作联合起来，建好和谐的“党员之家”和“党组织之家”。

在党务活动方面，进一步开展创先争优活动，努力激发集团党组织和党员骨干的组织活力，不断增强党员的感召力，在党员中开展争创“五个一”活动，即掌握一门技术、创一流工作业绩、帮助一名员工、培养一名入党积极分子、争做一名优秀共产党员。

在党史学习教育方面，要求每名党员除规定的学习内容外，要充分利用湖南红色资源优势，做到“四个一”，即：会讲一名英烈的成长故事、记住一名英烈的激励名言、写一篇真挚的心得交流体会、自觉参观一个红色学习点。

在党建品牌建设方面，集团党委在扎实推动好“三色”“三有”“三亮”品牌党建的基础上，要主动探索集团党建和业务推动相互渗透的最佳融合点，在强化党组织领导的同时，明确工作方向，切实形成党建工作百花齐放的局面。

在服务方面，进一步强化措施，提升党员骨干服务水平，完善“三会一课”制度，加大对支部和党员的考核力度，将工作表现与年度、季度优秀表彰挂钩。建立对党员的关爱制度，定期开展谈话谈心，了解党员的学习、思想、工作、生活情况，使他们对党组织有归属感，主动承担党组织的各项工作。

我希望，通过以上的各项党建工作，绿之韵的员工与市场经营伙伴能够形成“明党史、念党恩、知国情、分国忧、知己任、肩己责”的企业文化特质，党建工作能够真正与企业的市场经营发展相结合、与先进企业文化的塑造相结合、与员工个人的成长成才相结合，突破创新、锐意进取，撸起袖子加油干、甩开膀子拼命干、俯下身子务实干，全力打造具有绿之韵鲜明特色的非公党建工作品牌。

引擎四

士不可以不弘毅，任重而道远

《论语·泰伯》有云：“士不可以不弘毅，任重而道远。”意思是，作为一个士人，必须志向远大、意志坚强，因为他深知自己责任重大，需要长期艰苦奋斗。当然，不只是“士”这样一个群体，我们作为企业家，同样必须志向远大、意志坚强。

历史赋予使命，时代要求担当。特别是拥有一些政治荣誉的企业家，他们身上更是背负着一份沉甸甸的责任，不能辜负这个伟大的时代。以人民为中心，兑现“人民选我当代表，我当代表为人民”的庄严承诺；写好“绿文章”，做强“绿经济”，带动农民增收和乡村振兴。这就是我及我的企业的时代使命。

第一节　不能辜负这个伟大时代

在中国，很早之前就有民营企业家参与公共事务的治理。明清时代，市镇、乡村的公共事务多由士大夫与商人共同治理，他们通过自治的方式，参与教育、交通、文化等公共事务，也维持一方治安。

19世纪末以后，传统的士大夫和商人经过复杂的转换，在现代工商业城镇形成了一个“绅商”群体。他们更是积极参与全国性政治活动，推动了立宪运动。

20世纪50年代中期以后，随着经济国有化，当然也就不存在民营企业家了。即便老工商界人士还在，也无法独立发挥社会治理作用。整个社会被整合进一个自上而下的控制体系中。

20世纪80年代开始，私人企业重新获得发展的空间，民营企业家也从个体工商户、社队企业等新的企业组织方式中逐渐产生。之后，民营企业家进入政协、人大，则标志着整个政治体系确认了他们的地位。

民营企业家能够参政议政，展示他们所传承的企业家精神，对于社会治理来说十分重要。他们有的是企业的法人代表，有的是经济建设的一线人物，在经济方面的提案议案有很强的针对性和现实意义，使决策层能够及时把握经济脉搏和行业的发展动态。

2017年9月，《中共中央　国务院关于营造企业家健康成长环境弘扬优秀企业家精神　更好发挥企业家作用的意见》(以下简称《意见》)正式公布。这是中华人民共和国成立60多年来，中央首次以专门文件明确企业家精神的地位和价值。《意见》明确提出了9条措施，确定了“企业家是经济社会的重要主体”的地位，诠释了“企业家精神”的重要内涵，提出了“让企业家更好发挥作用”的机制保障。

这让我倍感振奋。国家鼓励大家讲真话、谈实情、献诤言，聆听企业家的心声，这样就能及时发现问题、解决问题。国家政治稳定，社会就能安定，经济就会发展。

我们中国从古至今就不缺少企业家精神，尤其是改革开放以来，企业家群体开始逐渐崛起。从 1984 年到 1992 年，到中国加入世界贸易组织，再到互联网经济兴起，中国企业家群体在市场经济的大潮中演绎出一幅幅精彩的画卷，一批又一批有胆识、勇创新的企业家在党的领导下把实现人生理想、企业愿景与推动党和国家的改革开放事业紧密联系起来，凝聚、升华和淬炼了中国企业家的精神特质，形成了优秀的企业家精神。

在我看来，一个经济结构健全的社会中，企业是社会主要的经济创造主体，而企业的掌舵者——企业家，无疑是社会的宝贵财富，同时也是一种极为重要的稀缺资源。企业家是一个社会中的优秀群体之一，他们具有极强的创新特质、资源整合能力和拼搏精神，能够敏锐地感知社会发展趋势和消费者需求。

市场活力来自人，特别是来自企业家，来自企业家精神。党的十八大以来，国家高度重视企业家群体在国家发展中的重要作用，多次强调要弘扬企业家精神。许多主流媒体也刊发了文章，对企业家精神做出了解读。

央视快评《激发市场主体活力　弘扬企业家精神》指出，今天，面对世所罕见的复杂形势，广大企业家更要增强爱国情怀、勇于创新、诚信守法、承担社会责任、拓展国际视野，在经济社会发展中担负起“探路者”和“领跑者”的责任，努力成为新时代构建新发展格局、建设现代化经济体系、推动高质量发展的生力军，在社会主义现代化进程中发挥更大作用，实现更大发展。

新华时评文章《为企业家精神注入新内涵》指出，面对突如其来的新冠疫情，中国广大企业家没有被困难吓倒，在捐款捐物支持抗疫的同时咬紧牙关、坚守自救。他们有的快速调整经营方式，“共享”员工、“抱团取暖”；有的顺应消费新变化，“花式”转产、“云上破局”；还有的变身“主播”，在线上直播间“吆喝”产品。他们展现的担当、勇气和韧性就是当下企业家精神的生动写照。

这些分析解读对我深有启发，我认为弘扬企业家精神，要深刻理解、把握企业家精神的五大内涵。

第一，“利于国者爱之，害于国者恶之”。企业营销无国界，但企业家有祖国，企业家精神包含着爱国情怀。爱国主义是中华民族的优良传统，也是伟大民族精神的核心，是千百年来流淌在中华儿女血液中的精神。成长于改革开放伟大实践中的中国企业家，传承和弘扬了伟大的爱国主义精神，爱国情怀深深熔铸于企业家精神之中，成为企业家精神的灵魂所在。

一个不爱国的企业家，其企业的生存发展就容易迷失方向；一个对国家、对民族怀有崇高使命感和强烈责任感的企业家，就能够为企业发展壮大注入强大精神力量。改革开放以来，正是一批又一批企业家始终把企业发展同国家繁荣、民族兴盛、人民幸福紧密结合在一起，主动为国担当、为国分忧，才创造了众多企业的辉煌。

进入新时代，党和国家事业有了新的发展起点，尤其是全面贯彻新发展理念，深化供给侧结构性改革，建设现代化经济体系，为更多企业家干事创业提供了更好的支撑。对于企业家来说，弘扬爱国情怀，要将个人事业追求、企业发展与党和国家事业结合起来，努力办好一流企业，带领企业奋力拼搏、力争一流，实现质量更好、效益更高、竞争力更强、影响力更大的发展，为民造福、为国增光，努力为全面建设社会主义现代化国家和中华民族伟大复兴的中国梦贡献应有的力量。

第二，唯创新者进、唯创新者强、唯创新者胜，企业家精神也包含勇于创新的精神。创新是引领发展的第一动力。企业家要敢为人先，敢于承担风险，在不断创新中寻找新的商业机会，实现企业可持续发展。“富有之谓大业，日新之谓盛德。”企业家不能没有创新意识，企业不能不重视革新。勇于创新、敢于突破陈规、不断超越，是当代企业家的核心素养，也是企业生存发展的根基所在。

这个世界变化太快了，对企业家来说，也不可能总按老的套路去出牌。面对激烈的市场竞争，要想在市场中取得一席之地，就必须勇于推动生产组织创新、技术创新、市场创新、管理创新、产品创新等，用创新精神为企业的高质量发展提供不竭的动力源泉。

改革开放以来，我国经济发展取得举世瞩目的成就，同广大企业家大力弘扬创新精神是分不开的。正是广大企业家始终站在改革最前沿、创新最前列，勇于成为创新发展的探索者、组织者、引领者，才塑造了企业的核心竞争力，形成了高效率的企业组织形式、管理方法和先进制度，催生了新的市场机会，也在此过程中把勇于创新的精神熔铸到了企业家精神之中，并成为企业家精神的核心所在。

当前，各行各业都在加快复苏，这样的环境下，企业必须更好地贯彻新发展理念，唯创新者进、唯创新者强、唯创新者胜，新时代企业家要做创新发展的推动者、先行者和示范者，重视技术研发和人力资本投入，有效调动员工创造力，努力把企业打造成为强大的创新主体，以创新求生存、求发展，为我国经济高质量发展再立新功。

第三，“诚者，天之道也；思诚者，人之道也”。企业家精神中也包含着诚信这一亘古不变的价值观念。社会主义市场经济是信用经济、法治经济，诚实守信是现代社会基本的道德要求和法律规范。人无信不立，业无信不兴，国无信则衰。

法治意识、契约精神、守约观念是现代经济活动的重要意识规范，也是信用经济、法治经济的重要要求。任何一个企业家都必须讲究诚信、遵纪守法，任何一个企业都必须以诚信为本，并在法纪轨道上运行。

在我看来，企业家要同方方面面打交道，调动人、财、物等各种资源，没有诚信寸步难行。改革开放以来，广大企业家始终恪守诚信准则，合法劳动，守法经营，才赢得了口碑认可，让一批又一批企业发展壮大，使诚实守信成为企业发展的圭臬，有力支撑着企业家干事创业，并成为中国企业家精神的强硬内核。新时代推动市场经济健康发展，提供更多的优质产品和服务，满足广大人民美好生活需要，广大企业家要规范自身行为，努力成为诚信守法的表率，在诚实守法的轨道上推动企业发展行稳致远。

第四，责任是内化于心、外化于行的情怀与担当，承担社会责任是企业家精神的深层底色。无论是企业家还是企业，要想生存发展，必须正确处理各种社会关系，尤其是在追求自身利益和发展空间的过程中要承担社会责任。企业既有经济责任、法律责任，也有社会责任、道德责任。任何企业在追求经济利益的同时，必须兼顾社会效益和社会责任。否则就会如孔子在《论语》中所说的那样，"放于利而行，多怨"。做人做事唯利是图，会招致别人的怨恨与排斥。

因此，作为企业家不能只考虑赚钱，必须拥有责任担当精神，为员工幸福去担当，为社会发展去担当。

当我成为人大代表、政协委员之后，这种认知就更为清晰。因为这代表着党和政府及社会各界对我的一种充分肯定，让我有着非常强烈的光荣感和责任感。我要擦亮自己身上企业家这一身份标签，积极参政议政、建言献策，贡献我的智慧和力量，不但关注本行业的高质量发展，还要真心实意地为社会的高质量发展尽一份力。

我常说，"企业做大了就是国家的，社会的"。这是因为，我认为企业的财富都取之于社会，必须力所能及回报社会、反馈社会。社会是企业家施展才华的舞台，也是企业家承担责任的场所。承担社会责任，对企业家和企业来说，并不是负担，而是机会和空间，校正着企业家的世界观、价值观和人生观，也检验着企业文化、经营理念、企业伦理。

承担社会责任，对企业来说，也是一种生产力和竞争力。改革开放以来，越来越多的企业家投身各类公益事业，一批又一批的企业家致富不忘本，以助力社会发展为己任，将个人利益、企业经营融入社会的整体利益发展，不仅回应了社会对企业家的殷切期望，也带动了企业的发展壮大，在积极承担社会责任的同时，也将承担社会责任熔铸成了企业家精神的深层底色。

只有真诚回报社会、切实履行社会责任的企业家，才能真正得到社会认可，才是符合时代要求的企业家。面对当前经济社会发展的复杂形势，我们企业不仅持续地热心参与社会公益事业，同时还在努力稳定就业岗位，关爱企业员工发展及其家庭和睦，营造公平合理的员工成长环境，围绕制约社会发展的瓶颈领域开展技术创新，力所能及地促进各种社会问题的解决，在促进社会公平正义和社会全面发展中积极担当作为。时代需要的是具有社会责任感的企业家，而不是低买高卖的生意人！

第五，有多大的视野，就有多大的胸怀。企业家精神也包含国际视野的要求，要求企业家立足中国、放眼世界。现在的世界是开放的世界，一个企业家具有世界眼光、全球视野，把握国际市场动向和需求特点，同时防范国际市场风险，才能将企业做大做强，为企业发展开拓广阔天地。

经济全球化时代，社会越来越开放，市场越来越国际化，无论是企业家把企业发展同国家繁荣、民族兴盛、人民幸福紧密结合在一起，弘扬爱国情怀；还是用创新精神推动企业的高质量发展，做到勇于创新；抑或为人民美好生活需要提供更多的优质产品和服务，坚持诚信守法；或者回应社会对企业家的殷切期望，积极承担社会责任；等等，都决定了要拓展国际视野，吸收借鉴世界各种文明成果，尤其是先进技术、经营方式、管理方法，更要到国际市场上去锤炼胆识、磨炼意志、积累经验。

改革开放以来，我国企业家在国际市场上积极锻炼成长，顺应经济全球化潮流，立足国内又面向世界，利用国内国际两个市场、两种资源的能力不断提升，坚持引进来与走出去相结合，更广更深地参与国际市场开拓，充分彰显了广大企业家应对世界变局的宽广视野。

当前面对世界百年未有之大变局，我们企业家更要立足民族复兴的战略全局，放眼世界，提高把握国际市场动向和需求特点的能力，提高把握国际规则能力，提高国际市场开拓能力，提高防范国际市场风险能力，带动企业在更高水平的对外开放中实现更好发展，在全面扩大对外开放，促进国内国际双循环和构建新发展格局中做出中国企业家应有的贡献。

于我个人而言，有了认知以后，当然就要践行，擦亮企业家标签，践行企业家精神，体现在历史担当和世界眼光上，要有诗人的想象力、科学家的敏锐眼光、哲学家的头脑和战略家的本领。

擦亮企业家标签，践行企业家精神，要有使命感和大局观。湖湘自古人杰地灵，英才辈出，被“反哺兴湘”思想和湖南精神浸润的湘籍企业家应当有胸怀祖国、放眼世界的战略眼光，内化于心、外化于行、知行合一。我不仅是绿之韵的董事长，还是香港长沙联谊会名誉会长、香港长沙商会负责人，我必然将以“吃得苦、耐得烦、霸得蛮”的精神，主动对接粤港澳朋友圈，搭建湘籍企业家沟通、交流、回乡的桥梁，推进湘商产业回归、资本回流、项目回投、人才回聚、总部回建。引导和带动粤港澳大湾区“骨干”企业投资长沙，推进中国香港和长沙经济文化全方位深度合作，服务“强省会”和“三高四新”战略实施，为建设中国式现代化长沙、为中国香港更加繁荣稳定贡献更大的力量！

擦亮企业家标签，践行企业家精神，要敢创新和有闯劲。新一轮科技革命和产业变革正在孕育兴起，湖南经济正处在转型升级的关键期，广大企业家要在这一历史进程中继续发挥重要作用，创造出无愧于时代的优秀成绩。我们要敢于创新、有闯劲儿，克服“等靠要”思想，力戒因循守旧，敢为人先、锐意进取，把创业创新与市场需求结合起来，紧盯产业和科技发展方向，积极发明新技术、研发新产品、培育新业态、开辟新市场，努力在全球市场竞争中脱颖而出。

绿之韵作为扎根湖南的民营企业，将牢牢把握“湖南—粤港澳大湾区”区域经贸合作发展新机遇，紧密配合“一带一路”倡议，广纳人才和技术资源优势，增强企业软硬件建设，延伸大健康产业链条，逐步布局生物制药、健康干预、健康体检、健康养老、连锁酒店、国医堂、中医养生等多元产业领域；积极响应国家“鼓励和支持民营企业结合金融资本上市”的号召，拓深、拓宽在中国香港、中国澳门等地的合作与交流，培养专业金融管理团队，构建健康产业下的大金融产业布局体系，全力打造“双百亿”工程。围绕“双百亿”工程的奋斗目标，我们企业将不断加强与纳斯达克、中国香港交易所等国内外金融机构、知名投行的紧密联系，寻求更深层次的合作与交流，努力推进优质资源向集团公司拟上市子产业板块集中，全力打造3~5家上市公司，提升集团公司整体盈利水平和国际竞争力。

擦亮企业家标签，践行企业家精神，要蓄优势和创品牌。企业家一定要有更加宽广的视野，敢于在强手如林的全球竞争中磨炼筋骨、强身健体，形成自己的优势。要大力弘扬“工匠精神”，厚植工匠文化，恪尽职业操守，崇尚精益求精，培育更多的“世界名牌”。对于绿之韵而言，就是要从粗放式管理向精益管理迈进，产业从中低端向中高端迈进，管理过程就是一个精益化过程，在管理上要有“工匠精神”，不放过每一个细节。同时，产品更要有“工匠精神”，要精雕细琢，只有创出品牌，在国际市场才有竞争力，供需问题才能得到解决。要坚持以信立世，做良心企业，做放心产品，做百年老店，真诚回馈消费者。

擦亮企业家标签，践行企业家精神，要可持续和谋福祉。建设资源节约型、环境友好型企业是湖南转型升级的重要着力点。我们企业要积极开发绿色技术，对从产品的开发、设计到生产、销售、回收等各个环节进行全过程的污染控制；广泛采用新技术、新工艺和新装备，依靠科技进步节能降耗；大力开发运用低碳技术，更多地使用清洁能源和可再生能源。多年来，绿之韵集团坚持走“关爱生命、绿色产品、天然环保、质高品优”战略，建立了一整套绿色管理体系，取得了明显成效。

擦亮企业家标签，践行企业家精神，要担责任和求共富。作为一名企业家，一定要积极承担社会责任、回报社会大众，尤其是关注社会弱势群体。我们企业十多年的扶贫经验证明，企业真诚捐赠、积极回报社会，不仅让贫困人口受益，也让企业获益。通过捐赠扶贫，企业推广了品牌，赢得了消费者口碑，市场越做越大。我们企业在未来仍会主动对接创新引领、开放崛起的战略实施，积极投身供给侧结构性改革和巩固脱贫成果，在振兴发展实体经济、推进共同富裕等方面做出更大贡献。

进入全面建设社会主义现代化国家的新时代，高质量发展成为首要任务，企业家群体的历史使命正在发生深刻变化。党的二十大再次提及弘扬企业家精神，我认为目的是调动企业家的创业积极性和发展激情，顺应时代发展要求，让企业家群体与新时代同频共振。

我常说：这是一个风起云涌的时代，这是一个风雨无阻的时代，这是一个风雨同舟的时代，这是一个英雄辈出的时代。改革开放 40 年，点燃了无数中国人的梦想，我只是其中之一。“历史从不等待一切犹豫者、观望者、懈怠者和软弱者。”我也唯有擦亮自身的企业家符号标签，与伟大祖国同频共振，去干一番伟大的事业，才能不辜负这个伟大的时代。与历史同步伐、与时代共命运，赢得光明的未来。

第二节　坚持以人民为中心

在这些年的全国两会上，总会有一些具有民营企业家身份的人大代表、政协委员精彩亮相、精辟发言，为国家未来更高质量的发展积极建言献策，贡献民企智慧和力量。

民营企业家站上政治舞台，标志性的事件是 2003 年初力帆集团创始人尹明善当选为重庆市政协副主席，这是改革开放后中国第一位进入省级政协领导班子的非公有制经济人士；2 个月后，全国政协委员中非公有制经济人士增加至 65 人，占所有委员的比例近 3%。

一边是政治头衔，一边是商人角色，全国两会中的企业家代表们，并没有避免外界对其立场的拷问与质疑。

时任娃哈哈集团董事长宗庆后面对新浪财经“你觉得要替老百姓说话还是代表自己阶层”的尖锐提问时，回答道：“作为人大代表，应该代表国家利益和人民的立场说话。”显然，走在改革开放前沿的企业家们如今已不局限于埋头经商，而是将企业家的责任和使命提到了新的高度。

这是我学习的榜样和标杆，作为人大代表和政协委员，我也要认真履行代表职责，积极参政议政，做好党和政府联系人民群众的桥梁和纽带，提案与建议的内容，更多地向社会中下层倾斜。

近年来，在湖南省委、省政府一系列政策措施的鼓励和支持下，湖南省非公有制经济进入了一个快速发展的时期。但是，我也看到，湖南省非公有制经济在发展过程中依然面临诸多问题和制约因素。主要体现在三个方面：一是产业结构不合理。先进制造业、高新技术产业和现代服务业比重低，大部分非公有制经济处于产业链、价值链的低端，集中于一些高投入、高消耗、高污染、低效益的传统领域。二是内生动力不强。非公有制经济企业家族式管理的现象比较普遍，造成了企业经营决策的随意性、模糊化。三是发展环境需要进一步优化。市场准入限制多，进入门槛高，融资渠道窄、贷款困难，检查名目多，企业疲于应付的现象还一定程度存在。

解决好这些问题，转型发展是必由之路，湖南省委制定的“四化两型”是湖南省转型发展的总战略，积极引导非公有制经济融入“四化两型”战略，成为推进湖南省非公有制经济又好又快发展的一项重大任务。对此，在湖南省政协第十届委员会第四次会议上，我代表无党派人士发言，提出《积极引导非公有制经济融入“四化两型”战略的建议》，调动民间资本和非公有制企业致力于转型发展的积极性，增强转型动力。这一提案，获得了中共湖南省委主要领导的批示，要求湖南省经信委认真研究。

“来而不可失者，时也；蹈而不可失者，机也。”用这句出自宋代苏轼《代侯公说项羽辞》的名句，来描述粤港澳大湾区当下的情景，以及粤港澳大湾区之于湖南的意义，再合适不过了。

邻接广东，近联港澳，湖南作为粤港澳大湾区与中部地区的产业转移通道，一直以来与粤港澳经贸往来密切，是大湾区辐射的前沿阵地。那么如何抢抓粤港澳大湾区建设对周边区域发展的辐射带动作用，为

"创新引领、开放崛起"战略凝聚磅礴力量？

在十二届湖南省政协一次会议上，我代表致公党湖南省委向大会提交了集体提案《关于主动对接融入粤港澳大湾区加快推进长沙空铁经济示范区的建议》，我认为，长沙高铁会展新城及临空经济示范区是中部地区最具经济价值的走廊空间，在区位交通、产业基础、科技创新、在粤港澳湘籍企业家和生态承载能力等方面具有显著优势，是中部地区对接粤港澳大湾区并打造空铁经济示范区的首选区域。这一份提案同样获得了中共湖南省委主要领导的批示，并被湖南省政协确定为重点提案。

民生无小事，枝叶总关情。在履职期间，我也在坚持为民尽责，聚焦人民群众身边的教育、医疗、社会救助等民生实事，积极通过提案议案建言献策，为增进民生福祉凝心聚力。

前一段时间，我在长沙市两会上提交了《关于推动长沙市幼儿体育健康发展》，这一建议在潇湘晨报、长沙晚报各大媒体中"刷屏"了，一时间自己也仿佛成了焦点人物。我认为一个人要么干脆不说话，但要说就要说实话、真话，没有必要撒谎。这是我的风格。

党的二十大报告指出："人民健康是民族昌盛和国家强盛的重要标志，要把保障人民健康放在优先发展的战略位置，完善人民健康促进政策。"《幼儿园教育指导纲要（试行）》和《3~6岁儿童学习与发展指南》也都明确提出：保质教质并重，并把促进儿童身心健康发展放在首位。

幼儿健康是人民健康的基础，是人终身健康的基石，幼儿体育是促进儿童健康的重要手段。但是通过问卷调查、人物访谈、现场调研等方式，我发现，当前幼儿体育教育实践中存在如下问题：教师对幼儿体质健康概念的掌握不清晰、不全面；欠缺针对幼儿体质健康指标设计体育活动的能力；体育活动中缺乏对幼儿动作的科学指导；部分活动的游戏性不足，动作技能的传授方式过于刻板，同时运动时长、强度和组织密度不足，导致现有体育运动内容和形式不能很好促进幼儿体质健康。湖南省有1.2万所幼儿园，但针对儿童体育的专业体能老师不足100人。

因此，我认为动员全社会广泛关注和支持幼儿体育，推动幼儿体育又好又快发展，对于夯实健康中国、教育强国和体育强国建设之基具有十分重要的意义。“好事不说跑不了，问题不说不得了。”如果要讲话，就要说出问题，道出解决方法，这是关键。

在《关于推动长沙市幼儿体育健康发展》中，我建议切实加强学前体育教师队伍建设，优化学前体育教师培养培训体系，确保体育教师队伍质量稳步提升。由于经费限制，一个幼儿园要养活几个甚至一个专职体育教师都比较困难，要充分发挥师范院校和全国幼儿体育发展研究中心等专业机构的专业功能，实现幼儿体质教育全面开展和提质，盘活现有学前体育教师的存量。

这并不是我第一次在“幼有优育”方面提出建言建议，在湖南省政协十二届五次会议上，我就提交了名为《关于进一步加强我省幼儿体育专业人才培养》的提案，就幼儿体育产业的发展提出了相关的建议。

在这份提案中，我建议，从政府、社会、幼儿园与家庭四个层面发力，共同推动湖南省幼儿体育教培人才培养。希望加强政府政策引导，规范幼儿体育教培人才市场乱象；持续加大资金投入，加快培养湖南省幼儿体育教培人才；整合资源，多措并举，强化幼儿体育师资培训；健全共建共享机制，鼓励社会资源进入幼儿体育教培师资补充机制。

我履行代表职责，提出的建议和意见一定是经过深思熟虑的。凡事都要以事实为依据，在充分调研的基础上提出问题和解决方案。在湖南省政协十二届五次会议上的建言，我并非随意提出问题，同时也是在探讨如何解决问题。

正因为切中时弊，并提供了解决路径，这份《关于推动我省幼儿体育教培人才培养的建议》提案被列为湖南省政协第 0337 号提案，湖南省体育局正式委托长沙师范学院体育学院承办落实该提案，长沙师范学院体育学院也向湖南省体育局提交了建议。

长沙师范学院体育学院高度重视该提案的社会效应，主动邀请我对学院进行调研和指导，我亲自率领团队深入长沙师范学院就学前体育教师教育和幼儿体育事业发展进行调研，以“规范幼儿体育教培人才遴选、使用与管理，推动我省幼儿体育教培人才培养”为主题进行了深入研讨。此后，双方还就校企联合共建“湖南省幼儿体质促进研究中心”等进行了探讨调研。

在不断的交流中，长沙师范学院党委委员、副校长黄快林向我颁发聘书，正式聘请我为长沙师范学院客座教授。我则是通过绿之韵公益基金会捐资 40 万元与长沙师范学院共建湖南省幼儿体质健康促进研究院，助力湖南省乃至全国幼儿体质健康促进事业发展。我相信，湖南省幼儿体质健康促进研究院的创建，必将对幼儿体育、幼儿体质健康事业的发展起到重要的促进作用。

履职十二届政协委员以来，我坚决拥护中国共产党的领导和社会主义制度，深入学习贯彻习近平新时代中国特色社会主义思想及重要讲话精神，认真执行党的路线、方针、政策。坚定拥护和全力支持“一国两制”和“爱国者治港”，坚定不移维护国家主权、安全、发展利益。遵纪守法，廉洁自律，勤学上进，积极参与全国政协、省政协组织的主题读书和学习培训活动，坚持用厚实政治理论提升自身素质，在知行合一中主动担当委员作为。

正因如此，我被湖南省政协授予“优秀政协委员”光荣称号；因在中国香港“长治久安，繁荣稳定”中作出的贡献，被湖南省公安厅记一等功表彰；2021 年被授予“湖南省政协扶贫行动先进个人”光荣称号。

2020 年，我紧扣焦点热点话题，提交了《关于鼓励和帮扶我省科创型企业登陆科创板的建议》和《关于进一步优化我省民营企业营商环境的建议》两件提案，受到与会委员的广泛认同，引发多家新闻媒体聚焦报道。《关于鼓励和帮扶我省科创型企业登陆科创板的建议》提案，建议湖南省出台相关政策，支持相关企业登陆科创板。汇聚技术、成果、人才、金融、信息等各类要素，为科创型企业上市开通“绿色通道”，提供“一站式”服务。同时，充分调查摸底，建立后备企业资源库，做好相关准备、引导和服务工作。这份提案被政协湖南省委员会评为“优秀提案”。

对于受到的这些荣誉，我一直以平常心对待，了解社情民意，及时反映给相关职能部门，制定有利于市场有利于企业发展的正确策略，这是我们政协委员应尽的职责和义务。

我除了是湖南省的政协委员，还是长沙市的人大代表，带着全市人民的意愿和心声，认真履行职责，共议发展之策，共绘发展蓝图，曾被长沙新闻广播电台以“人大代表的光荣和骄傲”为题进行报道。

“互联网 +”是一种经济业态，扶贫是各级政府都非常重视的一项民生工作。身为长沙市人大代表，我敏锐地看到了两者之间悄然存在的联系。在参加长沙市十四届人大四次会议期间，我向大会提交了一份建议，希望政府采用“互联网 + 扶贫”模式，实施精准扶贫。

“互联网 + 扶贫”模式，就是把“互联网 +”纳入扶贫工作体系，把互联网手段、互联网思维融合进扶贫工作。通过政企联动，协同攻坚，按照“公司制 + 合作制、专业电商 + 贫困农户、网络销售 + 定制生产、优质产品 + 优质市场、线下体验 + 网上预订”五个思路，共同打造“互联网 + 扶贫”生态圈。

这些年，我充分发挥企业家联系社会层次、群体众多的自身优势，深入企业、学校、社区和农村，零距离倾听社情民意，解决实际问题；先后赴北京、宁夏、深圳、中国香港、长沙、益阳、娄底等地，积极参与金融、中医药、黄花菜、田园综合体等项目的考察交流和招商引资，影响和带动广大客商投资湖南，助力“三高四新”和“强省会”；积极参与政协会议、政协云委员工作室联动值班以及各种形式的调研活动，共计提交了数十份有价值的人大议案、政协提案和微建议，涉及低碳经济、县域经济、大气污染防治、慈善事业立法、推进大健康产业、民营企业发展、幼儿体育教育、登陆科创板等多个方面。

我觉得，建议和议案的关键是要把问题反映清楚，把老百姓想要反映的事情反映出来。办好企业，让它强大是我的本分，让更多的人生活得更好才是我最大的愿望，为企业、为行业、为国家大业，我要尽最大努力做好每条建议和议案。

“天下之本在国，国之本在家，家之本在身。”作为一名连任三届的“老委员”，我认为无论是人大代表，还是政协委员，都是一种使命、一种责任，肩负着社会各界的信任与期望。无论哪种身份，只有紧贴国家发展脉搏，留心并积极思考政治、经济、法律、社会等各种问题，掌握各种问题的实质，真实反映老百姓的心声，才能更好地发挥人大代表和政协委员建言献策、参政议政的职能。作为湖南非公经济发展大军中的一员，我将继续深耕这一领域，为湖湘大地创造更大价值。

第三节　写好“绿文章”，做强“绿经济”

在“十三五”规划中，“健康中国”上升为国家战略，各级政府、各家企业和各路资本纷纷布局大健康产业。农业农村部与阿里巴巴集团达成战略合作，科技兴农是双方合作中最关心的内容；广药白云山联合阿里健康共同启动了“健康农村”项目；中粮集团也与地方政府合作，打造从田间到餐桌的“绿色健康产业链”，利用不断再生的自然资源提供营养健康的食品、高品质的生活空间及生活服务，贡献于人民生活的富足和社会的繁荣稳定。

农业是人类赖以生存的基础，也是决定人类健康水平的先决条件。全国人大代表、西北农林科技大学校长吴普特曾指出，健康引领型农业是实施健康中国战略的基础性工程，也是未来农业发展的重要方向。所谓健康引领型农业，是指以药食同源理念为指导，在绿色农业基础上，能生产出特定健康功能因子以及强化营养素的新型种植业、养殖业和相关生物产业，从而达到改善营养水平、增强免疫力、调节身体节律、促进健康恢复和延缓衰老的目的。

在“十四五”规划和2035年远景目标纲要中，国家明确提出，走中国特色社会主义乡村振兴道路，全面实施乡村振兴战略，强化以工补农、以城带乡，推动形成工农互促、城乡互补、协调发展、共同繁荣的新型工农城乡关系，加快农业农村现代化。

“十四五”时期是乡村振兴战略的发力期，也是农村全面小康后向全面实施乡村振兴战略转变的关键期。随着全面小康和脱贫攻坚目标的实现，中国“三农”工作的重点将逐步转移到全面实施乡村振兴战略上来，要实现巩固拓展脱贫攻坚成果同乡村振兴有效衔接。

发展产业是稳定脱贫的根本之策，也是乡村振兴的关键之举，坚持农业供给侧结构性改革，优化乡村产业布局，深度挖掘好农业农村多元价值和多重功能，推动农村一、二、三产业融合发展，才能增加有效供给，延长乡村产业链条，提升资源利用水平，提升农业、繁荣农村、富裕农民。

作为一家服务于大健康产业的国内知名企业，我们企业立足“十四五”规划，旗帜鲜明地提出了“大健康 + 三农产业”的战略规划，助推大健康产业市场的蓬勃发展，带动农民增收和乡村振兴。

在我看来，大农业与大健康跨界融合，具有“自然”基因与“天然”优势。“食”字的组成，是一个“人”字加上一个“良”字，这说明农业是良心事业，现代农业发展，必然应当以人类健康为本。在产业的选择方面，我们企业选择了与农业产业化息息相关的生物工程，而生物产业的原材料离不开土地，更离不开农民的种植。针对不同种类的产品，我们企业建设了六大种植生产基地。

湖南益阳中药材种植生产基地。这一生产基地与益阳市安化县人民政府合作，主要种植黄精、杜仲、厚朴等与公司产品配套的主要中药材原料。基地计划总投资 2 亿元，首期开发 5000 亩，集种植、生产、初加工一条龙，目前基地主要建设内容为种植基地开发、基地配套设施、加工厂建设。作为湖南省中医药产业发展以及国家发改委重点支持的“三农”产业项目，带动着益阳当地农民脱贫致富。

江苏天目湖微藻研发种植生产基地。我们企业一直强调“一定要在保障货源的情况下严把产品的质量关”。螺旋藻对于生长的自然环境要求严格，江苏天目湖微藻研发种植生产基地占地面积近100亩，位于国家5A级景区，其环境、水温、湿度、温度均最为合适螺旋藻生长及繁殖。同时螺旋藻对环境建设及环境保护也起到了非常好的辅助作用，原材料的综合利用率达95%以上。基地引用无污染天然水源，拥有藻类产品专用大型干燥塔，其优质的螺旋藻，成为首批被卫生部批准的新资源食品，出口欧美等地。

黄花菜种植基地。我们的黄花菜种植示范基地位于“中国黄花菜之乡”湖南省祁东县，占地面积500余亩，基地分四个功能区：新品种展示区、种质资源库、综合性状观察区、品比试验区。为改造黄花菜产业传统模式，打造世界标准的“从田间到餐桌”“从营养到健康”“从食用到观赏”的中国特色“互联网+黄花菜”产业链，我们将以祁东黄花菜基地为平台，以生物科技为依托，充分发展黄花菜产业，开发黄花菜精深加工系列功能食品，致力打造全国最大的七彩黄花生态圈，开辟出农业和旅游产业相结合的新蓝海。

湖南长沙浏阳经开区保健品生产基地。2011年，绿之韵保健品GMP生产基地暨现代化物流中心一期工程总投资4800万元，占地总面积超3000平方米；2015年二期投资3500万元，建设新厂房及更换更先进的研发生产设备；基地引进、安装目前世界上最先进的片剂、粉剂生产设备和全自动包装线。产品原料、半成品和成品配备了严格的化学和微生物检验设备。

基地内共五大生产线：固体制剂（硬胶囊、片剂、颗粒剂）、软胶囊剂，生产力可达1亿片片剂、2000万袋颗粒剂、1.5亿粒硬胶囊、1亿粒软胶囊。我们的生产过程全采用封闭式、全自动作业，其投料、进料、混合、分装的各项指标都由电脑智能系统追踪控制并记录，可避免人工操作误差，从而为消费者提供更安全、更卓越、更满意的产品。

广州护肤品生产基地。这一基地位于广州花都区，占地近1万平方米，拥有GMP标准化妆品生产车间，国内先进的电脑控制真空外循环微乳化机设备、辅助设备及一流的检验化验设备100多台。是集现代化厂房、生产车间、研发实验中心、办公大楼于一体的生产基地，致力于植物提取类产品的研究及生产。

基地拥有一支由博士、高级工程师组成的实力雄厚的科研技术团队，始终坚持以“领先科技，领先产品，领先服务”为宗旨，为广大爱美人士提供优质的产品。

绿之韵黑茶种植生产基地。该基地位于北纬 28 度安化县境内，地处雪峰山北段，境内峰峦叠嶂，溪谷纵横，是全世界冰渍岩分布最集中的地区。拥有冰渍岩的地区，会形成一种相对独特的地理环境和气候条件，非常适合茶叶类植物生长，故有“冰渍岩之地必出好茶”之说。绿之韵黑茶种植生产基地以湖南省安化地理保护范围内的茶叶为原料，在安化境内独特的冰渍岩地理环境下经杀青、揉捻、渥堆发酵、干燥等工艺加工而成。

多年来，这六大基地为绿之韵生产了包括健康食品系列、护肤品系列、日用品系列等一系列高质量产品，从源头上为公司产品生产、品质保证和品牌实力提供了强有力的保障。绿之韵旗下子品牌韵宜生、绿韵兰茜等系列产品经过多年的市场锤炼，在海内外市场已经享有非常高的知名度和美誉度。

我们的原料来源创新助推乡村振兴。在这些基地内，我们精选道地药材作为产品原料，采用“公司 + 合同 + 基地 + 农户”的发展模式，大力推行“订单农业”，在明确各自权利和义务的条件下，提供给农民系列化服务，把产供销统一起来，结成利益共同体，进行农产品的生产、加工和流通，带领企业和农户走循环种植之路，带农户走上致富道路，优化了农业产业结构，为建设社会主义新农村做出了突出贡献，充分发挥了示范带头作用。近几年，绿之韵集团先后获得了“长沙市农业产业化重点龙头企业”和“湖南省林业产业龙头企业”“国家林业重点龙头企业”等荣誉称号。

在“大健康 + 三农产业”的战略指引下，我们集团全力以赴推进涉农项目开发，增加农民的家庭收入，促进社会稳定。例如，我们的中药材种植加工市场营销项目是国家发改委与湖南省政府重点支持的“三农”

产业项目，这一项目的实施，让40万名农民受益，他们无须外出务工，实现了就地转化就业。湖南省委统战部、省工商联组织开展“万企联村，共同发展”活动，我们在益阳投资开发万亩中药材基地是此项活动的30个重点基地之一，带动了安化数万农民脱贫致富。

作为一名从安化走出去的企业家，我一直对安化的发展高度关注，也身体力行地支持着安化建设。我们与新化县农业农村局就新化黄精及其他道地中药材相关产业规划升级和精深加工签订了涵盖基地建设、精深产品研发和市场营销的战略合作协议；与安化县长吉中药材合作社达成了以黄精种植为依托的产学研基地战略合作意向。

我们锁定的“三农”产业着重于提升农民种植产品的高附加值。无论是螺旋藻、灵芝还是现在着重研发的黄花菜和黄精，我们都要通过高科技加工，生产出高档保健品、健康食品、护肤品等系列产品，完成农民种植产品的价值“升值工程”。

2021年，农业农村部印发了一份文件，明确加快培育农业全产业链，推动农业由“卖原料”向“卖加工品”“卖品牌与服务”转变。现在来看，我们一直做的就是配合国家战略，通过农业研发、生产、加工、消费等各个环节的持续拓展，促进产业基础高级化、产业链现代化，拓展农民就业空间、增加农民致富渠道，实现共同富裕。

强农兴农，科技先行。配合国家战略，以科技的力量，服务乡村振兴，我们一直在路上。

而在未来，我将充分发挥益阳籍湘商的力量，积极推动更多人才、技术、资本等资源要素向家乡汇聚。绿之韵也将继续在“健康中国”战略指引下，以产学研结合为模式，以中药材种植为引领，加大加快安化中药材种植生产基地和安化黑茶种植基地、黄精种植基地等重点项目建设，配套完善黄精原地加工、制造、销售等环节，做好巩固拓展脱贫攻坚成果同乡村振兴有效衔接，描绘新时代企业服务“三农”的新画卷，书写科技助力乡村振兴的新篇章，继续为建设“美丽乡村”、助力乡村振兴添砖加瓦！

引擎五

道之以德，齐之以礼

“道之以德，齐之以礼，有耻且格。”出自《论语·为政》，这是古代思想家孔子主张的一种治理国家和社会的方式。意思是：用道德引导百姓，用礼制去同化他们，百姓不仅会有羞耻之心，而且有归服之心。

我们企业将儒家这一管理思想与现代企业管理的思想和实践结合起来，提出“支部建在连上”“项目小组制”“横向工作组制”等管理体制，做好企业“德”与“礼”的建设，形成了真正意义上的学习型组织，创造出健康的企业氛围，支撑着企业实现一个个战略目标。

第一节 历史是最好的教科书

管理是人类5000年来变化最稳定，发展最缓慢的规律。国外的管理理论经历了几代的更迭，为中国企业的管理实践提供了很多有利参考。但管理除了理事，还要管人。东西方的风土人情差别巨大，照搬西方理论并不完全适用。

中国的管理理念中强调“恩威并重”，就是强调法令与礼治并行不悖，都是管理不可或缺的部分。但是，中国式的管理更注重“恩”的使用，即以“德”和“礼”来统率部属。

曾经，电视剧《康熙王朝》《雍正大帝》中的片段被很多培训讲师引为企业管理方面的经典案例。这两部电视剧我也看过，并且不止一遍，每次都给我不一样的感悟。

比如，在《康熙王朝》剧中，“隐忍”是孝庄太后教给康熙的第一堂课，从除鳌拜开始，康熙就一直在隐忍。印象最深的是，为了给康熙王朝两年的发展期，康熙忍痛将爱女蓝齐格格嫁给了噶尔丹。

这给我的启发就是，当你弱小的时候，你必须学会隐忍，学会低微，但你不能放弃前进的脚步，终有一天，当你积聚了足够的力量，你就可以推倒顽石，翻身为主。

再如“学习”，康熙是一位非常爱学习的帝王，他登基的时候，通过听政来学习如何治理国家；和夫子请教的时候，他努力学习先人之道、圣人哲学。积淀了一定的书本知识之后，他走出去，和伍次友学习民间的实践哲学，去听听民间更接地气的声音；他多次微服出巡各地，去看真实的民生世界。

这些剧中的情节使我领悟到，作为一个管理者，可以不是整个公司专业能力最强的人，但却应该是整个公司最好学的人。

我的感悟还有“平衡”与“制约”，孝庄太后用平衡之道周旋在索尼、鳌拜和遏必隆之间。由于康熙年少，遏必隆被斩首，孝庄太后扶持索尼，让索尼的孙女当了皇后，让索尼成为太国丈，快速推动了康熙亲政。

虽然权衡之道总是与鬼魅伎俩并称，但在一个大公司中，每个人都有自己的个人利益，也共同拥有整个公司的利益。你无法保证每个人次次都会将公司利益凌驾于个人利益之上，那就需要有监督机制。

实际上，治国、治企、治家的管理道理一脉相承，坚持以史为鉴，就可以站在巨人的肩膀上来总结企业管理和企业经营的成败得失，探索符合自身企业良性发展的管理之道。

春秋战国时期的著名军事家吴起，不但深谙用兵作战之道，更对以德治军、以礼御人烂熟于胸。

一次作战结束后，吴起得知一名普通士兵身上起了脓疮，由于缺少药品无法医治。他马上来到军营中，亲自为这个受伤的士兵吸吮脓血。士兵感动得流下眼泪，而全军听说这件事后也被吴起的仁德之心折服，都知道自己的统帅是一个爱民如子的人。在接下来的战斗中，大家听从指挥、奋勇杀敌，很快取得了胜利。

在这个故事中，也可以看出，管理是一种实践，其本质不在于知，而在于行；其验证不在于逻辑，而在于成果。在知行合一方面，毛泽东同志堪称众多人的榜样，在近代中国鲜有人出其右。历史上像毛泽东同志这样，将起义失败后残留的不足千人的队伍培育成无坚不摧的百万大军；只用22年时间就打下江山，并在武器、装备水平远远落后于对手的情况下，屡屡创造以弱胜强的奇迹；这在世界历史上也是空前的。

毛泽东同志生前因为军事天才让全世界尊重，在他逝世之后，他的军事思想，继续在市场经济商战中大放异彩。在国内，张瑞敏、柳传志、任正非、宗庆后、冯仑、马云、史玉柱、陈天桥、张朝阳、周鸿祎等众多知名企业家，都深入研究过《毛泽东选集》。很多大企业家公开宣扬用毛泽东军事思想管理公司。

商场如战场，竞争即战争，企业商战和军事战争非常近似。娃哈哈董事长宗庆后曾说，自己最崇拜的就是毛泽东。他说他一般不看什么管理的书，因为这些书大都是西方理论照搬过来的，容易把简单的问题复杂化。而《毛泽东选集》则是他的战略红宝书。早年面对可口可乐、百事可乐等国外强势品牌对一线城市的牢牢把控，当时“孱弱”的娃哈哈，在发展过程中，成功运用毛泽东思想，实现了突围。

娃哈哈创业之初，将战略重心放在大中城市与品牌“列强”正面对垒，还是放在小城市、乡镇农村以建立“根据地”，是一个关乎命运的决定。如毛泽东早期对中国的革命局势判断一样，宗庆后对此也有着清醒的认识，“就饮料产品、家用电器等大众消费品而言，中国市场的‘肉’在占中国人口 70% 以上的城镇和农村。而‘骨头’则是那几个千万人口的大城市。前者为主战型市场，后者为窗口型市场。”

基于这种清醒的认识，娃哈哈制定了“建立农村根据地，农村包围城市”的销售区域策略。并组建了独特的渠道模式——联销体模式，建立了一支与娃哈哈既为一体又非同根的庞大“雇佣军”队伍。

毛泽东思想的指引，使娃哈哈从“孱弱”逐步奠定了自己的独特优势。

海尔的张瑞敏也是通过学习借鉴毛泽东的“思想改造”方法，成功兼并了一个又一个的企业。他表示，海尔兼并成功的主要原因是，把海尔的思想文化移植到这些企业中。一般兼并企业第一个去考察的是财务部门，而海尔第一个去考察的是企业文化中心。一旦海尔的思想被兼并企业的员工接受，并按照相应的原则开展工作，兼并工作就会变得简单、容易。

我们这一代的企业家，因为时代背景和环境因素，很多人没有接受过西方的教育，却非常熟悉，甚至可以背诵《毛泽东语录》。而且我们大多出身草根，资金、人脉、资源较差，所以毛主席以弱胜强、百折不挠的精神和思想，就是我们最好的管理教材。

历史是最好的教科书，也是最好的清醒剂。作为一个从小听毛主席故事长大的农民孩子，我不仅在古人的故事中寻找到企业管理的方法，也在毛主席的故事中汲取了许多营养。

众所周知，毛泽东是公认的思想管理大师，曾经依靠思想文化管理，创造出人类管理史上的奇迹——将一支以农民为主的起义军，打造成一支打不垮、拖不烂、战无不胜的铁军。

毛泽东的管理秘诀在于：管理主要是管人，管人首先要管好人的思想。人的行为受思想支配，把思想管住了，人就管住了，完成各项任务都有了可靠保证。从某种意义上说，强有力的思想工作和文化建设，是毛泽东管理思想的精髓，是解放军的核心竞争力。

1927 年 9 月 29 日，毛泽东率领的秋收起义部队到达江西吉安永新县三湾村。原有 5000 多人的部队仅剩下不足 1000 人，组织很不健全，思想也相当混乱。为了巩固这支新生的革命军队，毛泽东在到达三湾村的当天晚上，就在当地的杂货铺里召开了中共前敌委员会，决定对起义部队进行整顿和改编。这就是著名的三湾改编。

三湾改编主要推行三项举措：一是组织缩编，把原来的工农革命军第一军第一师缩编为一个团；二是全军由党的前敌委员会统一领导，最重要的措施是把党的支部建在连上；三是在部队中实行民主制度，官兵平等。

显然，三湾改编的核心是将支部建立在连上。这样，就确立了党组织和军队的关系，将一支成分复杂的旧军队改造成了有革命理想的人民子弟兵。支部建在连队上，基层就有了核心。各连通过组建党支部，积极培养发展新党员，使党在部队里迅速扎根。

毛泽东在《井冈山的斗争》中总结：“红军之所以艰难奋战而不溃散，支部建在连上是一个重要原因。”它初步解决了“党指挥枪”在军队基层落地生根，为党从思想政治上建军提供了坚强的组织保证。

后来，罗荣桓元帅在《秋收起义与我军初创时期》一文中总结说：

“三湾改编，实际上是我军的新生，正是从这时开始，确立了党对军队的领导。”这一传统在历史传承中，逐步沉淀为共产党加强军队建设、党组织建设的好传统、好制度，并一直延续到今天。2018 年 10 月 28 日，《中国共产党支部工作条例（试行）》开始施行。该条例开篇强调：“要弘扬‘支部建在连上’光荣传统，全面提升党支部组织力，强化党支部政治功能，充分发挥党支部战斗堡垒作用。”

进入新时代，国家领导人也在多个场合提到“支部建在连上”这一组织原则，要求全党弘扬“支部建在连上”的光荣传统。“支部建在连上”穿越百年，历久弥新。其内涵丰富、意蕴深邃。

我去过三湾改编纪念馆，大厅里一座“党指挥枪”的巨型雕像，定格下这样的历史瞬间——毛泽东面对秋收起义留下来的革命火种，发出“支部建在连上”的坚定不移的声音，在组织上保证了党对军队的绝对领导，确立了人民军队“党指挥枪”的铁律。通过对毛泽东同志的“红色管理”理论进行继承和借鉴，深层次挖掘和提炼，我在我们企业也提出了“把支部建在连上”这一管理理念，用革命理论指导企业实践，不断提升凝聚力、战斗力和核心竞争力，在不断的实践中，“把支部建在连上”和“培养大量中层管理骨干”成为我们事业不断发展壮大的“法宝”。支部建在连上，也建在了心上。员工和事业伙伴们心里的力量喷薄时，背后永远是战略的清醒、思想的坚定，是一切行动听指挥催生的无畏战斗力。

我是听从下海经商的时代召唤，沐浴着改革开放的和煦春风成长起来的一名民营企业家。1978 年以前，中国没有一个民营企业，今天却有 2000 万家，民营企业已成为发展社会主义市场经济的重要力量。在激烈的商海，竞争是非常残酷的，党和国家始终是我们民营企业的强大后盾。

党支部是党的基础组织，是党的全部工作和战斗力的基础，基础扎实，才经得起风吹浪打，基业稳固。在绿之韵刚刚成立时，我就下定决心，必须成立党组织，把支部建在子公司、分公司、生产车间，让企业拥有自己的主心骨。

守根铸魂，方能行稳致远。多年来，绿之韵深入贯彻“支部建在连上”的系统性思想理论，坚持向党建要凝聚力、生产力和竞争力，先后获批成立了集团公司党委、纪委，下辖12个党支部，建立健全了工会组织；所有下属子公司、全国各分公司均设立团支部，努力把党建工作规范化、系统化，充分发挥出示范性效应。

“支部建在连上”指导着我们的企业管理。“连级支部”是整个党组织的“神经末梢”，也是党建大厦拔地而起的地基。现代企业管理中，企业的“愿景”、管理者的“理念”遇到的最大挑战就是“沟通”问题。在企业，优秀的基层管理者就像“连级支部”，能够将企业的高管、技术人员、生产工人的心融合在一起，使他们成为一家人。重要的是，能够引导人产生正确的思想、做出正确的行动。

在我们企业，基层管理者、中层骨干朝夕相处，是企业与员工的桥梁与纽带。对于企业来说他们与一般员工无异，但对于一般员工来说基层管理者代表了绿之韵这家企业。他们的正面形象与管理将使下属员工充满活力，成为企业与员工之间的“减压阀”；他们的一言一行直接影响了企业的文化凝聚、人心聚合、生产经营和目标达成。

因此，我们高度重视基层管理者，狠抓基层管理者的教育与培养，坚持从优秀员工中选拔基层管理干部。同时，统一基层管理者的理念认识，使其管理思路与公司战略保持一致，使其个人梦想与企业愿景、国家复兴保持一致。

“管好用好基层管理者，培养大量中层骨干”，是新时代下我们企业管理成功的一个关键因素。

“支部建在连上”同样也指导着绿之韵的市场管理。可能很多人玩过一个堵住耳朵、接力传话的游戏，传话的内容从最后面的人传到最前面的人时，内容基本上已经面目全非，很有可能完全颠覆原来的话语。那么在公司的市场经营中，公司的文化、理念、策略、政策一层一层传递到一线营销伙伴时会发生什么情况呢？我想，大概率也会出现失真的情况。

所以，我们力求更前置化地为营销伙伴服务，将市场管理人员派驻市场一线，在市场与公司之间形成一个通道，来倾听市场一线的声音，传达贯彻最准确的声音，发现他们面临的问题，帮助和引导他们走上规范化、法制化、健康化、正常化的轨道。

在十四届全国人大一次会议闭幕后，国务院总理李强出席记者会并回答中外记者提问。李强总理说："我长期在地方工作，有一个很深的感受就是坐在办公室碰到的都是问题，下去调研看到的全是办法，高手在民间。我们一定会推动各级干部，多到基层去调查研究，问计于民，问需于民，向群众学习，拜群众为师，帮助基层解决更多的实际问题。"

我想李强总理想要表达的，不是说你不应该每天坐在办公室里，而是应该从基层出发，从一线的角度出发，然后才能更快更高效地将事情办成，至少办得会更优秀，比你自己想象中还好。从这样的角度看，我们"支部建在连上"的管理理念，正是对总理这句话最好的诠释。

每天坐在办公室里无法全面了解基层员工的实际情况。在绿之韵我经常与中高层的领导干部以及员工进行沟通，中高层的领导也会深入基层员工中了解他们的想法和问题，这不仅可以让我了解企业内部的情况，从而做出更明智的决策，还可以提高员工的参与感和团队凝聚力。

每天坐在办公室里也无法深入了解市场需求和潜在机会。市场是企业发展的重要因素，而只有深入调研市场，才能了解消费者的需求和竞争对手的情况。

通过"支部建在连上"，我们企业可以真正了解市场情况，抓住市场机会。

"支部建在连上"在我们企业有着完整的传承，我们的幸福国际，传承集团"支部建在连上"这一管理理念，将全国市场划分为八大"战区"，由绿之韵幸福国际发展委委员担任"战区司令"，同频公司战略，确定市场打法，贯彻企业文化，为人才搭舞台，完善组织架构；由公司运营团队成员担任"政委"，做好公司与市场的桥梁，让公司战略、文化、产品、教育等，都能迅速直达一线，做好"战区"的各项服务工作。

通过“政委”这座桥梁，市场与公司高度同频，公司的任何战略都能快速达到一线。“战区司令”和“战区人才”的格局也得到了飞速提升，不仅有全局观、人才观，还有绝对的忠诚度。

回过头看，二十年的发展史，我们企业在实践过程中，大力弘扬“支部建在连上”的优良传统，将党组织的政治优势及组织优势，转化为人才优势及发展优势，让“红色管理”这一企业管理理念，在“党建与业务”融合发展、同频共振中发挥了引领保障作用，积累形成了可复制、可推广的宝贵经验，不断加大辐射力和显示度。

第二节　打造团队“自动波”

“二战”时期，美军打仗以师级、军级几万人为一个作战单位；越南战争，美军的作战单位变成了几百人的营级；伊拉克战争，美军的作战单位变成了班，拿对讲机，调动飞机大炮。

从这种变化可以看出，美军的前方作战团队越来越小，军备力量只是作为一个支撑平台，提供各种信息、火力支持，“小团队＋大平台”正在激发美军更强大的整体战斗力。

从管理上解读，美军正在实施的是“阿米巴管理模式”。阿米巴原本是一种单细胞变形虫，善于根据环境的变化随时改变身体外形，有着很强的环境适应能力，是京瓷公司创始人稻盛和夫在企业管理中创建了“阿米巴管理模式”。这一模式的核心是下放经营权，把大组织划分为若干个独立核算的小单元，增强员工对经营的参与，使大企业能够拥有小企业的灵活性。

为什么会有“阿米巴管理模式”？稻盛和夫曾说：“中小企业像脓包，大了之后就会破。”他的意思是企业在体量增长的过程中，有可能形成传统的组织官僚主义，带来层级多、决策慢的弊病，沟通成本很高，信息严重变形，涉及跨部门的事务流程更加烦琐，对市场的反应也明显变慢。

在这个科技快速巨变的时代，军队、企业不约而同地都想要获得灵活、环境适应性强的组织管理模式。单从企业来看，目前国内有许多企业在学习“阿米巴管理模式”。

稻盛和夫的《阿米巴经营实践》，是奇瑞公司要求所有员工都要阅读的书。

奇瑞汽车在公司内部推行“阿米巴管理模式”，对组织形态进行调整，重新构建了更适合阿米巴经营的架构，成立了大大小小 67 个阿米巴小组，破除了原有制度上的短板，为价值链条上缺乏协作、目标不一的事业单元确立共同的经营目标。

火爆一时的女装电商韩都衣舍也是运用“阿米巴管理模式”的企业。韩都衣舍将公司所有员工分成一个一个小组，不是按职能分组，而是按产品分组。每个组只要 3 个人。这 3 个人，一个管款式设计，一个管销售，一个管采购。这样一来，以前很多跨部门才能完成的工作，就都被放到一个小组里，大大降低了沟通成本，避免在复杂的流程中消耗时间精力。

深入研究学习“阿米巴管理模式”，我认为“阿米巴管理模式”不是一种方法论，其核心思维是“激活个体”，也就是减少管理，让下属充分发挥人才潜能。在某种程度上，这与老子提出的“无为而治”“无为而无不为”十分贴合。

大家都知道“文景之治”，文帝和景帝都认识到“顺民之情，与之休息”的重要性，纷纷制定了休养生息的治国方略，使社会经济得到恢复和发展，国家实力逐步壮大。这正如老子在《道德经》中所说：“道常无为而无不为。侯王若能守之，万物将自化。”在现代管理中，“无为而治”就是一种改造过的、合乎人性的管理理念，它尊重每一位团队成员，通过员工自我管理，充分发挥个人潜能，进而提高工作效率，降低组织运作成本。

借鉴这些思维模式，我创新了绿之韵的管理体制，推出了独具一格的“项目小组制”和“横向工作组制”管理制度，通过矩阵式组织、柔性化团队等扁平化组织，来提高企业的敏捷性和灵活性。

“项目小组制”是把企业的一些职能工作转化为项目进行管理，把企业临时性的，具有明确目标、预算和进度要求的复杂任务从原有的流程式工作中分离出来，以公司某一个部门牵头，其他部门抽专门人员参与，组成跨部门的团队，打破部门之间的限制，达到智慧叠加、头脑风暴的效果。项目小组是一个综合性的体系，像我们的高新技术企业项目、中国驰名商标申报项目，就是在项目小组的工作机制下顺利完成的。

在实践中，我可以明显地感觉到，“项目小组制”能够降低组织内耗，提升管理有效性。同时，由于是全面规划管理跨部门的工作，项目小组管理者的领导能力也得到了快速提升，公司快速培养了复合型管理人才。

“横向工作组制”则是在公司纵向管理的框架前提下，设置横向沟通小组，使得信息能够透明、及时、互相传达，避免市场出现多头管理下的信息不对称、前后左右脱节的现象，大大提高了工作的效率和管理的准确性。

我们企业已经是一个有着20年历史的公司，可能在很多人心里，绿之韵的管理非常僵化，但走进绿之韵，仔细了解我们，你就会发现其实不是这样的。在“横向工作组制”的管理制度下，每一个部门遇到具体事务时，都可以要求事务涉及的相关部门出席联席会议，给出解决方案。

一般情况下，每个部门一个月举行一次横向小组工作会议，会议规模可大可小，视涉及的部门而定，但出席会议的，没有特殊情况的话，一定会是这些部门的第一负责人。比如产品部门要做一个横向沟通，全集团业务板块的负责人都会参与，提供各个业务板块的诉求。“横向工作组制”降低了沟通成本，最终结果就是高效解决问题。

综合来看，“横向工作组制”是我们以市场为准绳的快速反应机制，连接了供需、生产、内部协作、战略制定等几个重要环节。供需环节包括生产和销售的联动、供应和销售的联动等内容，是为了满足市场的供应量而存在的必要保障。生产环节包含了每个不同的工序之间的关系，确保无缝对接和无滞后对接，让每一次交互行为在短时间内完成，从而制造出满足用户需求的产品。内部协作环节是当生产和销售发生矛盾时，各个部门能够抛开个体利益而兼顾企业整体利益制定出折中方案，保证企业内部和外部的正常工作秩序。战略制定主要针对企业的决策层，让他们及时沟通思想，达成一致的目标，对各级部门进行正确的指导。

第三节　把终身学习培育成企业性格

很多国际顶级企业和知名公司采用学习型组织的战略和行动对策以排除威胁组织效率和事业成功的“学习障碍”。

人们熟知的华为公司也是如此。目前，华为公司掌握的技术专利数量已在行业内处于领先位置，这一切都是组织学习与创新学习在华为结出的果实。有人说，正是学习型组织的构建，使华为公司成长为有竞争实力的世界级公司。

华为注重组织中人力资本的增值。“人力资本增值的目标优先于财务资本增值的目标”这一原则被明确地写进了《华为基本法》。这也成为华为培训人才的宗旨和目标。任正非说：“在华为，人力资本的增长要大于财务资本的增长。追求人才更甚于追求资本，有了人才就能创造价值，就能带动资本的迅速增长。”

华为强调，人力资本不断增值的目标优先于财务资本增值的目标，但人力资本的增值靠的不是炒作，而是有组织的学习。培训是组织学习的重要途径。经过多年培训实践的积累，华为的培训体系已然自成一派。对于其他企业在培训中更加注重师资力量、培训场地条件等因素的状况，华为还明确了“员工才是学习的主体”这一原则，更加重视员工自身在培训过程中所起到的作用。

《论语》的第一句话就是“学而时习之，不亦说乎”，可见学习的重要性。对于一个企业的学习型组织打造，我在企业创立之初就有过思考，学习本身是公司战略层面的事，不是平常的业务。学习型企业的建设没有规划图，也不是一朝一夕的事情，它是一项工程。而在施工过程中，推进学习型企业、知识型员工的建设，营造浓厚优良的学习氛围，提高员工学习力、实践力、创新力，培养出有素质、有理想、有文化、有纪律的员工，都是学习型企业建设这项伟大工程的基石。

并且，我始终认为，有创新的犯错等于进步，无改变的正确等于后退。学无止境，学习不能改变人生的长度，但可以改变人生的宽度；学习不能改变人生的起点，但可以改变人生的终点。

我经常会跟员工讲“胡服骑射”的故事。战国中后期，赵国国土面临威胁，在与周边国家的战争中，赵国战绩不佳。当时赵国的服饰还是长袖大袍，与胡人的短衣窄袖皮靴比起来，严重影响作战效果。赵武灵王力排众议，下令赵国军队从此废弃传统的车战和宽袍大袖的军服，所有军人一律改穿窄袖紧身的胡人服装，学习一边骑马一边射箭的新战术，这就是中国历史上第一次意义重大的军事改革——“胡服骑射”。这条政令的推广，让赵国迅速训练出了一支战斗力空前的骑兵部队，揭开了我国古代战争史上由车战时代转变为骑战时代的重要一页。

历史的发展是以先进生产力取代落后生产方式的，作为生产力集中表现的商业，其经营和管理必须顺应这一规律，否则逆潮流而动，势必功败垂成。

因此，在绿之韵成立时就有一个雷打不动的制度，那就是学习。绿之韵刚起步时，几乎没什么业务，许多员工对这个行业其实也不了解，懵懵懂懂。我单纯觉得不熟悉这个行业，就不可能做好服务，员工也得不到成长，于是，我规定每天下午全体员工要进行培训学习，我亲自上台做教员，给大家讲做生意的技巧，讲人际沟通的艺术。

为了当好大家的“师傅”，我还比较注意引导员工们读书学习，每年都会推荐几本书让员工去看，包括《水知道答案》《细节决定成败》《弟子规》《没有任何借口》等。凡是我觉得有助于大家成长提升的，我就不厌其烦地推荐，并引导大家写读书心得。通过这种方式，我们绿之韵形成了真正意义上的学习型组织，为企业的前行塑造了强大的文化动力。

为了能更好地对员工进行培养、传递和教授给他们先进的知识和理念，我经常去参加一些重要的论坛和会议，接触的都是政界、商界、金融界和学术界很有名望和成就的人物，和他们的交流就是一个很好的学习机会，我会把他们说的话拿过来消化一下，再告诉我们的员工。包括在中国人民大学攻读 EMBA 时，只要我有什么心得体会，都会编成短信，发给我们公司的高管和核心员工、高级经销商，与他们分享。

为了激发员工学习的动力，我在企业中实行了“职务制”加“职级制”的晋升“双通道”。就是说，也许你不是总裁职务，但是你可以拿到总裁职级的工资。与此相匹配的，公司还设立了一个“专业资格证书奖励计划”。针对所有员工和管理干部，如果你想去进修获得与你工作相关的资格证书，公司给你假期，在拿到了这些证书、取得这些文凭之后，每个月公司还可以给你发补贴。

例如，注册会计师每月有 400 元补贴，一年就是 5000 元。从讲师序列看，每年都有一个讲师考评，你可以从初级、中级、高级不断地考评，你考到哪个级别我们就相应给哪个级别的奖励。我们这样做，目的就是给每个员工机会，让每个员工能够跟上公司的发展步伐和时代要求。

在这个“教育津贴”制度的激励下，全体员工积极充电，根据自身情况参加各种专业化学习班，获取各种文凭和专业资格。一个自觉的学习型企业，就这样形成了氛围和习惯。

近几年，直播带货、短视频比较火，我们也在员工中开展了相关的培训，所有人都可以参加这样的培训，只要你对这个方面感兴趣。进行这样的培训，也是我们在重点培养年轻的力量，员工参加完培训之后，我们还会提供平台给他们去实践。并且，每一次实践都会有复盘，慢慢地，员工面对镜头更从容，说话更自然，从不专业变得很专业，让自己变得更加有价值。

在我们企业，还有一个学习的传统，就是“开年训”活动，这是绿之韵致力于打造学习型团队、学习型企业的一大举措。从 2014 年至今，新春全员开年训已经持续开展了 10 个年头，每次开年训都会根据实际情况，从专业培训到实战演练，再到团队合作，给员工提供丰盛的精神大餐。

就拿 2023 年的开年训活动为例，培训内容覆盖我们企业 2023 年度战略规划、宏观经济形势分析、行业法律法规、社媒时代企业发展、讲好品牌故事、财务管理等维度，通过举旗定向 2023 年发展目标，提高全员的事业认知水平、技能水平、综合素质，为集团接下来的发展运营注入强大动力。

在活动现场，我就对参加开年训的学员们讲，这次开年训是一次决心、勇气、拼搏力量的展示，是一个激活信心、点燃激情的能量场，是一次新的成长、新的洗礼、新的收获。我希望通过开年训活动，大家可以真正做到学以增知、学以致用、学以修身，在学习中进步，在进步中成长，知行合一，同心同行，在新的一年里可以激发出更多的活力与创新力，携手拓宽新赛道，跨越新征程！

随着党中央优化营商环境及湖南“稳增长 20 条”等各地市各项措施的实施，经济秩序和社会秩序加快恢复，将释放出巨大的经济活力。

时代迈向新征程，新思想凝聚新力量，相信全体绿之韵人将刻不容缓、全力以赴，心怀开疆拓土的凌云壮志，紧跟企业发展步伐，矢志不移地推动集团高质量发展，以全新姿态迎接“五五规划”发展新机遇的到来！

不过说实话，我这几年感到最欣慰的，不是我们的业绩增长和品牌的传播，而是绿之韵人确确实实的成长与进步。我们公司很多关键性岗位的负责人，其实已经不需要我去下达很具体的指示，我要做的只是督促他们不断地进步成长，拥有一流的认知、一流的视野和一流的能力去承担这个工作岗位，有能力把事情干好。

我很感恩每一个走进绿之韵的人，很多人刚毕业就来到了绿之韵，在绿之韵这个平台不断成长，提高了解决问题的能力，从职场雏鸟成长为能够独当一面的人，成为榜样的力量，这就是我们的企业文化价值所在。而我个人，如果对他们成长的推动起到了一定的作用，我也会为自己感到自豪。

第四节　让听得见炮声的人去做决策

在第二次世界大战期间，德国军队遭遇了一个麻烦。当时为了快速占领北非战场，德军不断加快推进的速度，可军队内部的信息沟通却出现了问题，比如指挥部想要下达命令或者先头部队想要及时反映战场情况并获得新的指令，就会造成信息沟通的延长，可以说先头部队走得越快，走得越远，他们与指挥系统的联系就会变得越困难。

面对这种情况，德军想了一个非常好的办法，就是将指挥权分给前线，他们设计了一种“任务型”的管理模式，一线的部队只要把握住上级的核心理念和想法即可，在面对具体的战场情况时，完全可以按照自己的理解做出判断，而没有必要汇报并等着上级下达命令。正是因为如此，德军才能够在发动闪电战的同时，确保及时地对战场变化做出反应。

战场和商场在一定程度上是相通的。沃尔玛创始人山姆·沃尔顿曾说：“一名优秀的经理，最重要的一点就是懂得授权和放权。”能否给员工充分信任、鼓励他们自由发展是衡量企业家是否优秀的一个重要标准。员工们需要一个施展才华的舞台，领导人若是能给他们这个舞台便能得到非凡的收益。

生意场上处处存在风险，仅仅凭借一个人的智慧，无法考虑周全，商业竞争没有什么情面可讲，所以千万别自信到独断专行。三个臭皮匠顶个诸葛亮，一个项目要如何开发、规划、将风险降到最低，需要不同眼界的人，做出不同的分析及判断，从中总结出最详细、最完善的策划案。

为了能够有更加迅捷的市场反应、提升管理者的能力，在绿之韵，我也做到了根据授权规则充分放权，让决策权向一线靠拢，让听得见炮声的人来决策，而后方起保障作用。只要一线负责人察觉到市场的变动，在授权范围内，有权力直接呼唤炮火，可以直接做出相关的调整，企业的生产研发部门也能依据一线部门提供的市场信息而明确研发的方向。当然，炮火也是有成本的，谁呼唤了炮火，谁就要承担呼唤的责任和炮火的成本。

法国启蒙思想家孟德斯鸠在其著作《论法的精神》中写下了这样一段名言："一切有权力的人都容易滥用权力，这是万古不变的一条经验。有权力的人使用权力一直到遇有界限的地方才休止。"因此，在组织内部建立秩序是非常有必要的。我们的授权规则是，部门负责人每年都会签订一份目标责任承诺书，划定岗位责任范围，确定哪些事情能做、哪些事情不能做，然后框定出部门整个年度发展水平的上限和下限，在这个框架中，对部门负责人充分授权，使其拥有财政权、决策权等权利，让部门负责人在权限范围内发挥自己的聪明才智，做到最好。同时，绿之韵的审计部门每个季度和每个月都会进行内审，我也会看这些高管干部的年度计划、月度计划、月考核和周考核。

当然，在我们企业，我能够充分放权给这些高管，也是有一份信任在里面。有的高管经常跟我说，为什么要交给他做这么多事情，那是因为我信任他，认为他可以做好这么多事情。

中国有句古话：疑人不用，用人不疑。信任你的操守，就不会把你当贼防；信任你的能力，就会把重要的事情委托给你。这才是对人的尊敬！人被信任了，就有了责任感，于是士为知己者死，才能把公司的事当成自己的事、家里的事。

我小时候打零工，不敢和雇主家一起吃饭。人家说："你就在这里吃吧。"受到尊重的那种感觉，仿佛一股暖流通遍全身。长大以后到了单位，我也特别希望领导能够尊重、关心、重视我。现在反过来想想，我们的员工何尝不是这样？

从管理哲学上讲，从邓小平开始，中国式管理的核心就是一句话：让每个人“为自己干”。不是“为别人干”，不是为“集体干”，也不是“为主义干”，就是“为自己干”。中国的农民是这样，中国的工人是这样；中国的体力劳动者是这样，中国的脑力劳动者也是这样。为自己干一般能干好，为别人干一般干不好。

有一个故事，说的是一个做鞋的人，为别人负责是做不好的，为自己负责就能做好。当他为别人负责的时候，他的服务对象是泛指的、不特定的、模糊的，由于他服务对象的模糊性，他在工作中的动机就不是很强烈，感情就不是具体的，思维就不是深刻的，责任意识就是松懈的。当他为自己负责的时候，他的服务对象就是活生生的自己，做不好就没人买，砸了招牌就卖不上好价钱，丢了工作就无以养活一家老小，这时他的动机足够强烈，他的智慧强力发挥，他的责任意识是紧绷的。所以，首先“为自己负责”，其次才能“为别人负责”。

韩非子提出过一个观点，叫“明主治吏不治民”，意思是明智的君主治理官吏，而不直接治理百姓。韩非子的这一思想在现代管理中有着充分的诠释：一个企业的领导者，由于精力、时间有限，不可能事必躬亲，企业的管理人员是实践组织决策的人员，领导者的理念必须通过他们才能得到贯彻实施，因此培养好管理人员，才能让企业有序发展。

在管理人员的培养上，我一直在投入更多的时间和精力，在不断的锤炼中，我们的管理者都成为精英中的精英，每个人都能独当一面，他们了解市场、了解用户，更了解团队成员，决策失误率很低，能够最大限度地利用团队成员的智慧，实现最终目标。同时，我们推崇家文化，把员工当成家人，就要像对家人那样信任员工。这份信任不是说出来的，而是做出来的。信任的唯一标志就是授权，相信一个人的能力，就要给予对方发挥的空间。

多年来，我一直致力于修正和优化我们企业的工作流程，倡导以结果为导向，有效地执行落实，把问题解决，做到“不能致功，虽有贤名，不予之赏”。职场中，很多人整天忙忙碌碌，却没有获得成果，当然考核也没有好的结果，最后只能对领导说，没有功劳，还有苦劳呢。这些人往往是工作方法出现了问题，思维模式需要改变。

工作中经常会遇到苦劳和功劳争论，承认苦劳的管理者往往是过程思维，结果不好，只能承认苦劳。只承认功劳，不承认苦劳的管理者才是结果思维。即使是普通员工，也要有结果思维，如果没有结果思维，可能会白辛苦一场，领导想要的结果是A，如果你给的是B，那就不是结果思维。

工作要围绕目标展开，达成目标，有了结果，工作才有价值。结果导向，是一方面强调结果，另一方面强调过程，即要用结果的要求监督和指导过程实践。这样以结果为导向，能够很好地纠正我们的行为偏差，使我们朝着我们的目标稳健前行。

没有目标的人生是可怕的。就像水中的浮萍，随波逐流，到达不了我们希望的彼岸。没有目标的努力大部分是无效努力，同样没有结果的努力也是对时间的浪费。目标给我们方向，结果让我们矫正我们的行为。

美国著名军校西点军校教育学生，结果第一。这种思维模式就是以结果为导向来倒推所需要的方法和步骤，来确保结果的达成。

关于结果导向，我给员工们讲过“破釜沉舟”的故事。秦朝末年，秦国将领章邯带军攻打赵国，赵军不敌，无奈之下退守巨鹿，赵王歇请求楚怀王援救。面对强大的秦军，没有人敢于前往迎战。这时，为给叔父项梁报仇，项羽主动请缨，带领手下所有兵马全数渡过黄河前去支援赵国以解巨鹿之困。

在渡江以后，项羽命令手下的士兵把每只渡船都凿沉，摔破军中所有的锅，烧毁军营，只携带三日的粮食，然后对大家说，我们没有多余的食物，也没有船只可以返回，这次作战有进无退，一定要击败秦军。就这样，全军带着向死而战的心来到了巨鹿，猛攻秦军，最终九战九胜，大破秦军。

项羽先行后言，巧妙执行“置之死地而后生”的领导理念，鼓舞全军士气。

在整个过程中，项羽牢牢把握主动权，使军队按照自己的意图行动。

同样的道理，尽管现代管理理论繁多，但商业竞争和组织领导始终是建立在行动和结果基础上的。

现在，高管们找我汇报工作，我通常只会给他们15分钟的时间，超过这个时间，我就会认为他们还没有理顺这个问题，我需要的是直接告诉我结果，哪怕这个结果是不好的。同时我还有一个原则，高管们要带着解决问题的方案来找我，我要做的是“选择题”而不是“填空题”。

现在来看，充分授权给高管这一制度，最大特点就是它的机动性，能够根据市场的变化，随时进行调整，一旦有外界因素阻碍目标的实现，高管们就会利用自主权快速做出应对策略。不要觉得员工处理事情就不如自己，我可以对优秀的员工进行格外培养，给他们一些重要的事情处理，锻炼其能力，当企业的所有部门都能有问题自行解决、自己思考，企业的运转速度就会大大加快。

很多企业的兴衰交替是由于遭遇了激烈的市场环境变化，它们或者一夜崛起，或者一蹶不振，导致这一结果的往往是客观因素，让企业的管理者难以作出判断。充分授权给高管可以使其尽快地对组织的战术制定进行调整，从而做出符合新动向的市场计划，先人一步做出改变，符合市场的需求。

当然，完全杜绝危机是不可能的。因此，问题的关键在于——与危机拼速度、抢时间。比危机晚行一步，犹如泰山压顶方知奋臂，有百祸而无一福；比危机早行一步，犹如万箭射来张囊以收，有百福而无一害。

曾子曰：“吾日三省吾身：为人谋而不忠乎？与朋友交而不信乎？传不习乎？”拿破仑也说过类似的话，他说，一个司令官必须每日自问几回，如果敌军出现在我前方或左右方，我该如何处置？如果他对自己的回答感到困惑，那么他的部署一定不妥，应该予以改正。

在我看来，这都是在告诉我，一个管理者要具备自省精神，必须每周自问几回，在我生产、供应、销售、文化、品牌等领域潜伏着哪些危机？我该如何防患于未然？我们不能等到危机到来时才大张旗鼓地谈如何应对，必须对危机进行预防。

危机产生的原因是多种多样的，不排除偶然的原因，多数危机的产生有一个变化的过程。但如果企业管理人员有敏锐的洞察力，根据日常收集到的各方面信息，能够有权力及时采取有效的防范措施，完全可以避免危机的发生或使危机造成的损害和影响尽可能减到最小程度。

引擎六

工欲善其事，必先利其器

《论语·卫灵公》有云："工欲善其事，必先利其器。"这是说，工匠想要使他的工作做好，一定要先让工具锋利。随着时代的发展，人们通常比喻要做好一件事，准备工作非常重要。

引申理解，一个企业要想在市场上开拓进取，必然要有能够引爆市场、满足消费者需求的产品。我们的产品因时而变、因场景而变，始终追随着潮流趋势；我们以"工匠精神"坚守产业初心，打磨每一款产品，做市场上的"长期主义者"；我们以用户为中心，以极致的产品和服务来打造无与伦比的用户体验。

"利器善事"，我们在不断证明，优秀的产品是企业赢得市场的永恒利器。

第一节　发现和满足时代需求

我身边时常带着一个小本子，会经常把自己的心得体会记到上面。“发现时代需求，满足时代需求”就是其中一条重要心得。

这个感悟来自格力推出的一款新品塔扇，它荣获了 50 万条以上的好评，令人印象深刻的是，这个新品的亮点在于其出色的节能和省电功能。在当今中国注重节能和环保的大环境下，这成为新产品成功受到消费者喜爱的关键因素之一。

我认为，企业的使命和经营任务就是“发现时代需求，满足时代需求”，因此所有企业的核心竞争力就表现在“发现时代需求，满足时代需求”的能力上。

“发现时代需求”是要发现市场的需求，有需求就意味着有盈利的空间。可以凭借敏锐的洞察力或直觉发现这些空间，抓住盈利的机会，纠正市场不平衡，使资源得到更好的配置。另外，即使市场有需求，也是要看社会的配套水平能不能满足这种需求。

“满足时代需求”就是当市场中出现新的需求时，想方设法满足这些需求，在实现自身价值的同时，也为社会创造价值。要实现这些，就要求产品时代特色鲜明、品质稳定、竞争力强、辨识度高，可以为市场提供更多选择。在中国改革开放的几十年里，“满足时代需求”所带来的机会和市场空间层出不穷，也让无数这样的企业得到了发展的机会，让企业家获得了财富，成就了一番事业。

就拿我们经常喝的牛奶来说，很多时候，消费者并不是很清楚什么样的产品适合自己，也说不太清楚自己究竟需要什么牛奶，而圆满回答这些问题正是专业乳品企业的职责与价值所在。蒙牛认为，不同的生活环境与不同体质特征的人都对牛奶有着不同的需求，企业需要满足消费者多样化需求，因此构建了包括五大类400多个品项的全方位、立体化牛奶矩阵，不仅为消费者提供了优质产品，也使蒙牛长期赢得市场青睐。未来，企业还将继续坚持科技创新与绿色发展，创造与引领市场需求，为消费者打造真正适合自己的那杯牛奶。

实际上，“发现时代需求，满足时代需求”这一概念，我们企业早已有之，只是可能并没有那么清晰地当作一个口号去宣传。我们企业产品的发展历程，就是一个敏锐发现时代需求和满足时代需求的过程，也是一个从0到1创造市场的过程。0代表着虚无，要从虚无中衍生那个1，这代表了一种创生，是一种质的变化。

当时正值“非典”暴发，养生预防需求开始显现，“亚健康”这一词汇，随着社会进步，越来越广泛地得到关注。经济的增长、人均收入的增加促使人们追求健康，尤其拥有较优厚物质条件的中等收入群体，更容易从对疾病防治转向对自身健康水平与生命质量的关注。

因此，解决人们的健康问题，为人类健康服务，就是那个时代最大的需求、最大的使命、最沉重的责任，也是最大的德行之所在。

我们企业成立之后，其核心思路就是传承五千年的中医药养生理念，发扬“上医治未病，未病先防、既病防变、病后防复”等先进的医疗观和健康观，满足人们对健康的需求，做最具时代特色的产品。

我清楚地认识到，五千年历史长河里沉淀和精练的中医养生文化是中华民族亮给世界的名片，它不但是中华民族灿烂文化的组成部分，同时还是世界文化的遗产。作为民族企业，匠心传承的精神和民族魂不能丢。

为此，我们企业确立了“把中国最好的产品以最快的速度传递给最需要的人；运用现代科技将中华五千年养生文化及中医理论发扬光大，为解决人类亚健康服务”的总体努力方向，确立了“健康、快乐、美丽、财富和家”的企业文化精神特质。

我们先后投入巨资，聘请国内外顶尖专家，聚集了中国工程院院士周宏灏、“中国螺旋藻之父”曾昭琪与张媛贞教授夫妇、湖南农业大学博士生导师曾建国教授作为公司研发科技顾问、研发核心团队，研发最前沿的健康产品。

我们投资3500万元，成功收购了湖南迪博制药有限公司，增强了企业的产品研发和制造能力。同时，强化原材料供应链的管理，加强生产环节的管控，严把质量关，使我们的每一件产品都打上优质的烙印。

我们不断丰富对健康的系统探究，从吃出健康、喝出健康延伸到用出健康、穿出健康、睡出健康，从保健食品延伸到低碳生活、生态纺织、抗衰老等领域，形成了一个全方位健康的宏大格局。

为了满足消费者需求，瞄准时代特色产品，通过让其牵手多种产业和业态，开掘产业深度，这是我们企业激发高质量发展澎湃动能的重要思路之一。这一思路即使在今天也不过时，当下，国人的亚健康问题早已上升为国家关注的热点。《“健康中国2030”规划纲要》强调，推进健康中国建设，要坚持预防为主，强化早诊断、早治疗、早康复。由此可见，随着国人健康意识的觉醒和诸多利好政策落地，作为可以改善亚健康、慢性病患者亚健康状态的保健品产业正迎来发展的春天。

在产品功效同质化的今天，产品需要更多地体现企业的理念，也更需要具有企业领袖的价值取向。我很喜欢中国香港的星光集团，这个印刷企业的领导者坚持“八不印”，绝不为商业利益而损伤社会价值。看星光的产品你一定可以感受到企业领导人的社会责任感。

从产品上体现出来的企业理念，你可以区分不同品牌的产品。同样是汽车，一些人会选择奔驰，因为奔驰意味着成功与稳重，而另外一些人会选择宝马，因为宝马意味着成功与年轻。每一个区分正是源于产品对于企业理念的诠释。

我们企业创新性地提出并倡导“清、调、补、衡”和谐养生新理念，所谓“清”是指清热泻火（清除毒素）；“调”是指调和脏腑（调节免疫）；“补”是指补益气血（补充营养）；“衡”是指平衡阴阳（元素平衡）。从“清、调、补、衡”开始，让消费者进入健康新时代。

当然，企业的理念并不是只用概念来诠释的，还是通过产品来诠释的。当企业的产品不能诠释企业的理念时，其实就打动不了消费者的心。

多年来，我们企业始终秉持“以产品为导向”发展宗旨，发现需求，满足需求，做最具时代特色的产品，从两三款产品起步到产品线，再到产品生态，并依靠产学研用模式走上特色发展之路，形成了具有时代特色的产品演进历史。

目前，绿之韵的自主研发成果涵盖健康食品、护肤品、日用品及健康生活系列等 100 多款产品。我们创立了“韵宜生”“绿韵兰茜”“享居”三大子品牌。不同定位的产品满足了不同人群的多样化需求，建构出绿之韵产品体系的整体竞争力。其中,“韵宜生”螺旋藻片最具市场竞争力，其以螺旋藻粉为主要原料，富含多种维生素、矿物质及微量元素，是一款深受消费者认可的保健食品，产品配方经过不断升级，在消费市场中占有一席之地。它也奠定了我们企业创立之初在保健市场中的重要位置。

回过头看，要满足消费者需求，就要紧跟时代发展，积极拥抱新技术、新模式、新业态，开发时代特色产品，不断探索满足新时代多样化、个性化的消费需求。既能适应年轻人的时尚风格，又能满足老一辈的传统感受。

要满足消费者需求，还要强调文化至上，一定要避免世俗、经济至上的冲击，产品一定要有可挖掘的文化，能够让文化和产业融合起来，让文化优势成为产业引擎。

要满足消费者需求，就要尊重客观实际、立足于优势资源，及时挖掘消费者心中真正受欢迎的产品。发展什么产业、如何协调资源、带动多少就业，也需要俯下身子，深入调研论证，既要广泛吸收专家和科研人员建议，也要充分调动并发挥出企业领导者的主体作用和首创精神，把自身特色转化为竞争力，让受消费者欢迎的产品变为企业发展的“源头活水”。

当前，新的时代格局就要建立新的坐标系，需要企业将消费者的需求细分再细分，要在“大而全”的基础上，向“细且精”转变。我们企业更要从自身出发，辐射消费者在多元化时代的需求，打造具备时代特质的技术与服务，为消费者带来更具时代特色的产品。

尤其是在后疫情时代，消费群体的健康理念已经发生了极大的改变，健康产业的传统优势正在减弱，企业面对一个不断变化的时代，必须加速提高企业韧性发展的能力、抵御危机的能力和不断创新发展的能力。

为了满足更加多元的消费需求，绿之韵创新性地推出了战略新品——纤慕黄精发酵饮品——精选道地黄精原料，采用传统九蒸九晒工艺后再进行古法发酵，从而更好地发挥药材的功效。同时，绿之韵升级了韵宜生牌螺旋藻咀嚼片，加速布局绿之韵螺旋藻系列产品线，并附以美容美体领域、中医智能康养领域、家庭减碳领域、微生态健康领域一些具有较高市场辨识度和影响力的产品品牌，共同构成并完善了绿之韵产品的金字塔形矩阵。

怎样满足需求并不断发现新的需求，这是企业发展的一个命题。但仅仅满足市场的需求是不够的，我们企业走高质量发展之路，满足时代需求只是一个初级阶段。我现在思考更多的是，企业怎样从发现时代需求、满足时代需求过渡到创造时代需求、引领时代需求。

随着中国经济的发展和市场的成熟，留给发现时代需求和满足时代需求的企业的时间和空间都不多了。之前中国经济算是一种短缺经济，企业找准市场需求、生产出合格的产品，便可以获得成功，而当下的中国经济不再是短缺经济，而是走向了过剩经济。这样的时代呼唤的是创造时代需求、引领时代需求的企业。

我看到，蒙牛的产品创新理念已经开始从满足消费需求转向创造消费需求。蒙牛推出的“香蕉大眼萌快乐牛奶”，在满足消费者营养需求的基础上，联名动画电影《神偷奶爸 2》中最萌、最受追捧的“小黄人”形象，进一步创造了消费者卖萌“饮奶”的休闲娱乐需求。

优秀的企业满足需求，伟大的企业创造需求。很显然，我们企业距离成为伟大企业还有漫长的路要走。不过我有强烈的信心，因为我们的产品本身还有很强的可塑性，我们也正在研发一个个能够改变时代、改变一代人的产品，给予品牌更多的内容。

我们计划推出多种维生素凝胶糖果、钙铁锌凝胶糖果、蓝莓叶黄素软糖、儿童益生菌固体饮料，为中国宝宝的营养补充保驾护航，重新定义中国家长对儿童营养品的挑选标准，从而引领新的消费风潮。

在成年人的保健品市场上，我们计划让产品不仅“年轻”更要“长青”，在原料、功能、形态上推陈出新，兼顾健康发展趋势和未来保健理念，在美容养颜、解酒护肝、生育黑发、保养前列腺、改善性功能、调节肠道菌群等领域打造差异化产品优势，让我们具有较强科技含量的产品陆续成为爆款。

我们仍会为老年人撑起健康“保护伞”，不仅围绕老年人群的膳食营养、慢病管理、安宁疗护、健康管理等领域开拓创新，孵化概念产品，还会以构建老龄康、护、养产品和服务体系为重点，有序拓展老龄健康产业。

我期待未来在中国经济转型升级的关键时期，一切用户和时代所需要的，我们企业都已经提前做好了准备。当需求爆发的时候，我们早已经等候在这里。我更希望，在未来五年或者更长一点的时间，我们企业的产品能与全球需求发展同步，再到慢慢进入一个引领行业发展的阶段，用最有效的方式把自己与时代同频的产品深入消费者的心里，成为百亿级的品牌。

第二节　好产品自己会“说话”

“讲故事”，以前人们觉得这是一个作家或一个导演该做的事，但是现在，讲故事已经成为所有企业的一种基本技能要求了。其中蕴含的，其实是一种思维模式和逻辑结构。

新的传播环境下，我们做企业、做产品不能光会干，不会说。过去，很多人信奉“闷声发大财”“酒香不怕巷子深”，但现在，光干不吆喝，有可能“闷声吃大亏”。

讲好一个产品故事，胜过千言万语。故事是人类最古老、最有效的沟通方式，我们能够用故事的方式去理解这个世界。我相信你也有这样的经历，电影故事自己没有经历过，但是主人公笑的时候，自己也很高兴，主人公哭的时候，好像自己也被打击了。

理解故事，就像你天生会吃东西一样，刻在基因里。

一个会讲故事的人总是魅力四射，同样，一个会讲故事的产品品牌才能直抵人心。张瑞敏怒砸冰箱的故事，流传至今经久不衰，不仅仅是因为此等壮举震撼人心，更因为故事在口口相传中被赋予了时代的传奇色彩，成为海尔人不破不立、突破自我的精神象征，并在品牌与消费者之间建立起微妙而紧密的联系。人们提及海尔自然会想起这段往事，想起这段往事，就会对海尔产品的品质多一份信任。故事与产品、消费者之间的良性互动由此产生。

这就是故事的力量，不是“画饼”“忽悠”，不是搞虚构文学创作，而是把对市场最具吸引力的真实内容，进行故事化表达，借助现代传播渠道，击中消费者痛点，引发消费者共鸣。仔细想想，从海尔、潍柴，到华为、腾讯，哪一个名号响当当的企业，没有几段让人津津乐道的故事呢？

所以，在我们企业，我提出了一个概念，叫作“讲好产品故事”。在我心中，“产品故事”有三类，第一是产品的概念故事，先从概念上让用户接受产品，例如宣讲会就是在讲故事；第二是产品的起源故事，就是用户第一次真正接触产品并成为用户的过程；第三是产品的使用故事，在用户使用流程中可能产生的一系列故事，这是让用户成为忠实用户的重要一步。

产品的概念故事，其实是一个产品介绍，但不是一般的产品介绍。乔布斯那让人津津乐道的初代 iPhone 发布会，不仅是教科书级的演讲，更让人们恍然大悟，原来发布会不单单是产品介绍，还可以那样激动人心、令人着迷。产品的概念故事讲的是用户和产品的共同愿景，我们的产品就是为了解决这个问题而诞生的。一个好的概念故事，会让用户看到，我们的产品能够帮助他实现目标。这个故事解释的是，用户为什么需要我们的产品、对我们产品预期是什么、为什么选我们不选其他人，以及如果用了我们的产品，会有什么样的效果。

产品的起源故事，能够帮我们吸引更多精准用户。任何新产品的出现都是人类社会进步的标志，第一个发明创造或者改善了某个产品的企业，常常会引起一种社会变革，从而造就了行业第一品牌的地位。第一杯可乐和第一条牛仔裤的诞生，不但能够深深地吸引用户的注意力，更能够让人们与这个品牌建立起长久情感关系。

我们产品的起源故事并不是为了吹嘘或博取同情，而是基于真实、有意义、有价值、有共鸣的内容。用故事赋予产品灵魂和情感，让消费者感受到我们产品的故事、温度和情怀。

产品的使用故事是在两个方向上建立用户的联想，扩大用户没有使用产品前的痛苦和使用产品后的幸福感觉，并且想办法扩大两种生活情形的落差，激发用户对产品的渴望程度。如果用一条时间线来表示的话，用户站在“现在”这个点上，我们引导他回头看过去，在没有使用产品前的生活是糟糕透顶的，再让他看一下未来使用产品后的美好生活场景。

在我心中，每一款产品都不是冷冰冰的即将被交易的物品，每一款产品都有它鲜活的生命。产品的生命会因为人的理解不同而产生差异，或者精彩或者平淡，关键要看我们企业如何演绎。

正如德国制造之于德国严谨，瑞士手表之于瑞士精密，桑巴足球之于巴西浪漫，讲好我们的产品故事，通过一个个故事，提升产品的话题性和附加值，传递我们对于高质量发展、高品质生活的不懈追求，让更多的人触摸到品牌的灵魂、产品的温度，是我们与用户之间建立情感纽带的有效方式，也是品牌塑造的一种重要手段。

第三节　以“匠心”酬“雄心”

自古以来，“工匠精神”就是“中国气质”之一。早在《诗经》中，就把对骨器、象牙、玉石的加工形象地描述为“如切如磋”“如琢如磨”。《庄子》中的“庖丁解牛，技进乎道”、《尚书》中的“惟精惟一，允执厥中”都体现了古代中国的“工匠精神”。

中国自古就是具有创新传统和“工匠精神”的国度，各类手工匠人以精湛的技艺为社会创造价值，做出过不少重要的发明和创新，为中华文明的形成与繁荣做出了不可或缺的重要贡献。明朝的宋应星，没能考中进士，却撰写出《天工开物》，被外国学者誉为“中国 17 世纪的工艺百科全书”。宋应星本人也被后人视为科学家。

如今，大家一提“工匠精神”，一般都先想起德国、日本等制造强国对产品的精雕细琢、对制造的精益求精。其实，在工业化早期阶段，德国生产的产品根本谈不上精致。德国人到英国展出产品，被要求标注“Made in Germany”，这相当于劣等产品的标签。这种标注产地的做法给德国人很大刺激，他们立志要摘掉劣等产品的帽子，经过上百年努力才后来居上，使“Made in Germany”成为精品的标记。这一时期，“东洋货”也曾是劣质产品的代名词，现在日本产品却大都是世界精品。

中国制造业经过改革开放 40 多年的发展，从小到大，现在又走入了一个新的历史阶段，从低到高，从低端迈向高端。然而，目前中国高端制造业与西方发达国家相比仍存在差距。同时，中国产业结构早熟，即在高端制造业普遍落后的状态下过早地转向了房地产、服务业及金融业，这让我们有可能错失这次新工业革命的机会。今天，弘扬“工匠精神”，则是避免“去制造论”“脱实向虚”的重大行动，是推动中国高端制造业全面发展的重大举措。

根据《中国制造 2025》的时间表和路线图，为了实现从低端制造业迈向高端制造业的转型，2016 年，《政府工作报告》中首次提出要弘扬“工匠精神”：“鼓励企业开展个性化定制、柔性化生产，培育精益求精的‘工匠精神’，增品种、提品质、创品牌。”由此，“工匠精神”迅速流传开来，成为高频词，出现在各行业的管理和运作中。

2021 年，“工匠精神”被纳入中国共产党人精神谱系，党的二十大报告也在强调要努力培养造就包括大国工匠、高技能人才等在内的各类人才，“工匠精神”已然成为“中国气质”。在全面建成社会主义现代化强国的征程中，弘扬“工匠精神”，培养大国工匠，是我国突破“卡脖子”技术的重要基础，是推动我国从“制造大国”向“制造强国”转变的内生动力，是实现国家高质量发展的根本保证。

古人云：“玉不琢，不成器。”“工匠精神”不仅体现了对产品精心打造、精工制作的理念和追求，更是要不断吸收最前沿的高端技术，创造出最新的科技成果。而在“创新”引领时代潮流的当前，“工匠精神”所代表的坚定、踏实、精益求精的时代气质，也正是“双创”时代所需要的，因此我们绿之韵更需要“工匠精神”。

学习和发扬“工匠精神”，是我们绿之韵在新时代新要求下所书写的时代答卷。我十分关注由中华全国总工会、中央广播电视总台联合举办的“大国工匠年度人物”评选活动，通过媒体的报道，我了解和学习这些“大国工匠年度人物”的从业故事、技术本领、精神风貌。

从基础建设到航天航空，从交通运输到文物修复，我发现他们因身处不同领域而对“工匠精神”有不尽相同的理解——来自中国中铁的盾构操作工母永奇，对于“工匠精神”的理解是“吃苦耐劳”，因为他现在的工作地点在西藏雪域高原，恶劣的环境让他之前白皙的皮肤晒得黝黑脱皮；从事文物修复的郭汉中对“工匠精神”的理解更侧重于“心灵手巧”，因为在修复文物过程中，只有巧劲加一定的悟性才能恢复文物的本来面貌；从一名职高毕业的普通钳工成长为广西汽车集团首席专家的郑志明，对“工匠精神”的诠释是“精益求精”，他表示没有对于操作的精准要求，生产出的产品将无法使用……

除此之外，还有飞机装配工周琦炜的“刻苦钻研”、天津港货车司机成卫东的“持之以恒”、火箭“心脏”钻刻师何小虎的“勇于创新”等。这是他们对自己职业的理解，也共同勾勒、描绘出了大国工匠应有的担当作为和精神品质。

评选“大国工匠年度人物”，是对顶尖技术技能人才工作能力和成绩的肯定，更是在号召更多劳动者学习“工匠精神”、践行“工匠精神”。某种角度上，无论一个人是何种职业、哪个岗位，对自身职业认真负责的态度、对每次工作精益求精的要求、在完成任务时细心专注的状态、解决问题时锐意创新的想法等，都是不可或缺的。

通过他们的故事，我对于“工匠精神”也有了自己的理解，爱岗敬业的职业精神、精益求精的品质精神、协作共进的团队精神、追求卓越的创新精神这四个方面的内容是“工匠精神”的基本内涵。其中，爱岗敬业的职业精神是根本，精益求精的品质精神是核心，协作共进的团队精神是要义，追求卓越的创新精神是灵魂。

“惟精惟一，允执厥中”，爱岗敬业二者互为表里，相辅相成。爱岗是敬业的基础，而敬业是爱岗的升华。具体来说，所谓“爱岗”，就是要干一行爱一行，热爱本职工作，不能见异思迁，站在这山望着那山高。所谓“敬业”，就是要钻一行精一行，对待自己的工作，要勤勤恳恳、兢兢业业、一丝不苟、认真负责。

“如切如磋，如琢如磨”，我们要有精益求精的品质精神，不仅对于自己生产的每一件产品、作品要有道德之心，追寻“没有最好、只有更好”的高远境界，坚决防止“马马虎虎”“得过且过”的消极思想。对待其他的工作，也要全身心地投入，本着高度负责的态度，力求做得完美、做到极致、做出成效。

“上下同欲者胜”，我们企业是一个整体，是一个团队。每个人都是其中一员，只有每个人都尽心尽力、相互协作、相互配合，企业才能有序有力运转。要坚决杜绝“推诿扯皮”“拈轻怕重”“上推下卸”现象，每个人都要有大局意识、全局观念、协作精神，甘于奉献、甘当配角，当好革命的螺丝钉。

“苟日新，日日新，又日新”，创新，于我们而言，是追求突破、追求革新、追求卓越的姿态。面对复杂的改革环境、艰巨的发展任务，今天的中国比以往任何时候都更加需要创新驱动。在这一背景下，无论是我们企业稳中求进，高质量发展，还是我们企业积极响应国家实施乡村振兴战略号召，都需要记住“迎接挑战，最根本的是改革创新”。

落实到具体的行动中，我们以“匠心”酬“雄心”，秉持追求完美的工作态度，弘扬精益求精的“工匠精神”，生产出质量过硬的产品，提供口碑出色的服务，不断提高产品和服务的竞争力，推动中国从“中国制造”走向“中国智造”。

泰戈尔在《吉檀迦利》中写道，“最简单的音调需要最艰苦的练习”。这个世界上，太多的人习惯于用20%的努力去获得80%的成绩，却少有人愿意用尽剩余80%的努力去磨炼那20%的精进。而我们将“工匠精神”融入企业生产经营管理全过程，以“工匠精神”引领质量管理水平，通过制度提高质量标准，不断提升产品品质，创造优质品牌，提升企业效益。

一直以来，我们企业始终将产品品质视为企业发展的生命线，从上到下严格确保产品质量。质量是一个品牌始终向前的源头活水，滋养了创新创造的一切基础。

我们从源头保证原材料的供应品质。不断加强绿之韵益阳中药材种植生产基地、绿之韵黑茶种植生产基地、浏阳经济技术开发区保健品生产基地、江苏天目湖微藻研发生产基地等种植生产基地建设。同时，公司也建立了严格的产品辅料采购制度，采购部及质保部按照内控标准对其做出分级评选，选择最优秀的供应商以确保产品的安全和品质。

在研发方面，我们进行产学研战略合作，公司先后与多所国家重点科研院校机构达成合作，进行课题研究、攻关，确保了产品的技术含量和品质。

同时，我们还建设了高标准 GMP 生产车间，生产线配备智能化无人操作保健食品生产系统，并严格按照 GMP、HACCP 标准生产、制作。通过先进的检验设备，对产品的原料、半成品和成品进行全方位监控和检测，以确保产品质量达到标准要求，为解决亚健康问题服务。

践行“工匠精神”，我们制度先行。在组织机构设置上，我们把产品研发和质量管理等职能作为重点，明确技术型人才的职责和权力，用待遇保障让技术型人才无后顾之忧，如安全保障制度、职业晋升制度、福利待遇制度等。同时，强化技能型人才的激励制度，让技能型人才有更多的获得感、幸福感、安全感。

我们还将“工匠精神”植入企业文化建设中。“工匠精神”是一种企业文化和价值观，绿之韵构建了质量管理文化，在企业内部形成对高品质产品不懈追求的理念，将“工匠精神”融入每位员工的工作理念，厚植“工匠精神”的土壤，让员工对工作怀有一份职业敬畏感、认同感和责任感。员工们在工作中全身心投入，对职业怀揣敬畏之心，把每一个产品当作艺术品一样精心雕琢，不断更新知识技能，勇于创新，争做行业领域的专家型人才。

产品研发其实就是发现问题，解决问题，最终做出满足市场需要的产品的过程。我们刚刚推出的一款洗发水，在产品研发过程中就花了大力气研制产品的配方，不但借鉴了市面上所知晓的一些国际品牌，同时也与行业内同类型的产品做比较，样品多达几十款。我们的研发人员分别测试它们的效果，找准每一个样品的特点，然后结合我们自身的需求和定位，不断地去打样，从膏体的外观、质地、肤感、味觉、起泡效果等各个维度测试。然后，再找很多不同发质的人体验，追踪试用效果，经过三个多月的测试、十余轮的体验，才能最终定版。

接下来，是找包装的环节，我认为产品包装也是企业识别系统中一个重要的内容，企业不仅要加大产品研发的力度，做好产品的更新换代，还必须迎合消费者求新求变的心理，进行产品包装创新。对于产品包装，我有三方面要求：符合对消费者调研结果的要求；包装设计力求在展示效果上体现新意；外包装的形式包括图案设计与内容物相吻合，并且能体现其优秀品质。就这样，产品包装经过材质、形状、设计、定价等维度的考量，也会经过十余轮的筛选。

就拿我们的绿韵兰茜润颜舒缓护肤套装来说，这是一款历经了两年时间打磨的产品。从功能材料的选择，到包装材质的使用，直至成品的展现，整个研发过程经历了长时间、多次数的试验论证，最终将集合绿之韵集团多年研发经验的优良产品呈现给消费者。

这是绿之韵在追求的一种“精确”，中国自古就有追求“精确”的传统。“差之毫厘，谬以千里”的说法就是例证。欧阳修的《归田录》中记载，汴京开宝寺塔“在京师诸塔中最高，而制度甚精，都料匠预浩所造也”。都料匠是工匠的总管，预浩把塔建好后，人们“望之不正而势倾西北”，成了斜塔。大家都奇怪这是怎么回事，预浩解开了谜团：“京师地平无山，而多西北风，吹之不百年，当正也。”开宝寺塔是预浩匠心独运，在充分考虑到气候因素前提下的刻意之举。前人不禁感叹预浩“用心之精盖如此”。

“天下大事，必作于细。”时代发展需要大国工匠，更需要这种精益求精的“工匠精神”。也正是这种“工匠精神”，才使绿之韵的产品经受住了市场的考验，并赢得了良好的口碑。

时间考验的是匠心，铸就的却是品质。匠心是一味需要慢慢煎熬才能炉火纯青的“药”，日复一日虽然枯燥但是踏实，时间磨砺虽然缓慢，但我们日积跬步，以至千里。同时，匠心又绝不是因循守旧、故步自封，而是将传承与创新有机融合。

“心心在一艺，其艺必工；心心在一职，其职必举。”绿之韵集团这种执着专注、精益求精、一丝不苟、追求卓越的工匠情怀受到了广大消费者、政府单位的关注和认可，连续多年通过 IS0 14001 环境管理体系、IS0 9001 质量管理体系、HACCP 食品安全管理体系的审核，获得浏阳市“科技创新先锋奖”、“长沙市农业产业化重点龙头企业”、湖南省质量信用 AAA 级企业、国家“高新技术企业”等荣誉。

“器物有形，匠心无界。”党的二十大擘画了未来五年乃至更长时期的宏伟蓝图。站在新的历史方位上，每一位中华儿女都是“工匠精神”的诠释者、践行者。走在新的征程上，绿之韵将继续以一雕一琢、一削一磨的精神，传承匠魂，精雕细琢，高标准、严要求地为顾客和社会提供高品质的放心产品，做有社会责任感的民族企业，在自身获得发展的同时，将回报社会作为更高的追求！

第四节　让国粹焕发时代光芒

做企业的人，谁要是认为生存是件很容易的事，那他很容易踏上盲目发展之路。一些企业的管理者常常偏爱提“发展”，甚至是“超常规”式的发展，而恰恰忽略了最基本、最本质的“生存”。

大企业不一定就是好企业，要追求做“好”的企业而不是做大的企业。我经常会讲“生存比发展更重要”，这是把生存作为企业的终极目标，也是为了提醒大家永远把生存作为自己每天工作的主题——它比发展更实际，更容易提醒和警示我们对生存环境要怀有忧患意识。

当下我们处在一个新的变革时代，主力消费人群的变化，全球化的发展，“体验经济”的大行其道，5G、物联网等新兴技术的又一轮红利，每一项趋势都孕育着巨大的商业机会。这就是我们的生存环境。

我们企业选择抓住体验经济的浪潮。为什么会选择体验经济？举一个例子：一个消费者正在纠结买 A 品牌还是 B 品牌的产品，在对比相关参数无果后，他一定会用亲身体验的方式来比较两个品牌。如果他去了 A 品牌的线下店但体验感不够好，或者他浏览网上信息，得到了其他消费者的负面评价，那他可能这辈子都会是 B 品牌的客户。

所以说，体验感已逐渐成为用户缩短决策周期、提升消费额度的关键。商品是有形的，服务是无形的，而创造出的体验是令人难忘的，这是产品与消费者心理相统一的结果。如果企业能不断优化体验，用户决策的链条将缩短，忠诚度也将自驱养成。

根据我的了解，体验经济一词，最早来源于1998年哈佛商业评论的《欢迎进入体验经济》一文：体验经济，是以服务为舞台，以商品作道具，从生活与情境出发，塑造感官体验及思维认同，以此抓住顾客的注意力，改变消费行为，并为商品找到新的生存价值与空间。

解读其核心观点，我认为是如果只聚焦在商品和服务自身，将不可避免地陷入同质化的竞争。基于生活和情境打造感官体验，销售“感受”，让顾客在消费中获得巨大的愉悦感，将有望帮助企业摆脱在品质、价格、服务层面的激烈竞争，获得全新的利润增长点和溢价空间，进而成为商业的全新胜负手。

近年来，一系列国家政策的发布，也印证着我们抓住体验经济浪潮的判断，《国民经济和社会发展第十四个五年规划和2035年远景目标纲要》里就明确提出：“鼓励定制、体验、智能、时尚消费等新模式新业态发展。”这标志着“践行体验创新模式，加速形成体验业态”已纳入国家级的战略发展规划，体验经济也将迎来快速发展的机遇期。

那么，绿之韵如何抓住体验经济浪潮？我想答案是，提供能带来巅峰体验的产品，并建立稳固的客户信任。

要知道，任何产品都包括五个层次：核心利益、基础产品、期望产品、附加产品和潜在产品。核心利益是指顾客真正要购买的基本服务或利益，它是产品概念中最基本和最主要的部分，比如，宾馆的顾客真正要购买的是休息和睡觉；基础产品是满足顾客核心利益的载体，包括品质、设计、特征、包装和商标五个方面；期望产品是顾客在购买产品时，期望得到的与产品密切相关的一整套属性和条件，包括价格、便利等因素；附加产品是顾客购买有形产品时所获得的所有附加服务，包括送货、维修、安装、培训、指导等；潜在产品是现有产品可能发展为未来最终产品的潜在状态，体现的是产品演变趋势。

这五个层次完整解释了顾客选购和消费产品的整个心理过程：顾客选购和消费产品时，首先关注满足自身需要的使用价值，然后寻求其实物形态，在选购过程中，形成对产品属性和功能的认知和心理要求，并发现超出期望的附加利益和未发现的使用价值。

我们要做的是，在这五个层次中进行突破，让产品带给用户的体验不仅包括功能性、实用性和满足性，还包括情感性、美感和享受性等方面。进而让用户对绿之韵的品牌、产品和服务有着积极的态度和信念，认为企业能够兑现承诺，满足或超越期望，不会给自己带来风险或损失。

通过“支部建在连上”这一管理模式，我们企业已经建立一整套以体验驱动的工作体系，可以与用户做出直接、亲密的日常沟通，深入了解用户的真实需求、期望、偏好和行为模式，并根据这些信息设计出符合用户需求和期望的产品或服务。同时，主动听取客户对产品或服务的评价、感受、需求和期望，并根据这些信息不断地优化和改进产品或服务，还有内部流程和业务逻辑。

以我们的绿韵兰茜家居护理系列为例，这一系列倡导健康、天然、绿色、洁净的生活理念，采用草本植物精华与高级原料浓缩配方，性质温和、安全净洁，让家居体验更高效、更轻松、更自在。

众所周知，人体皮肤是呈弱碱性的，市面上的普通洗衣液大多是碱性洗涤物品，会对皮肤产生刺激，每次洗完衣服后手都特别痒，长期洗下去，“少女手”都能变成“奶奶手”。更重要的是，如果衣服上的洗衣液没彻底洗净，碱性物质会残留在衣服上，使皮肤泛红发痒，衣服晒干后还总是发硬发黄，摸着皱巴巴的没有弹性。

绿韵兰茜深层洁净护理洗衣液不仅拥有深层去污技术，深入纤维内部，分解顽固污渍，还无磷无荧光剂，低泡易漂，轻松去污不伤手，让衣物持久“保鲜”，做到99%有效抑菌，形成保护性菌膜，提高身体黏膜及皮肤免疫，贴身守护。同时，这款产品在味道上也有着不小的突破。当消费者打开绿韵兰茜深层洁净护理洗衣液瓶盖的瞬间，香味扑鼻，给人一种舒缓温暖的体验，让人享受从内香到外的芬芳，使用过后的衣物还能够给人一种自带体香的感觉。

提供巅峰体验的产品，是永无止境的征程。未来，绿之韵的产品创新始终都会围绕“用户需求与体验”这一中心轴而展开，盯紧消费者，关注他们最需要什么，想他们之所想，想他们所未想，想他们不敢想。绿之韵将进一步提高产品和服务的质量和性能，确保产品和服务能够满足或超越用户的基本期望，提供有价值、有用的功能，解决用户的问题和需求。

进一步提高产品和服务的便利性和灵活性：确保产品和服务能够方便快捷地到达用户手中，提供多种选择和定制的可能性，适应用户的不同场景和偏好。

进一步提高产品和服务的情感性和美感：确保产品和服务能够激发用户的正向情感，提供有趣和有意义的体验，增强用户对品牌的认同和归属感。

进一步提高产品和服务的创新性和差异化：确保产品和服务能够与众不同，提供独特和新颖的功能和特点，创造出超出期望的惊喜效果。

当然，要做到企业产品的长盛不衰，仅仅拥抱体验经济是不够。纵观每个产品的生命周期，我们不难发现，所有产品的好坏存亡都是与时代息息相关的。当年的诺基亚就是一个相对好的产品，但是在2010年左右，由于没有紧跟时代步伐，最终被时代抛弃，而三星顺势而为，逆袭成功。就像古语中所说的那样，时势造英雄，每一个时代都会造就一批英雄，同样，每一个潮流都会推动顺势而为的产品。

近年来，小米集团成为中国智能手机市场的领导者，同时也成功将生态系统扩展至其他领域。作为该公司的创始人和CEO，雷军在多个场合分享了自己的经营心得。其中，与时俱进的产品力无疑是重要一点。

随着科技的不断进步和市场的不断变化，小米公司始终保持创新，在产品的外观和构造方面体现出独具匠心的设计思路，采纳了最先进的技术，在电池寿命、相机画质、性能表现等方面表现一流。通过对手机黑科技不断应用，小米手机从传统的低端形象的企业渐渐成为一家高中低端产品线完整的互联网生态企业。

开拓思维，与时俱进，探索新模式。在新冠疫情背景下，小米集团在手机行业里率先站出来线上直播新款手机发布会，创新举措大大提振了行业信心，受到社会热烈追捧。

他山之石，可以攻玉，在我们的保健品行业，行业的发展同样也必须与时俱进。因为时代在发展，科技在发展，顾客在发展，消费观也在发展，所以保健品的产品和战术都要与时俱进，不然优胜劣汰就是最基本的法则。我看到，很多企业从原来的保健品服务店到体验店、食品超市，再到现在的旅游、旅居、度假、康养，都是在满足消费者进一步需求所做的延伸。

关于时移世易，我经常会用春秋战国时的故事来给高管们举例子。春秋战国时期，社会政治经济面临着深刻的变革，孔子周游列国，倡导恢复周礼，但是遭到各个诸侯国君的拒绝。孔子的思想和理念并非没有价值，但在群雄并起的年代，依靠道德约束没有多大的力量，军事和政治经济力量才是各个诸侯国命运的决定者。秦国依靠法家的治理和变革的思想取得了成果，一统六国。

“兵无常势水无常形”，我们企业之所以能保持多年稳定发展，也与我们自身与时俱进的产品力息息相关。对于与时俱进的产品力，我曾经将其划为四个要素：成分、功效、品质、颜值，我认为只有兼顾这几方面，才能研发出最具时代特色的、与时俱进的、用户喜欢的产品。

在成分方面，我比较重视成分的话语权，“拿来主义”难以维持长久的产品生命周期，以自主创新为驱动，专研成分，才是企业生存发展的制胜武器。专研成分的打造并非在于一朝一夕，需要长周期的研发投入与持之以恒的坚持，极少有企业能够对一个成分的研究做到细微入至，但我们绿之韵对于螺旋藻的研究已经进行了 20 年。我们与科研机构和国家级专家合作，不断吸纳优秀人才，提高团队科研力，每年都会投入上百万规模的资金，深耕技术领域的创新，加快中医药养生文化创新成果的应用。

在功效方面，我倾向于根据消费者的需求和市场变化不断做产品升级，与时俱进。为此，我们绿之韵会一方面提高企业自身的配方复配能力、功效方法、模型建立与选择能力、功效工具使用能力、剂型优化能力、生产工艺与设备驾驭能力等，为产品在各个赛道“卷功效”提供能力支撑。

另一方面，我们又会深入洞察用户需求。眼下，个性化消费已成为主流，闭门造车是不可行的。长期以来，绿之韵集团始终以用户为核心，根据其真实需求，反向定制产品，做出用户有记忆感、愿意自主传播的产品。比如，我们推出的绿韵兰茜清透盈润洗发露，经过对功效的多轮测试，最终确定可以短期解决头皮油、屑、痒、塌等表症问题，长期改善、修复头皮屏障、重塑头发生长的“土壤”。让消费者在沉浸式体验中，更进一步了解绿之韵高质量发展的洗护成果，感受“国货之光”的科技魅力。

在品质方面，“拧紧产品品质安全阀”已经成为渗透绿之韵方方面面的发展逻辑，与绿之韵共生共融。“质量为先”成为绿之韵品牌发展过程中最为强劲的引擎。

除了成分、功效、品质，我也非常注重产品的颜值。目前，成长于互联网一代的“90后”“95后”年轻“后浪”群体，已经逐渐成为最核心的消费人群，他们想法多元，更爱猎奇，注重产品功效的同时，也对其颜值、社交属性有一定的要求。而绿之韵集团则通过参与各类展会，融合各方优秀的设计理念，结合实际与前沿科技，用酷炫、时尚、青春的产品风格抓住青年人的心。最终再以心智爆品和社媒营销的手段，形成强大的用户抓力。

“明者因时而变，知者随事而制。”时代在发展，产品也要与时俱进，我们绿之韵不断走出“舒适圈”。以绿之韵螺旋藻系列产品为例，其在独立的研发生产团队科研攻关下，产品功能不断得到完善。从最初提供全面营养的绿之韵螺旋藻片；到使用创新配方，用天然银杏粉配比钝顶螺旋藻粉，为心脑血管健康而推出的绿之韵银杏螺旋藻片；又到为了适应糖尿病高发的亚健康人群，用活力型金耳与营养均衡型螺旋藻结合而推出的金耳螺旋藻片；再到功效上与民众健康需求高度契合的韵宜生牌螺旋藻咀嚼片。我们绿之韵集团积极践行“保证品质、技术创新、全面服务、完善产品”研发原则，不断通过产学研推陈出新，让螺旋藻系列产品始终保持着旺盛的生命力，接受市场检验。

新时代下，我也发现产品力的与时俱进，已经不再仅仅指产品的功能和品质。相反，它已经扩展到包括品牌的声誉、文化、服务、用户体验等方面，因此此时的产品力已经超越了传统意义上的产品力。

所以，我也有设想，在未来，我们与时俱进持续提高产品力，将会优化产品设计和质量控制，确保产品功能和品质达到消费者的期望，并在此基础上进行持续改进。

我们将通过深入了解顾客需求，提供个性化的服务和体验，增强顾客对品牌的认知和好感度。

我们将打造独特的品牌文化，传递品牌精神，让顾客在使用产品时感受到品牌的内在价值和意义。

我们将建立社交媒体营销策略，在社交媒体上与消费者互动，分享产品研发故事和品牌理念，增加品牌曝光度和影响力。

我们将建立牢固的品牌公益形象，通过参与公益活动，传递品牌的社会责任感和价值观，增强顾客对品牌的认可度和忠诚度。

我们将追求可持续性：从环境、社会和经济三个方面出发，关注可持续发展，推动产品创新和优化，为消费者创造更高的价值。

时光的伟大，在于它的偶然和必然总是交替进行，绿之韵的伟大，在于它以与时俱进的产品力，始终保持“高光时刻”。

今天，绿之韵的市场已经遍布全国各地，产品走入了千家万户。并且，绿之韵的产品已经走出了国门，走向了东南亚、欧洲。我们已经真正建立起了一个以中华五千年养生文化为基石的全球化消费圈。每天，上百万消费者在消费着绿之韵的系列产品。

我相信，未来的绿之韵将持续以企业产品力奠定爆品的长红潜力，在价值之上与时俱进，满足特定消费者的特定需求，实现破圈传播、复购增长。通过不断做大做强中医药产业，让中医药养生文化这一国粹焕发时代的光芒。

引擎七

执古之道，以御今之有

在《道德经》中，老子说过一句话叫“执古之道，以御今之有”，意思是用早已存在的道理，来驾驭现在的具体事物。换个说法就是借古鉴今，古为今用。

古人的智慧值得我们借鉴和传承，在我们企业，我们“执古之道”就是我们企业传承中华五千年养生文化，“以御今之有”就是我们运用现代科技将中医理论发扬光大，为解决人类亚健康服务。我们就是在用已知的规律来驾驭现在观察到的消费需求。在这一思想的主导下，我们实现了从“筑巢引凤”到“借船出海”，在“自研”和“产学研”双引擎的加持下，擦亮“国家高新技术企业”底色，让企业面对难题时有了更强的创新力、生命力和竞争力。

第一节　从“筑巢引凤”到“借船出海”

历代开国皇帝都十分重视吸取前朝灭亡的教训，为自己治理国家提供有益的指导。比如，刘邦经历了强大的秦朝由盛转衰的过程，也经历了多年的楚汉相争，十分清楚老百姓的心声。因此，他采取了休养生息的策略，直到多年后出现“文景之治”。

唐太宗李世民也非常注意吸取隋朝衰亡的教训，提出了“水能载舟，亦能覆舟”的著名政治主张。正是由于吸取前朝教训、注意恢复经济和发展生产，才有了后来的“贞观之治”。

刘邦和李世民注意从前朝失败的教训中总结经验，正是在实践着老子“执古之道，以御今之有”的理念。老子提醒人们，明了过去的事理，可以帮助我们有效地做今天的事情。

太阳底下没有新鲜事，历史往往惊人地相似。无数折戟沉沙的企业都在告诉我们一个道理，科技是第一生产力。我们企业领导人，要注意从这些历史和教训中学习、总结，以指导今天的实践。

“科技是第一生产力”，这是我在创业之初就已有的概念。在我的记忆中，1978 年召开的全国科学大会，邓小平同志精辟阐述了科学技术是生产力、知识分子是工人阶级的一部分等重要论断，为科学技术事业的发展奠定了坚实的思想理论基础。1992 年初邓小平南方谈话，则进一步推动了我国改革开放和现代化建设步伐，促进了科技事业的迅猛发展。

惟楚有才，于斯为盛，湖南是全国较早提出科教兴省战略，以发展科技教育振兴经济的省份。从周光召、陈能宽等老一辈科学家为“两弹一星”做出突出贡献，到袁隆平数十年如一日地攻关杂交水稻技术；从侯振挺潜心基础研究，陈火旺、李国杰发展中国计算机研究，到黄培云、黄伯云、何继善、卢光琇等知名科学家在各自领域取得杰出成就。在科技创新领域，湖湘之星闪耀九州。

有着这些榜样在前，我对“科技是第一生产力”有着深刻的认识，科技的自立自强是国家强盛之基、安全之要。我国在基础前沿、战略技术、民生科技等领域取得一批重大科技成果，映照着我国科技实力正在从量的积累迈向质的飞跃、从点的突破迈向系统能力提升。

科技创新是企业生产原动力，是民族品牌发展之灵魂。新奥集团“神州第一瓶”的故事也给了我一些启发。

20 世纪 90 年代末，新奥集团在全国各地抢抓机遇拓展燃气项目。这时，一个“卡脖子”的问题出现了：储运天然气的大口径压缩钢瓶被发达国家所垄断，依赖进口成本高、售后差，远远无法满足业务发展的需求。

为了解决这个问题，新奥集团尝试找到了一家正计划在中国设厂的外资钢瓶生产企业，提出以市场换技术，成立合资公司实现钢瓶的本土生产。没想到，对方却表示，合作可以，但中国团队只能参与喷漆、拧阀门等技术含量极低的流程，核心技术对方绝不开放。不仅如此，这家公司的老板还讲了一句话，他说，如果对你开放核心技术，你学会了我就没饭吃；如果不对你开放核心技术，至少到我儿子才会没饭吃。

此后，新奥集团广聘专家，日夜不停，连续奋战，终于在 374 天后生产出了第一个国产大钢瓶，使中国成为继美、德、意、韩后第五个有能力生产此类装备的国家，这个瓶子也被誉为“神州第一瓶”。业务的瓶颈破除了，但新奥集团却牢牢记住了这次受制于人的教训，坚定不移地走上了自主技术研发之路。

这个故事的启示在于，一个企业跟踪模仿没有出路，唯有创新才能自强、才能争先。企业坚定不移走自主创新道路，是把发展主动权牢牢掌握在自己手中的必由之路。面对短板不足，必须强基固本。坚决打赢关键核心技术攻坚战，有助于应对“卡脖子”难题。市场竞争日新月异，只有抢占科研高地，提升产品研发和技术含量，注重转型升级、产品升级、品牌升级，走健康可持续发展道路，才能从根本上增强企业市场竞争力、培育企业发展新功能。

随着新一轮科技革命和产业变革深入发展，产业高端化、智能化、绿色化趋势日益明显，全球技术创新单一领域、单打独斗的模式逐渐被跨领域、多元主体、相互渗透、交叉融合的协同创新模式取代。大数据、云计算、互联网等现代信息技术的快速发展，推动产学研协作的内涵、组织形式和体制机制发生深刻变化，构建产学研协作新模式是适应这一趋势的必然要求。

在我看来，产学研的结合是一个世界性的话题，从世界范围看，发达国家十分注重构建知识交流程度较深的产学研协作模式。比如，英国的剑桥科学公园模式、教学公司模式和沃里克模式，德国的校研机构合并和创新人才培养等。在我们国家，“产学研”结合，应该是科技发展的基本策略。

高校是科技第一生产力、人才第一资源和创新第一动力结合点，而企业直接参与市场竞争，对产业和产品的技术创新最敏锐。同时，企业又是技术创新决策、研发投入和研发成果应用的主体。构建学校和企业之间共性技术供给体系，促进校企科技进步与成果转化，不仅能让企业与科研院校的技术优势实现资源共享、优势互补，还能助力企业找准技术发力点，形成品牌优势。

在这样的认识下，我们企业发挥资源优势，为高等院校提供研发项目，以市场需求为牵引，以高水平研发创新为抓手，共同推进科研技术研发，实现创新资源的合理衔接与优化配置，加速科技成果产业化，提升整体竞争力，积极构建发挥优势、分工协作、深度融合的产学研合作新模式。

重视产学研合作，我们企业一以贯之。在企业创立初期，我们在研发人员和研发设备等方面存在一定的短缺，这时我就想到了，我们可以通过产学研合作，充分运用高校、科研院所在人才、技术方面的优势，提高企业技术创新能力和市场竞争力，培育企业新的经济增长点，走

“科技兴企”的道路。

2002 年春天，北京一位政协委员给我推荐了一款螺旋藻产品，这让当时正在找产品、找技术的我眼前一亮，开始进行深入的了解。

我了解到，法国科学家克雷曼博士曾说：“人类 20 世纪有两项伟大的科学贡献，其一是核能利用，其二是螺旋藻开发，而就其对人类的益处来说，后者远远超过前者。”

研究表明：螺旋藻是人类目前所知的天然营养成分中最充分、最全面、最均衡、最易被人吸收的营养食品。一克螺旋藻所含营养相当于 1000 克各类果蔬营养的总和，它富含植物性蛋白质、维生素、γ－亚麻酸及其他不饱和脂肪酸、独有的藻蓝蛋白和藻多糖、微量元素、矿物质和叶绿素等营养物质，是联合国粮农组织和联合国世界食品协会推荐的“21 世纪最理想的食品和营养源”。

改革开放以后，中国螺旋藻领域的奋起直追，始于曾昭琪教授引进的螺旋藻种子。为求得优良的螺旋藻种子，中国螺旋藻研究第一人曾昭琪教授三进墨西哥将最优良的藻种引回国。为表彰曾昭琪教授在螺旋藻品种引进上的决定性作用，国家科委、中国科学院分别在 1992 年、1995 年和 1996 年授予其国家科技成果奖、中国科学院科技进步二等奖和国家科技进步三等奖，并给予国务院政府特殊津贴。

而我看到的这款产品，正是由曾昭琪教授和他的爱人张媛贞教授共同研发的螺旋藻产品，应用的是螺旋藻的提取物藻蓝蛋白。

在中国科学院一位领导的引荐下，我去了南京，拜访南京大学的曾昭琪教授和他的爱人张媛贞教授。曾教授是国际蓝藻协会的常务理事，也是中国螺旋藻之父。在南京，我与他们两个人交流。

起初曾昭琪教授并不热心，他见过太多校企合作失败的例子，企业的生产创新、技术开发、产品销售都是围绕着获得最大经济效益而开展的，强调的是价值规律；而对于高校和科研院所，比较强调研究成果的理论重要性和个人的理想、情怀，从而导致科研与市场脱节，导致产学研的耦合效应未能得到充分发挥。并且，一些民营企业利用高校和教授的品牌做急功近利的事，既伤了市场，也伤了科研人员的心。

由于我们是第一次接触，曾昭琪教授和张媛贞教授对于绿之韵也缺少了解和信心，我们的第一次见面就没有达成合作。

对于这样的结果，我心里也有一定程度的预计，毕竟双方对彼此的理想和销售理念并不熟悉，交流过程中也可能会出现理解偏差。因此没隔多久，我就再次拜访了曾昭琪教授和张媛贞教授。

这一次，曾教授同我讲，1996 年，他的女婿就建立了南京开源微藻生物工程有限公司，曾昭琪教授和张媛贞教授担任技术指导来做螺旋藻产品，他们试图以此来探索一条螺旋藻产业化的新路。但几年下来，南京开源微藻生物工程有限公司一直没有做大，产品销售情况并不理想，库存较多。这期间也谈过几次合作，本来希望这些合作能为螺旋藻产业化带来质的飞跃，但结果却事与愿违，几次合作都不了了之。这次交谈中，由于我当时没有足够的本金，很难符合合作的资金要求，我们又没有达成合作。

虽然两次见面洽谈合作都失败了，但我并没有放弃。很快，我再次去了南京，拜访曾昭琪和张媛贞两位教授。这一次，我的行动力和真诚打动了曾昭琪教授，曾教授说他一生的希望就是螺旋藻能够造福人类，我开始与两位教授畅谈自己深思熟虑过的螺旋藻商业推广模式与产业化规划。当曾昭琪教授看到非常翔实的商业合作方案时，他彻底动心了，这就他梦寐以求的，能够实现通过螺旋藻服务于国民这一目标的方式。曾昭琪教授真诚表示：“我们合作，螺旋藻的技术可以拿去先用。”后来，曾教授夫妇没向我要一分钱，合作经营他们的螺旋藻产品，还让我控股了 51%！

合作之后，曾昭琪教授和夫人张媛贞教授采用当初引回国的藻种，共同为绿之韵研制了一系列螺旋藻产品，经南京医学院、北京协和医院、上海第二军医大学、重庆第三军医大学、上海医科大学、苏州医学院、中国人民解放军 100 医院等单位试验并获得认可。

为了向我们企业的消费者讲授螺旋藻的科普知识，当时两位教授每个月都坐火车，转道株洲到长沙，为店长和高级经理培训讲课。每次都是两位教授亲自讲课，讲螺旋藻对人类的贡献，讲得很有激情。

事实证明，曾昭琪教授和张媛贞教授没有看错，我当初的规划与承诺并不是镜花水月。投入市场20年来，螺旋藻类产品已经成为绿之韵的拳头产品，其中，绿之韵螺旋藻片以其优秀的品质一直领跑健康产品销量，成为众多中国家庭老少皆宜、众口称赞的明星营养食品。

也正是从那时起，我们企业实现了企业与科研力量的“一线对接”，让“科研之花”结出“产业之果”，打通产学研合作的“最后一公里”，开启了以自主研发、自主创新为主，产业链协同、定向研究开发为辅，并与高等院校、科研院所开展产学研合作为延伸补充的多路径模式。

好风凭借力，企业要跟上需求迭代和产品创新步伐，除了夯实自身研发实力，必须向外构建协同创新机制，有效助力企业创新，保持高效活力。为此，我们企业有意识地借助全国高校的科研实力，深化产学研合作，为产品创新赋能添翼。

多年来，公司先后聘请中国工程院周宏灏院士担任公司研发科技顾问，南京大学教授张媛贞、“中国螺旋藻之父”曾昭琪担任公司终身营养顾问。通过汇聚国家中医药管理局中药粉体重点研究室主任、湖南省食品药品监督管理局药品审评专家、中国中西医结合学会中药专业委员会委员张水寒教授，国家植物功能成分利用工程技术研究中心副主任、国家中药材生产（湖南）技术中心主任、我国植物提取物行业的倡导者曾建国教授等大批专家教授组成产品科研队伍，实现了科研、教育、生产不同社会分工在功能和资源上的协同与集成化，进一步提升了企业的科研实力和创新水平。

这些专家教授的产品科研队伍受我们的委托进行课题研究、攻关，确保了我们企业产品的技术含量和优秀品质。如前文介绍的，绿之韵螺旋藻系列产品在独立的研发生产团队科研攻关下，功能不断得到完善。

多年来，我们企业在产学研合作上所下的功夫不胜枚举。早在2012年12月，我们企业就已与湖南省中医药研究院、湖南中医药大学签署了战略合作协议，决定在中医药健康产品研究开发、新品实验、产品安全、绿之韵产品研发中心科研力量提升、专业人才引进等多个领域进行全面的战略合作，持续加速产、学、研一体化格局。

2018 年 3 月，我们企业又与湖南农业大学签署深度产学研战略合作协议，充分发挥各自资源优势，让技术优势和品牌效应完美融合、形成强大合力，为绿之韵持续性开发保健、功能性创新产品，并建立行业领先的大健康生态产业链做战略支撑。

截至目前，我们企业先后与中南大学、南京大学、湖南农业大学、湖南中医药大学、湖南中医药研究院等 20 多所国家重点科研机构、高等院校达成合作，并且建成湖南省药食同源工程技术研究中心、湖南省企业技术中心、长沙市企业技术中心、长沙市技术创新中心等科研创新平台，实现了从“借船出海”到“筑巢引凤”的“蝶变”，为企业的转型升级提供技术支撑。

第二节　不要吝啬对未来的投资

对于企业来说，技术落后意味着会被淘汰。几乎所有的初创企业，都是因为在某个科技领域取得突破，快速抢占市场份额，成为时代的王者。微软因为发明了桌面操作系统成为第一，谷歌因为搜索引擎成为第一，苹果是因为发明了微型电脑，成为全球市值超过 2 万亿元的公司。

拿华为举例。华为走的是自主研发路线，立足发展自身技术，大力投入研发，引进了许多优秀的研发人才。华为还定了一个规矩，每年的销售收入至少 10% 投入研发当中去，这么多年一直坚持了下来。

结果大家都看到了，华为靠着强大的研发实力，蒸蒸日上，在各个方面都取得突破，尤其是 5G 技术，领先全球。

这样的实例告诉我们这样一个道理：科技创新通常需要较长的周期才能实现商业化，并取得可观的回报。我们大健康行业的研发创新需要长期积累、持续加码，企业自身练就扎实的研发功底。

一直以来，我们企业持续深化和有序推进研发体系的构建，不吝啬对未来的投资，在2005年就成立了企业研发中心，承担公司技术研发及产品的持续创新工作，牢固企业研发创新底层支撑。

我们的研发中心仪器设备齐全，基础条件好，研发面积在500平方米以上。拥有安捷伦高效液相色谱仪、安捷伦电感耦合等离子体发射光谱仪、傅里叶红外光谱仪、紫外可见分光光度计及胶囊片剂中试生产线等，技术开发仪器设备原值达到1000多万元。2019年获批长沙市智能制造试点企业，后续计划引入原子吸收分光光度计等智能设备，全面智能化管理。

按照研发规划，我们企业每年投入销售收入的3%以上用于研发，2018年研发投入2070万元，2019年研发投入2433万元，2020年研发投入2539万元。面对激烈的市场竞争，公司不断加大技术创新和研发，用于聘请专利研发人员、商标专利申请及保护、研发设备升级、改扩建现有研发实验室和品控中心、更新实验室和品控中心的基础设施与仪器设备，保证新项目研发的顺利实施。

重视科技研发已经深入我们集团的上上下下。比如，科研创新始终贯穿碧波庭品牌的发展之路。碧波庭从中华传统养生文化中汲取养生灵感，融合现代科技，开创出更适合现代养生需求的新式律动按摩文化。同时，通过不断迭代创研，取得了几十项国内外专利及奖项认证，赋予碧波庭产品不可替代的价值，让按摩融入居家养护，让健康理念渗透每一个人的生活习惯，在美容美体领域内持续突破桎梏，大放光彩。

“莫道农家无宝玉，遍地黄花是金针”，这是宋代大文豪苏东坡对黄花的诗意描述。黄花，学名萱草，又名忘忧草，俗称金针菜，与蘑菇、木耳并称为“素食三珍”，是一种营养价值高、干湿可食、味道鲜美的花卉珍品蔬菜，具有养血、平肝、利尿、健胃、生津等多种保健功能，具有极高的食用价值和药用价值。

我们湖南的祁东县素有“中国黄花菜之乡”的美誉，祁东黄花菜是中国国家地理标志产品。但曾几何时，受采摘劳力不足、种植前三年没收益等因素影响，这种有600多年种植历史的小黄花还走不出“小打小闹”的圈子。

“执古之道，以御今之有”，这是我们企业的研发理念。2015年，我们开始了对黄花菜的研究。我们与湖南农业大学曾建国教授的团队进行合作，大力资助他们对黄花菜品种选育与研发、标准种植、生态加工以及黄花菜特色功能成分的提取和生物制药等方面进行重点攻关。没想到，五六年的时间，我们的项目组就取得了一项颠覆教科书的研究成果！

从1978年至2021年，我国共报道了约33起食用新鲜黄花菜导致腹泻的事件，共造成超过860人出现严重腹泻的症状，所有的报道均认为黄花菜中的秋水仙碱是导致腹泻的罪魁祸首。同时，在过去的几十年中，大量的期刊、报纸、硕博士论文记载了黄花菜中存在秋水仙碱，甚至在大学教科书（“十一五”和“十三五”规划教材等）以及中小学的科普书籍中都记载了黄花菜含有秋水仙碱，其为黄花菜中的毒性物质。

秋水仙碱是目前治疗痛风最有效的药物之一。因此，我们当时与曾建国教授的团队想研发一款可基于食用黄花菜开发的辅助降尿酸的产品，但在研发过程中却发现无法从黄花菜中检测到秋水仙碱的存在。

在前期证明黄花菜中没有秋水仙碱的基础上，曾建国教授的团队结合嘉兰植物中已报道合成秋水仙碱的功能基因，进一步从基因组水平层面阐明了黄花菜中不存在合成秋水仙碱的功能基因。

2021年4月7日，湖南农业大学曾建国教授课题组联合菲沙基因在园艺学TOP期刊*Horticulture Research*上发表了题为“The chromosome-level Hemerocallis citrina Borani genome provides new insights into the rutin biosynthesis and the lack of colchicine”的研究论文，该研究首次构建了黄花菜染色体水平的参考基因组，随后通过比较基因组分析鉴定到

了20个与芦丁生物合成相关的基因，再次通过多组学研究证实黄花菜中不含有秋水仙碱。

这次研究，不仅为黄花菜卸下了“秋水仙碱”这一重担，其构建的黄花菜基因组也为黄花菜遗传育种提供了坚实的理论基础。同时，还发现了芦丁是黄花菜中的重要成分，是黄花菜中主要的抗抑郁化合物之一。

对于我们企业而言，这一发现同样意义重大，它为接下来我们健康产品的研发指明了方向，我们希望依据这一发现，开发出一系列舒缓情绪、抗抑郁的健康产品，成为未来5~10年的一款主打的拳头产品。

“北有长白人参，南有地藏黄精”，除黄花菜以外，我们企业另一个重点研究对象就是传统中药材黄精。自古以来，黄精就是中医药方中的重要成分，具有滋阴润燥、养心安神、清热解毒、益肝明目等功效，它与人参、冬虫夏草都属于名贵中药材。

安化出好药，最好是黄精。益阳安化黄精在药性上有着卓越的表现，尤其是以滋阴润燥、养心安神的功效最为显著，被广泛应用于中医药、保健品等领域。我们在益阳建有道地中药材生产基地，针对黄精的功效及成分已开展了黄精属植物加工过程物质动态变化研究、黄精组织培养和发酵新工艺研究、黄精酵素产品开发等内容，已发表学术论文近10篇，申请专利3项，制定标准2项，开发了纤慕黄精发酵饮品、胡氏黄精汤等产品，为进一步开发以黄精为原材料的功能性产品打下了坚实基础。

当前正处在全球飞速发展时期，建设世界科技强国、成为世界主要科学中心和创新高地，是我国新时期的重要目标。作为大健康产业的一分子，我们企业将自身发展与国家战略紧密相连，建设国家级高质量创新平台，进而打造国际一流研发平台，不断提升综合研发实力。

一万年太久，只争朝夕。新的科技革命呼之欲出，新的产业革命氤氲不止，这两股奔腾的历史力量共同形塑着所有大健康行业企业的未来。对任何一家企业而言，这既是弯道超车的机遇，也是保持定力的挑战。

保持核心技术的自立自强，把科技命脉牢牢掌握在自己手中，是我们企业必须迎难而上的时代使命。

第三节　擦亮“国家高新技术企业”底色

在当前各行业都锚定高质量发展的背景下，拥有高新技术企业标签的大健康企业，对人才、资本的聚集整合以及核心竞争力的增强，重要性不言而喻。

为加速提升科研创新水平，在与国家重点科研机构、高等院校的合作中，我们成立了“产品专家委员会”，对研发项目调研、立项、研发方案制定、功能学试验、毒理实验、小试、工艺研究、中试、生产等各个环节进行评估论证；对产品原料供给、加工工艺、品质提升进行科技攻关。通过开发管控，我们集团近 3 年专利成果上有了突破性的增长，在 2019 年通过了知识产权管理体系认证，进一步提升了知识产权管理水平，我们的拳头产品螺旋藻的生产就已获得了 8 项专利技术保护。

我认为，要在科技创新的道路上走得更远，就要更加重视基础研究，通过健全同基础研究长周期相匹配的科技评价激励、成果应用转化、科技人员薪酬等制度，聚焦对关键技术和重点领域的精准支持，持续加大基础研究和成果转化投入。

着眼未来，我们集团在 2021 年建成了博士后科研工作站协作研发中心，它标志着我们企业“博士后科研站 + 湖南省药食同源功能性食品工程技术研究中心 + 长沙市药食两用资源高效提取及综合开发利用技术创新中心 + 长沙市企业技术中心”一站三中心的高层次人才培养与科研创新平台的战略布局初步成型，这将进一步促进高层次技术人才进入企业，提升企业研发实力和产品创新能力。

2023 年，按照湖南省委、省政府工作安排，长沙市出台全力建设全球研发中心城市的实施意见和若干政策。全球研发中心城市建设坚持“功能布局基于全球、研发任务源自全球、研发资源来自全球、研发成果用于全球”四个定位，实施研发企业（中心）集聚、战略平台支撑、创新能级提升等七大工程。

建设热潮迅速掀起，我们企业也投入其中。目前，我们企业重点研发方向在黄精和黄花菜方面，参与了科技部主导的“杜仲规范化种植基地及其综合利用开发研究”项目、湖南省科技厅主导的“防治恶性肿瘤功能性食品的开发及市场推广应用”“中央引导地方科技发展专项资金项目特色植物提取物产品开发”“‘黏膜免疫－微生物组－Trp 代谢’研究黄精多糖对免疫衰老的调节作用及机制”“湖湘药食两用资源高效提取及综合开发利用”等项目、湖南省中医药管理局主导的“基于肠道菌群和代谢组学的黄精多糖对快速衰老小鼠免疫功能的调节作用研究”以及长沙市科技局、发改委主导的一系列技术研究、创新、产业化的大健康项目。

通过“自研”和“产学研”双引擎，我们不断强化产品线的科研攻关，夯实企业产品核心竞争力。目前我们企业共申请专利 112 项，其中发明专利 37 项，实用新型专利 66 项，外观专利 9 项。已获得授权专利 56 项。这些专利成果均已运用到公司的产品生产当中。

拥有核心技术的知识产权是企业高质量发展的“金钥匙”，将知识产权变成真金白银，也同样考验着企业的“真本事”。我们有目的、有策略、有规划地进行专利布局，从国际、国内、省内三个维度对核心产品技术的发展趋势、细分产业组成、专利分布状态等进行系统分析，建立个性化专利数据库，切实把知识产权转化成商业价值和现金流。

因为我们在科技创新领域的突出表现，我们企业先后被授予“中国驰名商标”“国家高新技术企业”“湖南名牌”等多项荣誉，连续两年获得湖南省知识产权战略项目资金支持；通过知识产权贯标认证，获评“省工信工业品牌培育试点企业”；2022 年，绿之韵被长沙市公安局、市知识产权局授予“保护知识产权驻企业工作站”；2023 年 2 月，绿之韵集团凭借在产品研发、科技创新方面的优异表现荣获浏阳市“科技创新先锋奖”。

这些荣誉的获得，尤其是“国家高新技术企业”这一荣誉，标志着我们企业正式迈入国家高新技术企业行列！国家高新技术企业称号是中国科技企业能够获得的最高荣誉之一，是由国家主导、科技部牵头的顶尖荣誉资质，我国科技类企业中的“国”字号招牌。认定审查过程非常严格，需要经过各级政府、科技、财政等多部门层层审核与考评，主要对公司核心自主知识产权、研发组织管理水平、科技成果转化能力、成长性指标和人才结构进行综合性考核，评估企业创新能力和创新成果。

其认定标准严格、门槛高、涉及面广，是众多企业科研水平发展追求的目标。此项荣誉的落定，充分体现了政府部门对我们绿之韵的核心技术研发实力、自主知识产权以及创新成果方面的认可。

这些荣誉的背后，是我们深耕钻研、不气不馁的结果。一路走来，驻足回眸，所有的成就和荣誉皆是过往努力的见证，五年一篇章，我们新的征程已经启航，接下来的布局，才是我们科研技术继续攀登的重点。

在绿之韵的“五五规划”中，我期待企业能够擦亮“国家高新技术企业”底色，获得湖南省科学技术进步奖。这是由湖南省政府授予的省内科技界最高荣誉，每年评选一次，以表彰在技术发明、技术开发、社会公益及重大工程等方面做出杰出贡献的单位或个人。省内科技“含金量”最高的奖项花落绿之韵，将充分表明，绿之韵高度重视科技创新工作，围绕健康产业关键技术需求，加快关键核心技术攻关，加强基础和前沿技术研究，并推动技术产业化应用，能够解决制约健康产业的关键共性技术问题和瓶颈问题，掌控产业发展主导权。绿之韵在自身发展的同时，也会带动行业高质量发展。

“路漫漫其修远兮，吾将上下而求索”，未来，绿之韵集团将会围绕药食同源产品研发及利用、本土林业农副产品开发、螺旋藻类产品研发、个人护理品中植物原材料的提炼及利用为主要内容的四大主科研路线，继续以黄精、黄花菜等药食两用资源为研究对象，针对其功效高效绿色提取、质量标准、综合开发利用等关键技术，开展“功效成分高效绿色提取技术研究与产业化”“质量标准提升与溯源体系建立”和“药食两用资源综合开发利用与产业化示范”方向研究，力争取得一大批标准、专利、省行业科技进步奖等丰硕成果，用孜孜不倦的探索精神续写更多的辉煌。

引擎八

用人之术，当尽其材

欧阳修在《详定贡举条状》中写道：“取士之方，必求其实；用人之术，当尽其材。”意思是：选拔人才的方法，是一定要寻求有真才实学的人；任用人才的艺术，是能让人都充分发挥自己的才能。

我们企业“以人适岗”“以岗育人”，明确各类型岗位对应的素质能力、基本要求和配备标准，为选配合适的干部提供参照和依据，让人才能够找到位置、实现价值、得到认可。着眼干部培养，我们还有目的地将干部放到未曾历练过的岗位上，弥补短板弱项，让他们的归属感、成就感、获得感更强，更好地融入企业发展。

第一节　人才是企业的第一资源

当今世界，科技进步的日新月异深刻改变着人类的思维，创新驱动发展战略已成为国家发展全局的核心，培养和造就大批优秀的人才，是国家、行业和企业共同面临的重大课题。

从国家的层面看，从党的十八大“广开进贤之路，广纳天下英才”到党的十九大发展“人才强国战略”，以习近平同志为核心的党中央持续释放加强人才工作的信号。

在习近平总书记的影响下，社会各界爱才敬才蔚然成风，各行各业选才用才更加注重“德才兼备”，一系列激发人才创新活力、维护人才切身利益的政策文件陆续出台，“天下英才聚神州、万类霜天竞自由”的创新局面正在逐步形成。

从企业自身发展来看，人才也是绿之韵屹立二十年，历久弥新的“秘诀”。没有资金，可以筹借；没有场地，可以租用；没有资源，可以整合。但是，没有人，便没有一切。

千军易得，一将难求。在历史上的“楚汉之争”中，刘邦能够打败项羽，从而建立西汉王朝，就是与他的人才战略分不开的。刘邦在总结自己的成功经验时曾说，运筹帷幄，决胜千里，我不如张良；管理国家，安抚百姓，源源不断地保证物资和粮食供应，我不如萧何；统领百万大军，攻无不克，战无不胜，那我更比不上韩信。我能够取得成功，是与得到并起用他们分不开的。

“思皇多士，生此王国。王国克生，维周之桢；济济多士，文王以宁。”周文王尊贤礼士，贤才济济，所以国势强盛。千秋基业，人才为先。实现百年绿之韵的梦想，自然也是人才越多越好，本事越大越好。

不同的企业，会用不同的方式诠释人才对于企业的意义。

马云曾坦言，阿里第一大产品既不是淘宝、天猫、支付宝，也不是阿里云、菜鸟，而是员工，“我们的员工强大了，我们的产品自然会强大，我们的服务会做好，客户才会满意”。

腾讯把人力资源本身当成产品来运作，以管理产品的模式来管理人才。马化腾说过，对于腾讯而言，业务和资金都不是最重要的，业务可以拓展和更换，资金可以吸引和调配，唯有人才是不可轻易替代的，人才是腾讯最宝贵的财富。

我则认为，识人、选人、用人是一个企业老板必须做好的三件事。人才是企业兴盛之本，“不拘一格降人才”，为人才搭桥铺路，关注人才在企业中的全生命周期发展，就是对业务发展的促进和保障。

在小米的初创期，雷军每天都要花费一半以上的时间用来招募人才，前 100 名入职员工都是其亲自见面并沟通的。这样招进来的人，都是真正干活的人，想做成一件事情，所以非常有热情，会有一种真刀实枪的行动和执行力。

在我们企业刚成立那几年，为了深入了解每一个进入公司的员工，我们确立了“董事长面试制度”，就是针对招聘的任何一个职级的员工，最后一道环节都要由我这个董事长进行亲自面试，这是打破“唯论文、唯职称、唯学历、唯奖项”的传统选才思维。在这个环节，我要全面了解该“准员工”的工作经历、教育背景、性格与心态等，因为在日后的管理中，我要向人事部门提出对其使用、培养的建议。在新员工入职参加完培训之后，我还会给每位新员工一份入职的小礼品，让他们从入职的那一刻起，就感受到公司的文化。

在我看来，新员工首先需要适应岗位要求，同时尽可能做到精和专，这样才能实现自我提升。这个过程，也是新员工把知识进行价值变现的过程，价值变现就是实现绩效结果。员工的知识可能是其在学校中学习到的，也可能是其在实际工作中积累的。员工储备的知识越多，在职场中能晋升的高度就越高，知识变现的机会也就越大。

对人才德行与才能的全面考察，是我们选拔任用人才的基本遵循。因此，我会在社会活动中去挖掘人才，“听其言观其行”，觉得适合我们企业，就会一直保持联系，为其未来到我们企业工作做准备。同时，在我们企业“举贤不避亲”，主要就是看前来应聘的人，自身条件是否过硬。当“亲”与“贤”并在，只要程序公正、规则透明，经得起审视，我们就会把他放在匹配的岗位上，做到人适其事、事得其人。

企业人才间的比拼，不仅表现在我们企业对人才的争夺和培养上，也表现在我们企业内部推动的竞争机制和促进组织发展上。

《韩非子》里面有一句话叫“有能则举，无能则下”。意思是有能力的人要担当重任，没有才能的人要从职位上退下来。这就是一种组织内部的人才竞争态势。网罗优秀人才只是第一步，而调动大家的积极性，开展合作性竞争才是关键。

三国时期，群雄并起，曹操先后参加讨伐董卓，消灭袁术、吕布、袁绍、刘表的斗争，统一了北方。这与他网罗郭嘉、荀彧、程昱、贾诩、司马懿等文臣，汇聚了张辽、典韦、于禁、张郃、徐晃等武将是分不开的。而在人才使用上，曹操则引入了竞争机制。

在铜雀台建好以后，为表示庆祝，曹操大宴文武众将。为了助兴，曹操举办“射箭大赛”，将麾下诸将召集在一起，分成两队进行比试。一队是以曹、夏侯两家宗室组成的红队，另一队则是其他外姓将领组成的绿队。

曹操命人将西川红锦战袍挂在垂柳枝上，作为奖励。规则为射中箭垛红心者胜出，可得锦袍。曹休首先上场，一箭射中了红心，射中后，曹操大喜，便要把赏赐发下去，这时文聘站了出来，也射中了红心。接着两个阵营的将军纷纷出动，曹洪、张郃、夏侯渊、徐晃、许褚等人都加入了争夺蜀锦的行列。最终，曹操决定给诸将每人一匹蜀锦。

这个故事告诉我们，只有启动竞争，团队成员才能真正“活”起来，获得前进的动力，激发内在的潜能。很多人是一毕业就来到了绿之韵，没有相关的工作经验，在某一个岗位不合格时，我们会给他机会接受公司的培训，在企业文化的引导下，让他在不同岗位上历练成长，逐步提升岗位技能，而这就是绿之韵的“有能则举，无能则下”。

当然，我也深知，一个企业领导者的器量大小也同样决定了企业能召集到什么样的人才、能培养出什么样的人才。我们往往把人才定义在某个领域里面，但是一个企业的人才，绝对不局限于某个领域。只有当企业的每一个岗位都有人才时，才真正算是拥有人才的企业。

举例来说，扫地的算不算人才？

很多人可能觉得不是，但如果他在做这项工作时，会考虑如何改进自己的工作，会从各种角度考虑如何打扫得更快、更干净。像这样每天琢磨改进打扫的步骤和方法，让整个公司变得一尘不染。这个时候，这个扫地的人，就是人才。

我们通常会有一个误区，认为无论什么职位，员工学历越高越好。其实，每个人都有其长处，关键是“用其长，补其短”，也就是物尽其用，人尽其才。

在一家企业中，领导人要善于发现和发挥每个成员的长处。有一个故事，说的是几个老板大谈自己的经营心得。其中一个老板说：“我有三个毛病很多的员工，我准备找机会炒他们的鱿鱼。”另一个老板问：“为什么要这样做呢？他们有什么毛病？”第一个老板说：“一个整天嫌这嫌那，专门吹毛求疵；一个杞人忧天，老是害怕工厂有事；另一个喜欢偷懒闲逛，整天往外面跑。”

第二个老板听后想了想说：“这样吧，你把这三个人让给我吧！”

转天，这三个员工到新公司报到，新老板什么也没说就开始给他们分配工作：喜欢吹毛求疵的，负责公司产品质量管理；害怕出事的人，负责安全保卫及保安系统管理；喜欢闲逛的人，负责商品宣传，整天在外面跑。

这三个人一听分配的职务和自己的个性相符，不禁大为兴奋，都兴冲冲地上任了。过了一段时间，因为三个人卖力工作，公司的业绩直线上升。

在我看来，这个故事就是在告诉我们，人的能力有大有小，但每个人都有自己的优势，同时也有自己的弱项。就好比象棋棋盘上的一枚枚棋子，关键是下棋的人要用好每个棋子，同样一枚棋子，放在对的位置才能充分发挥能力。

“人既尽其才，则百事俱举”，为激励员工不断成长，我们企业制定了一系列的奖励措施。比如：为了让每一位员工都能享受旅游的机会，每年 11 月，公司都会组织入职满一定年限的员工到新马泰、越南、中国香港等地旅游，而表现优秀且入职有一定年限的员工则有机会到欧美国家旅游。每年，公司会给员工的父母寄去慰问金及感谢信，在关心员工的同时也关心员工的家庭，让员工安心工作。

每个人都有自己的长处，同时也有自己的短处，十全十美的人是没有的，所以我们绿之韵在用人方面，不求全责备，完美主义是不实际的。但这并不是说我们对待有些问题持放纵态度，道德是绿之韵的天条，永远都不能被侵犯。

就像但丁所说的，道德常常能填补智慧的缺陷，而智慧永远也填补不了道德的缺陷。许多人看到了员工道德对于企业发展的重要性，尤其是那些有担当、有实力的企业，它们总是将对员工品德的考核放在首要位置。蒙牛的掌门人牛根生曾说，蒙牛的用人原则是“有德有才，提拔重用；有德无才，培养使用；有才无德，限制使用；无德无才，坚决不用”。我们企业也注意到品德对于人才培养和引进的重要性，把品德作为衡量一个人的首要条件。

我认为，企业要求得长远发展，重要的保障就是要以德为先。道德的好坏，是一家企业成败的关键，拥有好的品德，就拥有了牢靠的根基。企业得到了有德之人，他就会为企业的发展一心一意做贡献，他就会以自己的诚信忠实于企业，而企业因为有了这样的人才，发展才有了保障。

企业要打好基础，追求更大的发展，就要仰仗人才的优势，即发现人才，引进人才。而从长远角度讲，建立培养人才的机制，更为重要。对于人才的培养，松下幸之助有过精辟的解析：“一个天才的企业家总是不失时机地把对职员的培养和训练摆上重要的议事日程。教育培训是现代经济社会大背景下的‘撒手锏’，谁拥有它就预示着成功，只有傻瓜或自愿把自己的企业推向悬崖峭壁的人，才会对教育培训置若罔闻。”

对于这位企业家的观点，我深以为然。在我们企业，有两项费用不受预算控制，一项是对产品有帮助的开发费用，另一项就是对员工有帮助的培训费用。孔子在《论语》中说：“不患无位，患所以立。不患莫己知，求为可知也。”基本意思是：不必担忧没有职位，应该担忧的是自己有没有任职的本领；不要担忧没有人知道自己，应该去追求足以使别人知道自己的本领。

为了让员工有过硬的本领、良好的职业素养这些立足的根本，我们以“快乐、学习、共享、成长”为员工培训与开发的基本策略，以“职位要求”和“员工发展”为中心，以新颖适用的培训内容、实战贴切的业务案例、灵活多样的培训方式、严格规范的培训过程管理，对员工进行知识、技能、心态、文化四个层次的培训与培养。

对于企业来说，培训是最具价值的投资。在绿之韵人才培养机制中，分阶段“量体裁衣式”培训受用于每一位绿之韵员工，无论是新进人员、中层管理者还是高管，都有一套专门的培训方式。

前不久，我们的高中基层系列管理人员培训班正式开营，此次系列培训设计三个班型，分为湖大 EDP 经典管理课程班、湖大 EDP 财务管理特训班、中基层管理人才培训班。我们的集团董事、总裁劳嘉担任总指挥，集团部分高管、中基层管理人员共计 50 余名中流砥柱分别在绿之韵集团总部、湖南大学，根据班型不同开展线上线下为期 4 个月至 1 年的培训学习。这是我们为每一位学员搭建成长平台、助力干事创业的重要举措，也是我们进一步强化人才力量、提升企业核心竞争力的有力抓手。

据统计，现公司每年举办中高层管理团队培训 2 次；保送研修 1 次；专业技能培训 2 次；职业素养、工作能力培训 3~4 次；职业心态辅导 2 次。确保了全员参与，每个人均有提升自我的机会。

可以看出，我们在从管理层、技术层、业务拓展层、行政层四个层面，培养员工接受与理解任务的能力、独立完成业务工作的能力、团队协作的能力、总结与提高的能力、领导与组织团队的能力，建立起一支爱岗敬业、训练有素、专业配套、能适应和满足绿之韵发展战略需要的员工队伍，不断提高员工综合素质与专业技能操作水平，提高公司人力资源竞争力，为公司各项经营指标的实现提供强硬的人才体系支撑。

我们不惜花重金打造且已形成系统的人才培养体系，在我们企业每次转型之时，都提供了强有力的人才保障，这也是我们的底气所在。

在探索数字化的过程中，我们成立了“绿之韵智能云管理平台”项目。在这一项目的建设过程中，我们应用互联网、云计算、大数据、人工智能等现代技术手段，将业务系统向云端迁移。我们企业在“智能化建设”和“无接触生产”方面加强管理，并通过工艺改进、进度管控、减少浪费、流程再造等方式，提升了生产效率、企业效益。通过“云办公”“线上经营”等“互联网 +”系统，显著改善了企业的经营管理水平。通过直播平台等营销新入口，增加私域流量沉淀，提升运营效率。这种管理水平的提升，帮助绿之韵更从容地迎接数字化经济的全覆盖，更有能力抵御各种不利影响。

现在来看，这一切成绩的背后，离不开我们对于数字化转型的深度布局和对于人才培养的重视。我们企业探索数字化，意味着组织和人才能跟上战略的变化，以此来支撑业务的发展。我们首先在组织机构上进行了调整，设立了专门的数字化部门，从组织配置上体现数字化转型的重要性；其次，从员工的知识上进行重点翻新，集团从上到下，在我的发动下，带领所有员工一起学习数字化，围绕着数字化推荐学习书籍；最后，从激励机制上，将数字化企业需要什么样的人才做出模型，之后让员工去参加培训、考试、认证，通过考试后方能上岗，从而激励大家向数字化转型靠拢。

从业务流来看，数字化转型会带来岗位能力的重塑，从传统销售到数字化营销人才、从传统设备技术工人到智能设备操作员，包括研发、生产、市场营销等多个岗位都对人才转型提出了新的能力要求。我们的做法是数字化学习与业务紧密结合，实现效果、效率和体验的最大化，引进外部智囊资源，对员工进行快速赋能。通过学习和培训，整个集团加快了转型速度，并且大大提升了生产效率。

“栽下梧桐树，引得凤凰来”，多年来，绿之韵这棵梧桐树，不仅引来了“凤凰”，还培养出一批批“凤凰”。“以人为本，知人善任”，我们成就着每一个有追求、有责任的人。这里不乏从基础做到高层的管理者；不乏从实习生做到首席的技术人才；也不乏从客服做到讲师的复合型人才。

总的来说，我们企业深谙“人才成长驱动企业成长”的要义，不拘一格降人才；重视员工培养晋升体系，厚植成长沃土，赋能人才发展；用价值观驱动员工共鸣，注重员工人文关怀；勇担社会责任，彰显企业担当。多措并举持续打造高质量、有干劲的人才队伍，实现了员工与企业共创双赢。

第二节　凡学百艺，莫不有师

现今，我们常常说 T 型人才，既要人才有广博的知识面，又要有过硬的专业深度。企业参与市场竞争的刚需就是要拥有更多掌握先进生产技术和生产力的 T 型人才，而这些挑战也最终落在了组织能力和人才培养之上。

在过去，很多国企在人才培养上有“传帮带”机制，老员工对新员工思想上面对面传、工作上手把手教、作风上心贴心带。尤其是从事技术工作的，基本上都是师父带徒弟，师父真教徒弟真学，师父与徒弟的关系不是父子胜似父子。

现在企业中的师带徒现象少了，即使在某些特定的行业存在，也少了过去那种亲密和真诚，更多的是“教会徒弟饿死师父”的说法和认知。

不过，在我们企业一直保持着“传帮带”的传统。我认为，“凡学百艺，莫不有师”，薪火相传才能高效发展。绿之韵每位新员工入职以后，我们都会给他找一位师父，公司内部叫“指导老师”。指导老师全员性、全方位地指导，营销、客服、行政、秘书等所有岗位都实行这一做法，哪怕是哪个部门主任这样的中高层，都会有指导老师。我是希望所有的新员工能通过指导老师实现“一帮一，一对红”。

指导老师不仅在业务、技术上的“传帮带”，还要承担部队中“指导员”的职责，需要在思想上指引，生活细节上帮助，等等。一个新员工刚到公司，多少都会有点无所适从，这时如果有一个人带领着工作，就像新手开车上路一样，旁边坐着一个多年驾龄的老司机，会安心很多。

指导老师会带着新员工熟悉公司环境，认识部门领导，参观公司，带着他认识团队的人，让他快速融入团队。还有一些琐事，比如网络设置、邮箱设置、公司使用的办公软件的设置，指导老师都会手把手去教新员工。甚至我们还要求指导老师关注新员工入职以后的吃饭问题，不仅要带着新员工去熟悉餐厅、一起用餐，还要关注新员工的口味，让他吃得满意。

指导老师典型的工作场景是这样的：新员工作为讲师下到市场，他会先去倾听指导老师如何同市场伙伴进行沟通，这样听几次之后，指导老师会把沟通环节进行分解，让新员工先去沟通，指导老师再进行补充，逐步过渡到全程由新员工讲解，指导老师最后补充。

每次同市场伙伴进行沟通后，指导老师还会同新员工做复盘总结，哪些是做得好的地方需要保持，哪些是做得不好的地方则需要改进。然后双方还会讨论，指导老师用提问的方式帮助新员工思考，为什么这样做不好，而那样做就好，让新员工去理解，而不是直接告诉他如何做。

同时，我们也要求指导老师主动关注新员工的思想动向，比如，一些新员工刚入职时，最初只是做比较简单的工作，就会出现思想负担——难道我能做的事情就只有这些吗？我怎样才能实现自我价值？指导老师会与新员工做一对一的谈话，结合自身的经历和感受，帮助新员工领悟我们的企业文化，鼓励他们认同我们的文化，同时还要深入了解新员工的职业规划，并帮助分析为了实现个人目标还需要参加哪些培训提升能力使他们尽快度过磨合期。

为了避免同类问题的出现，公司还规定，人事部门每年要与员工进行三次谈话，了解员工的思想动向，包括其对工作岗位的意见、对工作任务的意见、对企业文化和部门氛围的看法等，及时发现问题并对员工做正向引导，保证员工安心工作。同时，绿之韵还有一个不成文的规定，部门领导每个月要请部门所有成员聚一次餐，以增进同事之间的感情。

对于指导老师，我们既有奖励政策也有考核制度。根据新员工的业务能力，每个季度都会评出优秀的指导老师，实行物质奖励，颁发“指导老师奖”，在公司季度会上进行隆重表彰。在对指导老师进行考核时，我们不仅要看指导老师是否能承担起培训、培养新员工的责任，当新员工在思想和工作上出现问题时，指导老师也必须承担相应的责任。

目前来看，我们的“指导老师”制度对于公司的发展起到了三个方面的作用。一是节省了培训的费用，大多数的民营企业员工流动率比较高，面对新员工入职后的培训和培养问题，我们的指导老师对员工进行系统的业务培训，大大缩短了新员工的磨合期；二是提升了员工的战斗力和凝聚力，对于新员工来讲，指导老师可以帮助他们迅速地融入企业大家庭，从思想上、感情上尽快地认可企业的制度和文化，而指导老师自身在工作上也会更加严格地要求自己，在新员工面前发挥模范带头作用；三是通过全系统、全方位、全员性地推行“指导老师”制度，企业内部形成了良好的工作氛围，层级的执行力大大增强。

毛主席说过：“政治路线确定之后，干部就是决定的因素。”我们夯实了人才基础之后，考虑的也是干部问题。要知道，熬资历、拼学历在过去是求职者挂在嘴边的话题，好学历可以谋求个好职位，想晋升必须熬资历，而这些，也正是许多企业在过去甚至是现在在干部培养方面依然存在的弊病。老的下不去，年轻的上不来，这一现象严重阻碍了企业的发展。

想要用人得当，就要科学合理运用干部，也就是说要用当其时、用其所长。

干部问题就跟摆棋子一样，要摆得恰当，才能发挥其最佳效果，实现人尽其才、各得其所的效果。这么多年，我们大部分高管是从内部提拔起来的，很少从外面招聘来做高级管理岗位。因为外部招聘成本很高，而且招聘来的人往往和企业的融合度较低，需要一段时间适应，还可能在积累了工作经验之后，辞职寻找更好的出路。

在我们企业，干部的内部提拔晋升已经成为企业的核心价值观之一，成为我们企业文化的一种显著表现形式，更是绿之韵用人制度的核心。我认为，用什么人、用在什么岗位，一定是从工作需求出发，以事择人，职位不是奖励干部的手段，KPI也不是评价人才的唯一标准。

我们企业每个岗位负责人都有一项主要的工作职责，那就是将重要的工作任务，交给有能力的员工负责，要敢于压担子，让员工在实战中成长。这是干部的继任问题，所谓的交接班不是一个人的交接班，而是一个集体的交接班，是文化和价值观的交接班，不能因为更换了领导者，就让部门的工作降低了效率和成绩。

我们选拔、提升和奖励表现突出的员工，不受任何与工作表现无关的因素影响，也不会只根据绩效指标，来衡量员工的业务能力。提升取决于员工的工作表现和对公司的贡献。你个人的发展快慢归根结底取决于你的能力和所取得的成绩。

能够实现干部内部提拔，源于我们企业有一个能保证干部内部提升的系统。从人才招聘时我们就高度重视，要求高管也要参与其中。我们的招聘程序，不仅是人力资源经理去招聘，连需要人才的部门经理也要参与招聘。由于部门经理对所求人才有一个基本的目标，所以对人才的能力、潜力等方面也有着自己的认识。领导层也会高度支持招聘工作，部门总监会直接参与招聘。我们力求在人才招聘过程中打造企业的“职业”品牌。

在新员工入职后，我们实行绩效管理。在管理良好的上下级关系的基础上，我们设立了高绩效的标准，定期实行一对一的反馈与指导，并且会与员工共同确立员工个人的《工作与发展计划》。这种计划的制订不是我或者总裁下达的命令，而是建立在直接领导与下属相互信任的基础上，并在真诚而透明地沟通之后形成的。

同时，我们有完备的人才培养和职业发展体系，具备严谨的任命计划和透明的职业发展通道。对于大多数的员工来说，升迁机会永远是"皇帝只有一个"，不可能每个员工都能获得升迁的机会，所以，只要有一个职位空缺，我们就把它放在企业的内网上，通知到企业的每个人，让中层、员工去申请，并且公开考核情况。

在我们企业，干部提拔标准还要求拥有一线工作经验。一名优秀的管理者，光有理论是不行的，重要的是实践经验。理论当然很重要，有了理论基础就可以深刻感受实践。但是，如果没有实践支持，是不能理解这些理论的。

所谓"宰相必起于州部，猛将必发于卒伍"。我相应的人才选拔和培养逻辑是：当某个人在工作岗位上干出成绩后，只要符合公司的晋升要求，就可以将他提拔到更高的职位上，一方面给他一些知识培训，另一方面容忍他犯错，给他成长的空间。有时候，新提拔上来的干部即使会犯错，给公司带来了损失，但他也会给公司带来利益，同时也能从中吸取教训、获得成长。

基层一线是备选干部的"大课堂"。备选干部与市场一线直接打交道，处理各种复杂矛盾和突发事件，积累书本上难以学到的实践知识，有效提高配合市场伙伴工作的能力、处理实际问题的能力、应对复杂局面的能力和统筹协调的能力。

基层一线也是检验备选干部德才的"试金石"。只有身临其境地面对市场一线艰苦的工作环境、艰巨的工作任务，备选干部与市场伙伴们同甘苦、共患难，才能真正锻造出无私奉献、迎难而上的意志品质，从而真正实现促进企业发展。

在我们企业，干部的提拔离不开实践，盯住一线，把经受住基层实践检验、能够迅速打开局面、具有较强工作能力的人才提拔到领导岗位上来，这样提拔上来干部更有公信力，才能让员工服气、让市场伙伴满意。不懂战争的人指挥战争，这需要企业付出较高的成本。干部一定要对所从事的岗位有成功的实践经验、快速准确处理的工作能力，以及任劳任怨的服务精神。

除了优先选拔有实践经验的人，我们还优先从成功团队中选拔干部。有这样一句话："狼带领的一群羊，一定能打赢由羊带领的一群狼。"优秀的干部就是头狼，头狼带领得好，团队的作战能力就能得到提升，这个团队就一定能成功。反之，好比由羊带领一群狼，即使团队拥有众多的优秀员工，干部没有能力，团队也注定要失败。

所以，我们才有了优先从优秀的团队中选拔干部的规定。一个团队能打胜仗，能取得优异的成绩，说明这个团队的成员是出色的，从中更能选拔出合适的干部。如果你想当干部、想得到晋升，就要先做出成绩。

一个企业的管理者不同于技术和资本，不可能依赖"进口"。多年来，我们用一线实践选拔干部，用关键事件考察干部，用业务实战磨砺干部，打造出了一套内部人才供应链，为关键领导岗位提供了内部继任者的人选，留住了关键人才迎接未来的挑战，储备了人才使高管资源与新的组织方向相匹配，加速培养骨干员工，为其提供富有挑战的、以成长为导向的、令人满意的职业发展机会，使企业对于应聘者更具吸引力。

第三节　品牌是集体智慧的"结晶"

在我的企业管理实践中，"人本思想"放在任何时候都是发展的基石。为了开掘人的核心价值，公司注重人的归属感，注重人的培育、磨炼和辅导式成长，注重"家文化"的打造，注重"水文化"智慧的全体实践。

因此，在我们这个大家庭里，没有哪一个人是明星，因为所有人都是明星，所有人都可以成长为明星，所有人都有明星般的出彩机会。

世界知名企业 IBM 公司内部有一种非常常见的岗位轮换制度，这是一种名为“2–2–3”的制度。所谓“2–2–3”制度指的是一名员工如果在一个岗位上工作 2 年，而且上一年绩效考核是 2（良好）以上，那么在他用 3 个月的时间处理完原岗位所遗留的事务之后，就可以申请调换岗位。

“2–2–3”制度是 IBM 这些年一直保持人才优势的一个重要原因，由于人才表现出众，他们可以在各个岗位上轮换，而这种轮换让他们不仅可以见识到更多的专业知识，同时也将自己的知识和经验进行了传播。

IBM 的这一制度让我深受启发，依据我们企业自身的特色和环境，我在团队中实施了“岗位调整制度”。在我们的人事管理中，没有实行淘汰制，我们不开除任何一位员工。但是我们可实行岗位调整，每年 3 月底之前公司人事部门要完成全员的定编、定岗、定责、定级的工作。

也就是说，所有人员的岗位，我们会根据上一年度的公司发展情况与岗位需求，并结合员工个人的发展，每年进行一次调整。这个调整其实是一种岗位的变动，我们不是想让他离开我们企业，而是在内部变动，把他从原来部门调到另外一个更适合他发展的部门，而且让他再去学习充电，不断提升。目前，年度岗位调整已经形成一个制度，就是一年一调，给每个人都有发展的机会和历练的空间。

所以，在我们的事业天地里，很多年轻人为通过这个平台，从一个没有任何工作经验的人，能够蜕变成为一个有业务经验、管理经验，甚至说有一定从业资历的专业人士而感到幸运。因为在我们这个大家庭中，每个人的工作过程都是一个无法用金钱来衡量且提升自身价值的过程。

当然，这个岗位调整，并不只针对员工，对高管也同样适用。现在的绿之韵，其管理岗位上拥有一大批长期处在一个位置的老员工，难免有人会有干部的本位主义，有自己的势力范围和利益圈，这样就会导致一些有能力的人受到压制而无法发挥出自身的能力，还容易出现任人唯亲、相互排挤等不良现象。并且，这些高管的能力和视野很容易局限在这个岗位上，根本没有能力去应付一些岗位之外的事务。长此以往，绿之韵将变得越来越封闭、越来越迟钝。

因此，我提出要建立“循环流动的体系”，循环流动指的就是更加灵活、开放且有弹性的人才、干部任用制度。要求所有的干部不能被僵化在某个特定的岗位，要求人才不能被束缚在某一个狭小的发展空间里，而应该接触更多的新知识。

我们干部的岗位调整有两种方式，一是业务轮换，比如研发人员去搞生产、服务，使他真正理解什么叫商品，那样他才能成为高层资深技术人员，如果没有相关经验，他就不能冠以“资深”职务；二是岗位轮换，让高管的职务发生变动，这不仅有利于公司管理技能的传播，形成均衡发展，还有利于优秀干部的快速成长。

我是站在全局的高度来看待岗位调整这件事的。通过岗位调整，高管综合能力得到了很大的提升，更多人乐于交流经验，内部人才流动变得更为合理。这是绿之韵整体管理构架的进步，是系统性地、建设性地建筑一个有机连接的管理体系。财务干部懂业务，业务干部懂财务，端到端地打通了流程。这样混凝土结构的作战组织，才能高效、及时、稳健地抓住机会点，实现稳健经营的目标。

所以，在我们企业，虽然没有明文规定，但我跟很多人讲过，如果你想成为集团的中高层领导，必须经过多个部门的历练，至少要在 3 个部门工作过，而且这些部门中必须有一个是业务部门。

日本的 NHK（日本放送协会）曾经播放过一个研究植物生长的电视节目。植物对光线能够产生反应是因为植物体内有感受器，所以一直向着太阳生长。树木也好，花草也好，都是向阳的一面枝繁叶茂，而背阴的一面枝条生长缓慢，叶片也很稀疏。最简单的例子就是向日葵的圆盘朝着太阳的方向转动这一现象。每一棵树都是向阳的方向枝叶茂盛。植物吸收太阳的能量，将空气中的碳、地下的水分和矿物成分一起经过碳同化完成光合作用，因此植物对光线非常敏感。

NHK播出的这档节目中科学家做了一个有关植物对声音刺激的实验，目的是测试植物对声音是否有反应，看植物是否能感知到声音。为此，科学家在植物的叶片上面安装类似测谎仪的装置，然后安装示波器和记录器，开始给植物播放音乐，从古典音乐到流行音乐。当人们改变音乐的类型之后，装置上面的波形发生了变化，这到底意味着什么我们还不清楚，但也说明植物对音乐是有感受能力的。

NHK的节目还介绍了一个事例。NHK的记者在美国艾奥瓦州一个农场里，看到有一位中年男子开着拖拉机施肥，拖拉机上安装着大型扬声器，他一边播放古典音乐一边施肥。NHK的记者采访他时问道："为什么要这样做呢？"他回答说："施肥时播放音乐，产量会增加20%～30%。"

植物尚且如此，何况人类？只要给予他们一定外在条件的刺激，也能让他们爆发出隐藏的潜力。

芯片巨头企业英特尔到爱尔兰投资建厂后，将硅谷的企业文化也带到了那里，"包容平等"贯彻进招聘流程和薪酬水平里，让所有的员工有自己的储物柜。良好的工作条件与平等文化充分体现了企业的人情化关怀，增强了员工的归属感。而员工感到企业贴心的关怀和帮助，工作效率非常高。企业温情脉脉的福利换回的是员工丰厚的工作回报。

在我们国家，随着社会发展，员工除薪资诉求外，对环境、硬件、氛围、文化等需求越来越高。绿之韵深入贯彻以人为本，共享企业发展成果，推进"科技领军人才扶持计划""技能型人才培养计划"和"匠心匠人工程"，构筑人才高地。从打造人文关怀的办公环境入手，我们将喷泉、树木、花卉、健身器材等融入了厂区，打造了生态式办公厂区，给员工们提供了休闲娱乐的好去处。同时员工宿舍、员工食堂、健身房等配套齐全，增加了员工的幸福感与满足感。通过丰富的福利关怀，用实际行动让员工感受到家人般的温暖与关爱。每逢节假日员工福利多多，生日聚会、出国游、定期团建等日常关怀到位。

《道德经》中有一句话叫"圣人不积，既以为人，己愈有，既以与人，己愈多”。意思是：圣人不积聚什么东西，他因帮助别人而更加富有，因给予别人而财富更多。而我觉得其中蕴含的道理是，帮助他人和赠予他人物品并不会使自己受损，反而会令自身受益。因此，我们企业为员工设计了 12 项员工福利，这可以说是我们的一大特色。公司在努力为广大员工营造良好的工作环境和福利待遇之外，让每位员工的价值都能得到体现，每个人的优势都能得以展示。12 项员工福利包括完善的晋升通道；具有竞争力的薪酬体系；丰富的年终奖金及年终双薪；5 年服务英才奖、10 年服务忠诚奖、20 年功勋人物奖；股权激励；各类补贴：证书补贴、交通及油费补贴、通信补贴；产品津贴；国内外奖励旅游；各类培训及学习深造；六险一金及公费体检；双休及带薪年假；家属慰问金、节假日福利及生日礼金、婚庆礼金等。

我们企业诞生在“非典”时期，多年后我们再一次成功抗击新冠疫情，历经重大考验，坚强地生存了下来。纵观这些年，员工是我们企业最宝贵的无形资产。关心员工，我们不只是关注员工眼前的物质利益，而是围绕“工作幸福感、生活幸福感、家庭幸福感、成长幸福感、社会幸福感”五大核心要素，致力打造受人尊敬的幸福感企业。

当然，我们并不是把幸福送到员工手上，因为幸福不是一个物件。我们要做的是搭建一个环境，创造一个有利于员工追求幸福的环境，剩下的事情还要靠员工自己去追求、去创造，在成为一个快乐的学习者和奋斗者的过程中去体味幸福。

我们对于人的爱护，内化的是一种积极向上、仁爱向善的理念。因此，无论世界如何变化，我们企业坚守的三个“共同体”不会改变。一是品牌文化的使命共同体。我希望每个绿之韵人时刻宣导企业的文化和品牌的使命不改变。二是员工幸福的利益共同体。每个绿之韵人通过不断学习和奋斗，在绿之韵收获成长和幸福的目标不改变。三是受人尊敬的责任共同体。每个绿之韵人打造“百年企业、世界名牌”的发展愿景不改变。

建立一个品牌非常艰难，它需要几代人的艰苦努力和成千上万人的集体智慧。我希望所有绿之韵人拥有“五个思维”：学习思维，创新性开展工作，打造学习型企业；抱团思维，求同存异，团结就是力量；忧患思维，居安思危，发现问题，及时解决问题；品牌思维，一起努力呵护品牌、发展品牌、壮大品牌；形象思维，好的形象，是人生最大的助力，也是企业的名片，管理好自己的形象，无论是外在还是内在，变美变健康的同时，会有意想不到的收获。

绿之韵是实现梦想的最佳舞台，只要你想做，只要你努力，在绿之韵都有你发展的空间。多元化的发展为每个绿之韵人提供了不同渠道的发展路径；完善的晋升通道，为绿之韵人实现了不同阶段的梦想。我们高管平均司龄 14.6 年，这一强有力的数据，彰显了绿之韵的独有胸怀，吸引着来自四面八方的人才为之奋斗！

引擎九

诚于中，形于外

《大学》有云：“诚于中，形于外，故君子必慎其独也。”意思是内心的所想一定会真实地表现到外表上，反映在行为中。所以，品德高尚的人纵使在一个人独处的时候，也一定会谨慎戒惕。我对这一解释进行延伸理解，得出“内诚于心，方能外信于人”这样的结论。

我们企业把诚信守法作为企业生产经营活动的核心原则。自觉尊法、学法、守法、用法，坚守依法合规经营底线；以质量为企业的立身之本、视品牌为企业诚信的重要彰显、将信誉作为企业最大的无形资产、靠过硬的产品和服务赢得市场的认可。我们坚持着三个“永不改变”，承继着舜德文化，用传统观照现实，以诚信赢得了未来。

第一节　人无忠信不可立于世

在现代社会生活当中，如果没了身份证恐怕是寸步难行的，身份证如果丢了更是件麻烦事，不过好在身份证丢了还可以补办。可我们每个人都还有第二张身份证，如果这张身份证丢了，恐怕很难补回来。

第二张身份证是什么呢？就是诚信。中国古人早就说过“人无忠信不可立于世”，诚信关乎一个国家国民的道德素质，更关乎一个民族、一个国家的整体形象。

党的十八大提出，倡导富强、民主、文明、和谐，倡导自由、平等、公正、法治，倡导爱国、敬业、诚信、友善，积极培育和践行社会主义核心价值观。富强、民主、文明、和谐是国家层面的价值目标，自由、平等、公正、法治是社会层面的价值取向，爱国、敬业、诚信、友善是公民个人层面的价值准则，这 24 个字是社会主义核心价值观的基本内容。

诚信作为社会主义核心价值观的重要内容，古往今来都是社会不可或缺的运行规则，是社会进步无比珍贵的精神财富。

“诚”字首见于《尚书》，但作为实词使用，却最早见于《左传》“明允笃诚”，又见于《易・文言》“闲邪存其诚”“修辞立其诚”。在古文中，“诚”具备四个层面上的含义：首先，指言谈符合实际，言语真实不欺；其次，与“伪”相对，即指真实；再次，诚者成也，有成就、完成之意；最后，指恭敬、审慎的态度，如《礼记・大学》“欲正其心者，先诚其意”。

翻开历史长卷，可以看到先贤都很重视人的内在品格——诚，孔子认为“人而无信，不知其可也”。孟子提出“诚者，天之道也；思诚者，人之道也”。荀子指出“君子养心，莫善于诚”。朱熹对“诚”释义为：“诚者真实无妄之谓，天理之本然也。”李大钊认为“我们应该顺其自然，立在真实上，求得人生的光明，不可陷入勉强、虚伪的境界，把真正人生都归幻灭”。邓小平也指出“少说空话，多做工作，扎扎实实，埋头苦干”。

中华民族向来推崇“诚外无物”，视诚信为千金不易的可贵品质，正所谓“君子养心，莫善于诚”。对诚信的执着与坚守，已深深熔铸于中国人的精神血脉，成为中华传统美德的精神因子。千百年来，“一诺千金”的佳话不绝于史，其中商鞅徙木立信的故事广为流传。

秦国国君秦孝公重用商鞅，变法强国。在法律推行前，商鞅担心百姓不相信自己，于是命人在国都南门立了一根三丈高的木杆，并发布告称，谁能将木杆扛到北门去，便赏赐十两黄金。商鞅这一举动引来了许多百姓围观，大家都认为这么简单的事情很容易做到，不会有这等好事，因此认为商鞅的立约不可信，没有一个人愿意过去扛木杆，商鞅见状，将赏金从十两增加到五十两。

话音未落，百姓议论纷纷，更加怀疑商鞅承诺的真实性，谁也不愿意去扛那根木杆。后来，终于有一个大汉抱着试试看的心理，半信半疑地把这根木头搬到了北门，于是商鞅立即叫人拿来五十两黄金赏赐给他，以证明他并非欺骗众人，百姓纷纷称赞商鞅是守信之人。后来，商鞅颁布新法，法令得以顺利推行。秦国也因“商鞅变法”，一跃成为富裕强大的国家。

徙木立信的故事虽然久远，但诚信、信用、信誉却是个永恒的话题。以史为鉴，可以知兴衰，徙木立信的故事，值得我们学习和借鉴。在市场经济大潮中，那些诚信经营的企业，客户主动上门、银行主动上门、合作伙伴主动上门，优质资源汇聚，发展如鱼得水。反观那些不讲诚信、不守信用的企业，即使逞一时之势、得一时之利，也终将因信用“亏空”而被淘汰出局。

现在，注册一家企业门槛很低，但要发展壮大，信用的标准不能降低，必须坚持以诚兴业、信誉至上、履约践诺，擦亮企业的诚信“名片”，靠信誉打造品牌、占领市场，赢得发展优势。

人们常说“黄金有价，诚信无价”，在立业和致富中，诚信的意义非同小可。所有的企业家，都会遇到诚信的拷问，接受诚信的考验。有一个故事，说的是李嘉诚的创业经历。在创业之初，李嘉诚的企业资金有限。有外商到李嘉诚的企业订货，而且数量很大。外商的条件是要有资产雄厚的厂商为李嘉诚做担保，保证李嘉诚有履行合同的能力。

20 世纪 50 年代，李嘉诚在中国香港的人脉还不多，找来找去，最适合做自己担保人的，只能是舅父庄静庵先生了。庄静庵是中国香港中南钟表公司创始人，在香港的钟表行业市场颇有名气。如果庄静庵愿意做李嘉诚的担保人，再合适不过了。

然而，出人意料的是，当李嘉诚去找庄静庵，说出了自己的请求时，庄静庵没有答应，而是巧妙地岔开话题，谈起了其他事情。李嘉诚心里明白过来，庄静庵不肯做自己的担保人。

李嘉诚没有办法，只能两手空空地去见那位欧洲批发商，坦诚地说出自己没有找到担保人。

李嘉诚的诚实感动了对方，外商对他说：“从你坦白之言中可以看出，你是一位诚实君子。诚信乃做人之道，亦是经营之本，不必用其他厂商作保了，现在我们就签合约吧。”没想到李嘉诚却拒绝了对方的好意，他对外商说：“先生，能受到如此信任，我不胜荣幸之至！可是，因为资金有限得很，一时无法完成您这么多的订货。所以，我还是很遗憾不能与您签约。”

李嘉诚这番实话使外商内心大受震动，外商决定，即使冒再大的风险，他也要与这位具有罕见诚实品德的人合作一次。李嘉诚值得他破一次例，他对李嘉诚说：“你是一位令人尊敬的可信赖之人。为此，我预付货款，以便为你扩大生产提供资金。”

外商的鼎力相助，使得李嘉诚既扩大了生产规模，又拓宽了销路，李嘉诚由此发展成为塑胶花大王。

也是在李嘉诚创业初期，他因资金不足，只雇用了一些经过短暂培训的工人进行生产，结果，产品的质量极为粗劣，很多客户前来退货，要求赔偿；原料商闻讯也扬言停止供应原料，银行这时也派人来催贷款。李嘉诚的事业遇到前所未有的困难。

“四面楚歌”的李嘉诚真诚地一一向银行、原料商、客户负荆请罪，该赔的赔，该退货的退货。正是因为李嘉诚一贯诚实、守信，口碑极好，人们才宽容地接受了他的道歉，大度地原谅了他的过错。李嘉诚有惊无险地渡过了这次难关。

经历了这些事情，李嘉诚悟出了“坦诚第一，以诚待人”的原则，并为以后获得更大的成功奠定了坚实的基础。

在我创业时，李嘉诚的这个故事，给了我很大的触动。不管岁月如何变迁，不管环境如何变化，诚信永远是景行行止的道德品质，永远是安身立命的道德标尺。人们做什么事情都需要本钱，本钱是什么？是金钱？是物质财富？当然，这些都需要，但这些还不是本钱的全部，物质财富之外，美德也是一笔巨大的本钱。而诚信就是美德的一个充分表现。诚信会使事业越做越大，伴随诚信而来的，就是成功的喜悦。

说到这里，我们不难发现诚信与成功之间的密切关系。诚信作为一种美德，一种好品质，是需要一定的稳定性的，是需要长期投资的，要让它成为一种长期稳定的经营态度，只有这样，无论商场上出现怎样的风云变幻，我们都能淡定应对。

不违背我们的承诺，我们就能在风云变幻的商场上立于不败之地，就能创造出丰厚的物质财富和精神财富，就能赢得人心、赢得市场、赢得商机。无数成功者的经营之道，都充分证明了这一点。

2023 年 10 月 18 日，我们企业在宁远九嶷山举行了千人祭祀舜帝典礼，成为第一家举行大型民间祭舜活动的民营企业。《史记》有这样一句话，叫“天下明德，皆自虞帝始”。也就是说，从舜帝开始，中国才有了明确的道德原则。舜帝是中华民族的人文始祖、中华道德文化创始人，也是中华商业文明的开创者和诚信的首倡者。舜文化的内涵，主要体现在“诚以修身、孝以齐家、中以治国、仁平天下、和育万物”五个方面。

万商朝舜，我们举行的这样一场公祭舜帝大典，共有寻根、传道、思源、歌赋、崇信、汇爱、立碑、聚萃、祈祥九项议程，设置了五湖四海汇水仪式、宣读《企业诚信经营宣言》、祭文碑揭碑仪式等重要环节，承载着我们对这位中华道德文化始祖的无限景仰和追思之情，也激励我们将舜德文化永远继承和发扬下去。在活动现场，我们向湖南省九嶷山舜帝陵基金会捐赠了 30 万元，用于支持九嶷山舜帝陵基金会进行舜帝陵保护和建设工作，以及中华优秀传统文化的传承传播、学术研究、国际交流等相关公益项目。

未来，我们将继承和发扬舜德精神，把弘扬舜帝精神与企业文化进行有机融合，进一步丰富企业文化内涵，凝聚起爱党爱国、实业报国、奉献社会、担当使命、文化自信的坚定信念。同时，秉持“社会尊敬、员工幸福、合作者愉快”的发展理念，用心践行“和诚立信、竞超兴业”企业品格，实现企业的高质量发展，努力为社会作出应有的贡献。

第二节 “十二字”积累德行厚度

表面看来，企业在市场中的常态表现是竞争，是与对手展开不间断地拼杀，所谓商场如战场，而浓烈的硝烟似乎很难透射出道德的身影。这当然是一种错觉，因为企业之间的对抗，只是其生存的一种手段，或者说是一种表现形式，最终目的在于赢得消费者，因为消费者才是企业获取市场生存力量的唯一源泉。

春秋时代的霸主晋文公的一则故事让我印象深刻，晋文公攻打原国，和大夫约定在十天内收兵，只携带了十天的粮食。十天之后，晋文公没有攻下原国，下令收兵离开原国。有个从原国都城中出来的人说：“原国三天内就可攻下了。”群臣近侍进谏说：“原国城内粮食已经吃完了，兵力耗尽了，君主暂且等一等吧。”晋文公说：“我和大夫约定十天，如果不离开的话，这是失掉了我的信用。得到原国而失掉信用，我是不干的。”于是撤兵离开。原国人听到后说：“有像他那样守信用的君主，怎能不归顺他呢？”于是投降了晋文公。卫国人听到后说：“有像他那样守信用的君主，怎能不归顺他呢？”于是也投降了晋文公。

这个故事给我的启发就在于，即使商场依然如战场，但最大的“敌人”已不再是竞争对手，而是自己。能不能战胜自我，就要看我及我们企业的道德修养如何了。所谓“惟贤惟德，能服于人”，企业只有讲道德、守诚信，才会有良好的信誉，才能赢得市场和消费者的信赖，进而给企业带来长远利益，使企业立于不败之地。

无论岁月如何变迁，无论环境如何变化，诚信永远是景行行止的道德品质，永远是安身立命的道德标尺。市场经济是信用经济、契约经济。企业作为市场经济的主体，诚信是其生存发展的“通行证”，是至关重要的无形资产。

对我们企业而言，诚信是经营宗旨和行动准则。我们企业一贯秉承“和诚立信，竞超兴业”的经营宗旨和行动准则，20年以“诚”聚心，以“信”立本。

我所理解的“信”，就是“信用”“守信”和“诚信”。首先，我们强调信用。绿之韵事业刚起步的时候，我天天考虑的就是要想方设法做好事业，尽快把借的钱还掉。相反，如果还不起、还不了，那就是最丢人、最脸红的事！“一言不实，百事皆虚。”如果总想着不还了，或者抱着还不还无所谓的态度，那绝对是要不得的，是应以此为耻的。随着我们事业的良性发展，把借的钱还给别人的时候，我心中感到特别欣慰和轻松。

其次，我们强调守信。什么是守信，就是信守承诺，就是兑现承诺。创业过程十分艰难，但我深深知道，开弓没有回头箭，既然把大家找来了、招来了，就必须想方设法走下去、走到底，这不仅是对自己的一种约束，更是对大家的一个交代！在经营绿之韵之前，最困难的时候，常常面临账户上没有分文的窘境，但是员工的工资不能耽搁。每到发工资的节骨眼上，当我看到办公室里一个个低着头专心工作的员工，想到别人为我们打拼，别人都是“上有老下有小”，我心中就只有一个念头：“可别亏欠了他们啊！如果你亏欠了他们，你就不是一个男人，就不是一个人！”转而，我第一个动作，就是想方设法去筹钱发大家的工资。20年的绿之韵，我可以自豪地说一句，即使是最困难的时候，我也从没有拖欠过员工工资，一直都是按时发放。

最后，我们强调诚信。在这个时代，人人都需要诚信，人人都呼唤诚信，但是并非人人都能做到诚信。正因为如此，诚信就显得尤为重要和可贵。

我们企业始终坚持诚信守法经营，自觉决策、依法生产、依法经营、依法管理，在诚信守法中不断蓬勃发展壮大。秉承“以诚取信，精益求精”的企业精神，专注于企业、消费者和全社会的和谐、共享和可持续发展，打造全球健康的产业圈。通过强化合同管理，落实信用基础，不断培育企业信用文化，打造“质量、服务、责任”诚信品牌，提出了“规范经营、依法纳税、行稳致远”十二字方针，作为我们诚信建设的制度遵循。

我们的诚信，体现在对消费者的诚信、对事业伙伴的诚信、对员工的诚信和对社会的诚信。我们力求诚信贯彻到每一个细节。我们所理解的诚信，是从一而终、全时段的诚信。不是一拍脑门就诚信、不拍脑门就不诚信的冷热病，而是将诚信修炼成一种习惯、一种自觉的境界。我的手机号码快30年都没有变过，为的就是让事业伙伴们能够找到我，他们能了解到重要的事情。

已经走过20年的绿之韵，乃至未来的百年绿之韵，我们为广大消费者提供更优质的产品，服务市场的理念永远不改变；保证广大经销商的利益，建立互利互惠、永续经营的理念永远不改变；把绿之韵打造成为所有绿之韵人、事业伙伴利益均沾的生命共同体永远不改变！

在质量诚信建设方面，绿之韵坚持以产品为导向，从产前、产中、产后三个环节严格把控企业生命线，把质量诚信融入产品生产的每一个细节。

产前，从源头保证原材料的供应品质，自建六大种植生产基地，不断完善原材料供应系统；建立严格的产品辅料采购供方制度，采购部及质保部按照内控标准对其做出分级评选，选择最优秀的供应商以确保产品的安全和品质；

产中，建设高标准 GMP 生产车间，生产线配备先进智能化食品生产系统，严格按照 GMP、HACCP 标准生产，并不断升级生产与检测技术；

产后，建立二维码产品追溯系统，实现产品全生命周期流程来源可追溯。

我们每年都会为“3·15”国际消费者权益日举行专门的活动，配合相关部门打击假冒伪劣产品，保护消费者合法权益，用自身行动亮剑，对一切非法行为“宣战”。

2016 年 3 月 15 日，我们举办了以“打击假冒伪劣，捍卫消费者权益”为主题的集中销毁假冒伪劣商品的活动。活动现场设置了假冒伪劣产品鉴别展示、产品基本知识宣传、产品身份信息咨询演示等多个环节。在产品鉴别环节，工作人员将假冒伪劣商品和合格产品摆在一起，从产品外观、产品身份信息标识及产品检验报告解读等方面逐一讲解如何识别假冒伪劣商品，同时还介绍了假冒伪劣商品的危害。

活动的最后，我们集中销毁了价值 1000 万元的假冒伪劣商品和部分过期产品，用实际行动维护消费者权益，彰显出绿之韵打击假冒伪劣商品的决心，有力地震慑了违法犯罪。

在服务诚信建设方面，长期以来，我们企业高度重视对全体员工、事业伙伴的诚信管理和教育，努力把诚信管理落实到为消费者服务的每一个细小环节中。我们用制度保驾护航，把道德伦理的柔性规范与制度的刚性约束紧密结合起来，实现了企业诚信建设制度化的常态化发展。

在我们企业，所有销售人员必须通过严格的系列教育培训，按照公司规定规范销售行为。我们开通了全国“400 亲情服务热线”，设定售后客户服务小组，加强客户服务力量，确保在市场中形成事事有回应、件件有落实的机制。我会要求所有的客服人员，要做到接到高阶事业伙伴的电话时，仅凭声音，就能够说出对面人的名字。

我们也制定了《产品退换货制度》，在《条例》规定的30天内退换货的基础上，坚持“以消费者为本”原则，做到了产品在不影响二次销售的情况下进行无限制退货，进一步优化消费者对于产品的了解和体验，切实保障消费者的合法权益。

我们还会定期组织全体员工、事业伙伴学习《新消费者权益保护法》，并贯彻落实到市场经营活动中；投入人力、物力，积极配合相关部门打击假冒伪劣产品。

我们聘请了法律顾问讲解《绿之韵销售代表营业守则》，并组织全体员工在市场运作过程中学习实施。同时，设立专门的客服法律助理，加强对事业伙伴经营行为的检查和监督。

我们加强《销售代表违规处分规定》的执行，要求服务网点严格遵守规定，规范产品展示，禁止夸大宣传。公司成立了巡逻执行小组，对全国市场的专卖店进行突击检查，并对服务网点的建设和功能设置提供一系列培训和指导。

犯罪学上有一个理论叫“破窗效应”。比如，一栋建筑，如果一扇窗户的玻璃被打破，没有得到及时的修理，别人就可能受到暗示性的纵容，去打烂更多的窗户玻璃。这一理论认为，环境中的不良现象如果被放任自流，不加管束，就会诱使人们去仿效，甚至变本加厉，最终导致环境的恶化。

一家企业的诚信建设也是这样，如果不讲诚信者没有受到应有的惩罚，必将导致更多的人不讲诚信。我们各种规章制度也唯有一个目的——让诚信释放出强大的正能量，起到浸润内心道德、规范人际交往、滋养社会和谐的巨大作用。

多年来，我们企业倡导的“五心”（爱心、真心、耐心、诚心、恒心）服务，赢得了广大消费者的广泛好评，也为公司带来了各项荣誉。在处处强调“顾客至上”“体验为王”的今天，服务的重要性已无须多言。

但在我们企业的创业初期，服务并没有得到行业的普遍重视。在那个普遍“重销售、轻服务”的年代，我就发现了服务对于销售的价值，作为以“百年基业”为目标的企业，“服务”在企业初创时就被定为企业内部最关注的一个方面，这让我们企业在“脑白金”盛行的年代逐渐打响了名声。

我认为，我们的服务如果没有让您感到满意、惊喜和感动，如果没有给您留下美好的回忆，我们的服务就是零服务。服务是一种心灵的开放，当事业伙伴选择了你，把幸福交给你的时候，你一定会感到责任的重大，一定会懂得工作意义的深远，一定会感受到工作的幸福。因此，从接触到事业伙伴的那一刻起，我们就要放下自己的看法、观点、判断和主张，尽最大可能地接纳他、体谅他、满足他的需求，竭尽所能地使他成为公司的忠诚客户乃至终身客户。

在责任诚信建设方面，我们始终将公益慈善事业置于企业发展战略高度，创立了绿之韵公益基金会，成立了 6 万名爱心志愿者队伍。秉持着“关爱生命、造福人类”的理念，先后参与了 100 多项公益项目，开展了 400 多场爱心活动，涉及赈灾济困、兴教助学、孤残救助、医疗卫生、修路饮水等领域，积极承担社会责任。

从捐建希望小学到“绿 + 儿童关爱”，从“绿韵圆梦 · 书香助学”到“树人行动”，绿之韵构建了一条完整的公益链贯穿失学孩童的读书、成长和创业就业的全过程。同时，有针对性地面向社会上的老、弱、病、残等弱势群体，先后开展了“关爱百岁老人”“梦想照进现实”“关爱贫困母亲”“关爱孤残儿童”等项目，面向社会累计捐赠款物价值 8000 多万元。我们还建立了爱心回访机制，随时关注被帮助人群的生活状态，挖掘公益的深度和可持续性，杜绝“一次性”公益，让责任诚信真正落到实处。

在纳税信用方面，我们在创立初期就树立了依法纳税、合法节税的纳税理念，并把它融入企业生产经营活动的全过程，从源头规范业务开展。我们重视对税收政策法规的学习，注重财税人才的培养，每年会聘请专业的财税培训机构对财务人员进行培训，聘请财税大咖为事业伙伴宣讲税务知识。

“营改增”之后，我们主动适应新变化，财税人员高要求、高标准执行税务机关的规章制度，依规、按质、按量完成各项涉税工作，并保持与税务机关的沟通对接。

“人无信不立，业无信不兴。”我们明晰底线和边界，依法经营、诚信纳税，在增添守信激励“加分项”和规避失信惩戒“减分项”上下功夫，持续保持良好的纳税信用记录，绿之韵近年来保持税收稳步增长，为国家做出税收贡献。

同时，公司连续八年获得纳税信用A级荣誉，连续多年被浏阳市、浏阳经开区授予“年度税收贡献奖”，这些既是对公司纳税信用和能力的最有力的认可，也是公司始终坚持“和诚立信，竞超兴业”发展宗旨的完美注解。

“国无法不立，人无信不诚。”诚信是社会的要求，也是做人的根本。诚实守信是中华民族的传统美德，传承千年而熠熠生辉。

因我们企业在信用管理体系、合同制度管理、合约履行能力以及社会信誉等方面所取得的成绩，公司连续15年被授予“湖南省守合同重信用企业”“长沙市守合同重信用企业”称号，获评“全国守合同重信用企业”，连续多年被授予纳税信用A级荣誉，先后获评“中国驰名商标”“国家高新技术企业”“中国企业诚信经营示范单位”“中国AAA级信用企业”“湖南省诚信经营先进私营企业”等殊荣。

我们能够获得这些殊荣，意味着社会各界充分肯定与认可我们在诚信经营、企业信用体系建设以及维护合同信用等方面的工作。

我相信，在经济全球一体化的今天，诚信日益成为走向世界的“通行证”。因此，无论世事如何变化，即使在我们身边、在社会上还屡屡出现诚信缺失的现象，我们都应当从管理自己做起，真正做到以“诚”待人，以“信”立足！

20年绿之韵，我们实践着“上善若水，厚德载物”的精神，努力积聚绿之韵企业和我个人的德行厚度，收获了成长、认同和快乐。

第三节　新时代呼唤新君子

守法经营，这是任何企业都必须遵守的一个大原则。公有制企业也好，非公有制企业也好，各类企业都要把守法诚信作为安身立命之本，依法经营、依法治企、依法维权。法律底线不能破，偷税漏税、走私贩私、制假贩假等违法的事情坚决不做，偷工减料、缺斤短两、质次价高的亏心事坚决不做。

“诚者，天之道也；思诚者，人之道也。”这句话出自《孟子·离娄上》，意思是“诚信是上天运行的准则，而追求诚信是做人的准则”。孟子在表述这句话之后还有一句，“至诚而不动者，未之有也；不诚，未有能动者也”。意思是“如果有诚心，对方却没被打动，那是不可能的；反之，不诚心当然就打动不了别人”。这其实是对诚心效果的最好说明。

在我看来，我们企业家要诚信守法，遵守契约，卖合格产品、做合法生意，只有“诚”才能取信于人，才能够形成企业与消费者、企业与企业、企业与社会之间的良性互动，才能够把事业越做越大，乃至带动整个社会风气的良性发展。

不讲诚信、不守法律，或许可凭一时侥幸获得短期利益，但不可能获得长期之利。在社会主义市场经济条件下，诚信意识和法治观念越来越深入人心，是各个不同经济主体对外交往最好的“名片”。

社会主义市场经济是信用经济、法治经济。随着现代化经济体系的建立，信用和法治两者紧密结合、相辅相成，共同构成现代文明的两大基石。对于企业而言，“老字号”“金字招牌”的塑造，不仅源于其在产品质量和经营服务上孜孜不倦的追求，更源于其对诚信守法的长期坚守与遵循，这应当成为企业生产经营的底线。

法治环境和市场经济秩序的建设，不仅是政府和社会的事情，企业作为配置人、财、物等各种生产要素，组织生产的重要市场主体，要同方方面面打交道，没有诚信寸步难行。坚守诚信是绿之韵最大的法宝，是我们基本的社会责任，我们企业家作为企业诚信建设的引领者，就应当牢牢树立诚信理念，让诚信成为一种内在价值追求。

《后汉书》中记载了一个小故事，既有趣也特别发人深省。当时的并州牧郭伋勤政爱民，深受百姓的爱戴。有一次，他要出远门，出城之后，有数百儿童骑竹马来路边相送，儿童问："州牧什么时候才回来啊？"郭伋就让"秘书"计算一下回来的行程，并坦诚相告。儿童就说，州牧回来那一天，我们一定到这里来相迎。结果计划赶不上变化，郭伋回来的时候比原定日程早了一天。为了不爽约，郭伋在野亭之中住了一宿，等到第二天再进城。堂堂州牧，因为答应了儿童，绝不爽约。

时空流转，意义永恒。新时代呼唤新君子。涓水聚江海，精神铸国魂。国家富强、民族复兴之希望，在于每一个言而有信、行为有诚、心中有敬的当代君子。

我要成为这样的君子，也想带领我们的企业做诚信守法的表率，当然，这并不能只靠日常的言行，我们首先要知法守法，增强诚信守法意识，要及时学习相关法律法规，不断增强企业法律意识，学会用法律约束自己、规范自己、武装自己。其次，在企业文化建设中，要把诚信建设摆在突出位置，以诚信守法推进企业文化建设，传播诚信理念，引导职工做诚信守法、服务社会的典型和模范，在企业内部营造人人讲诚信、事事依法纪的浓厚氛围。最后，还要以诚信守法为目标构建一整套系统完整、有机结合的生产经营流程制度框架体系，将诚信守法转化为宝贵的无形资产，贯穿企业发展的全过程，内化为企业行动自觉。

2015 年 11 月，一位来自黑龙江哈尔滨的客户到我们企业实地考察后，与我们达成了意向合作。这是我们第一次与这名客户合作，且业务量较大。这让我们在欣喜之余压力倍增。

当时距离春节还有 2 个多月时间，公司产品整体出货量大，自动生产线产能即将达到上限。但为了保证按照合同约定完成生产任务，我组织大家紧急召开了生产会议，要求产品管理部、财务部、结算中心在2天内完成产品方案、原材料采购、数据核算；生产工厂15天内完成产品的加工制造、产品包装；储运部一天完成调度发货，挤出5天的充裕时间用于途中运输。就这样，在公司上下夜以继日紧张地投入生产、争分夺秒跟时间赛跑的努力下，终于按照预定时间完成了生产任务，接下来准备将所有产品打包、装车运往哈尔滨。

一切都在按部就班地推行中，可当运输车辆即将到达黑龙江时，高速公路却因下雪路面结冰而全线封闭，运输车辆便不得不停滞在高速公路上。此时，离合同约定的交货时间仅剩1天。时间紧、任务重，货物却停滞不前。当时我们的生产工厂副总经理许达仲收到消息后上报给我，我当机立断，火速安排黑龙江分公司、吉林分公司、内蒙古分公司抽调精干力量赶赴高速公路与运输车辆会合，卸货分装产品，分批次经省道、县道运输，在运输成本大大增加的情况下，如期向客户交货。

这次“仗义”之举得到了黑龙江客户方的一致认可，并将大量生产、研发业务托付给绿之韵，双方建立了长久稳定的合作关系。从长沙东塘落笔，拓展至14家全国分公司；从螺旋藻发家，到转型成为集日用品、护肤品、保健食品的研制、销售于一体的高科技集团企业……讲诚信的绿之韵，“朋友”逐渐遍布全国。

多年后，每当我回想起这件事时，我都认为当初那样不计成本的做法是值得的，这是我们的“言必信、行必果”，“信”是守信，而“果”是有结果的。我们常说：“与人交往，要言而有信。”在中华民族的价值观里，言而有信主要体现为“一诺千金”，就是强调“一言为重百金轻”“宁失千金，不失诚信”。同时，我们企业的发展有力地证明了，只有诚实守信的企业才能更好地把握现代化经济体系的供求规律、竞争规律，在市场主体不断丰富、市场规则日益完善、市场交易持续活跃的激烈市场竞争中获得广泛信任，受到社会的高度认可，实现可持续的发展。

市场在天边，市场也在眼前。深耕中国市场，必须做优自己的产品，必须形成规则，坚持诚信，这是出路和方向；抓住数字化、网络化、智能化融合发展的契机，用好5G、人工智能等新技术带来的新机遇，发展产业附加值比较高、国际领先、有自主知识产权的业务，这是我们正在做的事情。

有多大的视野，就有多大的胸怀；有多大的担当，就能干多大事业；尽多大的责任，才会有多大的成就。

改革开放之初，一部分地区、一部分人先富了起来。所以，在很长一段时间里，“富起来”成为时代潮头强音，能赚钱的企业家就是能人，代表着成功，成为社会认可的对象。

但改革开放40年后，时代的主题正在发生变化。特别是党的十八大以来，党和国家事业发生历史性变革，我们国家的发展站到了新的历史节点上，中国特色社会主义进入了新的发展阶段。中国特色社会主义不断取得重大成就，意味着近代以来久经磨难的中华民族实现了从站起来、富起来到强起来的历史性飞跃。

“强起来”成为时代潮头的最强音。在新的时代背景下，社会认可的对象，变成了能助推中国强起来的企业和企业家。一些领跑世界的领域，比如移动支付、高铁、航天科技，还有5G发展等，极大地增强了国人的民族自豪感，相关的企业，因此备受赞誉。

2022年2月，习近平总书记主持召开中央全面深化改革委员会第二十四次会议，审议通过了《关于加快建设世界一流企业的指导意见》。习近平总书记强调，“加快建设一批产品卓越、品牌卓著、创新领先、治理现代的世界一流企业，在全面建设社会主义现代化国家、实现第二个百年奋斗目标进程中实现更大发展、发挥更大作用”。大力培育和弘扬企业家精神、更好发挥企业家作用，是建设世界一流企业的重要条件，要在全社会大力营造重视企业、关心企业、支持企业的良好氛围。

今天，时代更需要我们企业家带领企业战胜当前的困难，走向更辉煌的未来，在爱国、创新、诚信、社会责任和国际视野等方面不断提升自己，努力成为新时代构建新发展格局、建设现代化经济体系、推动高质量发展的生力军。

我们企业作为一家立足长沙这片红色沃土的民营企业，勇担历史使命，争做诚信守法的表率，自觉把企业发展同国家、民族命运连接起来，把企业实际和长沙发展优势结合起来，以“优企业”助力“强省会”。同时，在各级领导的指导和支持下，服务“三农”产业，助力乡村振兴，努力做回报社会的典范。公司连续多年保持税收快速增长，为国家做出税收贡献。凭借带领绿之韵集团在企业经营发展、税收贡献、社会责任打造等方面的出色表现，在长沙市工商联深入学习贯彻党的二十大精神暨庆祝成立 70 周年大会上，我还被授予了长沙市“奉献杯”民营企业家奖项。

促进经济爬坡过坎，企业家精神不可或缺，诚信守法作为企业家精神的基础内核，显得尤其重要。作为民营经济人士中的“关键少数”，我不能仅仅做践行企业家精神的“一根头发”，还要做带动“一把头发”共同践行的引领者。“引”就是引导、引路、牵引；“领”就是带领、率领、领航。

在带领企业经营发展的 20 年里，我以“重信誉、守信用、讲信义”的口碑，为企业健康发展赢得了良好的商业信誉，个人还受到了政府表彰，荣获长沙市“诚信之星”荣誉称号。我要求公司全员对待每一位合作伙伴，都要秉承“守合同、重承诺、讲信用”的原则，坚决按时保质保量履行合同中的每项约定。20 年来，绿之韵实现了“项目合同履约率 100%”和“客户满意率 100%”。

未来，我们企业将以践行社会主义核心价值观为切入点，将诚信落实到经营管理、产品服务的全过程，树标杆、做表率，擦亮诚信经营“金字招牌”。同时，还将用更多人看得到、听得懂、听得进的途径和方式，带动全社会道德素质和文明程度提升。

引擎十

投我以桃，报之以李

《诗经·大雅》有云："投我以桃，报之以李"，意思是他把桃子送给我，我以李子回赠他，寓意是知恩图报，也就是感恩。感恩是中华民族的传统美德，中国文化自古就格外看重"恩情"，施恩、报恩，是中国历来推崇的文化传统。

致富思源、感恩社会，我及我们的企业，倾情践行企业兴、百姓富、社会安的人本理念，在诚信纳税、就业安置、扶贫济困、赈灾助学、修路造桥，以及新农村建设、弘扬传统文化等方面处处走在前列，以实际行动抱感恩之心、行利他之事。

第一节　企业家要胸怀“国之大者”

从百废待兴到世界第二大经济体，从站起来、富起来到强起来，中华人民共和国成立到改革开放40多年来，特别是党的十八大以来，中国人民创造出了世所罕见的经济快速发展奇迹和社会长期稳定奇迹。

在党和国家的殷切关怀下，在中国这片改革开放的热土上，在中国特色社会主义伟大事业中，民营经济不断发展壮大，走向更加广阔的舞台，在推动发展、增加就业、改善民生、促进创新、深化改革、扩大开放等方面发挥着越来越重要的作用。

感恩这个伟大的时代，感恩这个伟大的国家。我有幸亲历这段时光，既是这光荣历史的创造者，也是见证者和受益者。

我们这代人，从旧体制走向新体制，吃过苦，受过罪，最终赶上了改革开放的历史潮流，顺流而上，从深山老林奔涌进入“大海”。我们企业多年的发展离不开改革开放以来，国家各项政策的扶持及广大消费者的大力支持，对于这个国家、社会和时代，我一直心怀感恩。和伟大时代、国家同行，是我们企业莫大的荣幸。

感恩这个时代、这个国家，并不是我一个人有的想法，我可以轻松地列出一个长长的中国优秀企业家的名单，从柳传志、张瑞敏、刘永好，到马化腾、李彦宏等，这些人都在不同场合表达了自己企业的成长要感恩时代和国家。

最让我深有感触的是吉利集团董事长李书福讲的话，他说，牵牛的我能有今天的日子，我已经感激不尽。我们必须积极承担企业社会责任，必须知恩图报、致富思源，必须团结带领全体干部员工、工程技术人员在创新创业的道路上实现可持续的发展。

这么多企业家共同感恩时代并非无因，在我眼中，这是因为企业的命运始终与国家的命运紧密相连，是美好的时代造就了成功。从利到名，从私到公，从家到国，实现中华民族伟大复兴的中国梦，是“集体远航”而非“孤帆远影”，新时代的发展格局需要具有家国情怀的企业。

我认为，感恩这伟大的时代和我们伟大的祖国，需要大家拥有一颗爱国心。

苟利国家生死以，岂因祸福避趋之。几千年来，爱国已成为中华民族的精神底色，让我们总能在危机中崛起，在沉默里爆发！身处新时代，我们民营企业既要通过持续的创新发展，创造更大的社会价值，更要以担当的初心反哺社会，承担更大的社会责任。

大企业必须有大担当，企业的稳健发展，是最大的社会责任；而外部环境越是波动，越是要坚守行业本质，踏实前行。围绕扶贫救弱、资学助教、抗震救灾、支持就业等方面，民营企业应形成持续稳定的公益发展路径。

感恩这伟大的时代和我们伟大的祖国，需要大家坚定自信心。

马克思主义把创造高于资本主义的劳动生产率、消灭剥削和两极分化作为社会主义的基本特征。

事实胜于雄辩。我们的祖国用几十年的时间就走完了发达国家耗时几百年的工业化历程，创造了人类发展史上的奇迹！

党的十八大提出的“人类命运共同体”理念已被写入联合国重要文件，蕴含其中的人民立场、民族抱负、世界责任，正在不断激发人民大众的磅礴伟力，引领中华民族走向世界舞台的中心，对全球治理格局产生深刻的影响。新时代的中国人，就是要有“敢教日月换新天”的魄力和勇气！就是要有坚定的中国特色社会主义道路自信、理论自信、制度自信、文化自信！

感恩这伟大的时代和我们伟大的祖国，还需要大家葆有时代心。

贴近时代，我们才能与时俱进；了解时代，我们才能改革创新。

享誉国际的我国数学家苏步青说过：“一个真正的爱国主义者，用不着等待什么特殊机会，他完全可以在自己的岗位上表现自己对祖国的热爱。”对我们民营企业家来说，热爱祖国、感恩祖国，很重要的一个体现，就是立足实际，进一步创新发展、做强实体，在应对国际国内新挑战中取得新的更大成就，为中国经济实现新的跃升注入新的更强动力，助力国民经济增长焕发新动能。

于我及我们企业而言，感恩时代和国家，不只是一句口号，而是我们想要行稳致远，时刻不忘肩负的家国责任与使命。

2013 年，四川省雅安市芦山县发生 7.0 级地震，震源深度 13 千米。当地震感强烈，余震不断。强烈地震造成了重大人员伤亡和财产损失。

灾情就是命令！芦山地震灾情牵动着亿万同胞的心。党中央、国务院、中央军委迅速作出部署，中国军民全力投入抗震救灾工作。

时间就是生命，在政府启动地震应急响应的同时，灾情也牵动着无数普通中国人的心。我得到这个消息时，正在外地出差，但我立刻放下手头的工作，打电话回公司，要求公司立即启动应急预案，迅速向灾区实施救援。我们经过多方筹措，汇集了 300 万元的善款，通过湖南省光彩事业促进会、长沙市光彩事业基金会、长沙市青少年发展基金会等机构对四川雅安地震灾区进行捐赠救助。

第一笔善款捐赠以后，我们继续爱心的接力，又组织了集团总部及绿之韵国际大酒店贵宾楼的全体员工向灾区捐款。绿之韵集团董事总裁劳嘉、绿之韵集团党委副书记许达仲等集团高管带头通过现金或爱心认捐书的方式向灾区进行爱心募捐。在返回长沙之后，我又参与了由政府组织的几项一对一定点扶助活动。

在这一年，我们企业获得了“湖南省光彩事业贡献奖”，向湖南省光彩事业基金捐赠 3000 万元，5 年内用于公益、慈善和教育事业，促进“老、少、边、穷”地区的经济发展和社会进步，帮助更多需要帮助的人。

在湖南遭遇洪涝灾害时，作为一家具有高度社会责任感的本土企业，我们还积极响应湖南省委、省政府号召，积极开展抗灾救灾帮扶活动，多次深入宁乡、浏阳等灾情较为严重的地方，慰问灾区群众，累计捐赠价值 200 多万元的爱心物资，尽自己所能奉献爱心，为灾后重建贡献出自己的力量。

弗洛伊德说，精神健康的人，总是努力地工作及爱人，只要能做到这两件事，其他的事就没有什么困难。只有付出爱才会得到爱，只有付出心血和精力，才会收获想要的结果。我非常喜欢一句话："花开的时候没有人看到，但它还是静静地开了；种了播了，耕了犁了，也有可能颗粒无收，雨打风吹去，但至少我们一定会拥有春风里的汗水，和汗水中的花香。"

在我们企业，我想让所有人深深地懂得，爱其实是一种修行。努力成为一个知恩图报的人，知恩图报永远是企业发展的主旋律。每年的五月是我们的"爱心感恩月"，用以总结及规划企业每年的社会责任，并号召更多的员工成为光荣的爱心志愿者。十余年的坚持，让每年"爱心感恩月"中爱心志愿者的申请批准成为公司的盛事！

感恩时代、感恩国家，我们坦荡真诚，尽己所能，服务地方经济社会发展。

我们主动把企业发展同国家繁荣、民族兴盛、人民幸福紧密结合在一起，响应党和国家号召、深入实施乡村振兴战略，大力开展"同心工程建设"和"万企联村，共同发展""企业联村·结对共建"等帮扶活动，设立多个一对一定点扶贫地区和家庭，采取公益帮扶和投资经营相结合的方式，通过产业帮扶、就业帮扶、消费帮扶、公益帮扶等形式，与地方县域经济共享共赢、共同发展。

同时，我们企业还在爱国敬业、守法经营、创业创新、回报社会和拓展国际视野等方面做表率，积极融入和服务构建新发展格局，进一步推进中医药理论和科技创新，研发生产更多适合中国人生命基因传承和身体素质特点的保健食品，为健康中国建设和构建人类卫生健康共同体贡献力量。

我们在长沙启动了"二次创业"新征程，之前一些行业翘楚的光环，成就了我们企业的一段历史，骄人的销售业绩营造了许多人舒适的“安乐窝”。然而，我们却不能避免一个严峻的现实：面对未来，最大的不变就是世界的瞬息万变。所以，我们投资实业，兴建绿之韵中心项目，这是一种居安思危、未雨绸缪、因时而变、与时俱进的系统谋划，为新一轮的市场突起做好的充分准备。

说到底，企业是属于社会的，财富取之于社会，就要回报于社会。而企业家，不仅是社会财富的创造者，更应该是社会责任的承担者。没有社会各界的支持，就没有企业的发展和我个人事业的成就。

近几年，我在工商界有了一些社会性的职务，这让我有机会成为团结凝聚民营经济人士的桥梁纽带，在促进长沙与深圳、长沙与中国香港两地企业联合共商、融合发展方面展现更大的优势和作为。

围绕推动民营经济高质量发展，我及我们企业积极调动自身资源和联动周边资源，汇聚民间力量，服务国计民生。在助力搭建“一带一路”国际交流与合作平台方面，发挥中国香港专业服务和国际网络优势，对接“一带一路”商机。

在绿色发展、创新科技、文化艺术等方面，以更多元的方式，创造更多与国际社会联系交流的机会。在帮助和带动民营企业做优做强的同时，创造出更多共享价值，更好履行社会责任，用实际行动书写好实现中国式现代化进程中民营经济和民营企业高质量发展的优异答卷。

在这新时代，我深深地觉得，感恩是一种责任、一种担当、一种敬畏。我们民营企业家要有强烈的使命感和责任感，以一种感恩的心态去为党、为国家做事，心存感恩去为老百姓提供更加美好的生活，把心思用在工作上，把精力投入公益中，时刻严格要求自己，坚持慎独、慎初、慎微，干干净净做事，清清白白做人。

投之以桃，报之以李。感恩还是一种情操，一种美德，也是一种境界，一种素质。记得牛顿说过这样一句名言：“如果说我看得更远的话，那是因为我站在巨人的肩膀上。”国家好、民族好，大家才会好。国家发展了，时代进步了，每个人获得的机会更多了，大家才能共同享有人生出彩的机会，共同享有梦想成真的机会，共同享有同祖国和时代一起成长与进步的机会。

生活在今天的中国，我们实在找不到悲观的理由。无论是纵向和本国历史比，还是横向和其他国家比，我们应该对自己生逢的时代和国家深怀感恩。

生逢其时，除了心怀感恩，更应顺应时代潮流，超越自我，创造价值。唯有奋斗，才能追逐时代步伐；唯有进取，才能历经时代变化；唯有筑梦，才能实现时代的作为。

新时代也必将面临新挑战、新问题，机遇不会等着我们，问题也不会等待我们。虽然我们企业已经算得上一个“青年”，但我们若想躺在功劳簿上睡个觉，想找个地方喘口气、歇歇脚，仍会“一篙松劲退千寻”。

历史只会眷顾坚定者、奋进者、搏击者，而不会等待犹豫者、懈怠者、畏难者。

生逢盛世，当不负盛世！我要用感恩的心，说感恩的话，做感恩的事，当感恩的人。

第二节　每年都要为家乡做点事

中西方在面对家庭、故土的问题上，历来有着明显的差别。例如2009年上映的电影《2012》，讲述了世界末日来临，西方人造了一艘挪亚方舟用于逃亡；2014年上映的《星际穿越》，则讲述了因地球环境恶化，人类不得已到更远的外太空寻找新家园的故事。

而在我们中国电影《流浪地球》中，人类与地球是休戚与共、命运一体的关系，人类带着地球流浪，是为了寻找生存的希望，这就体现出中国传统文化里“家国天下”的雄心壮志与难舍的故土情怀。

故土情怀一直是中华传统文化重要的组成部分。中国许多民间传说和神话故事体现了古人对自身以及天地万物的认知，无论是女娲补天、大禹治水还是精卫填海、愚公移山，都是为了守护自己的家园、故土，人类依靠单薄的力量，顽强地与自然环境作斗争。

故乡，魂牵梦萦的地方，无论在何时，都是那么隽永而深刻。楚霸王项羽的“富贵不归故乡，如衣绣夜行”广为人知，成为日后成功人士纷纷效仿的典范。在新时代，“衣锦还乡”有了全新的注解，除了乡土情怀的执念，更多的是成功人士回馈家乡、建设家乡的情怀。

对于企业家来说，很容易就将情怀转化为行动，广撒红包、修桥补路、建校助学等比比皆是。相较传统朴素的公益行为，更多的企业家秉持“授人予鱼不如授人予渔”理念，促进企业资源和家乡产业相融合，实现着企业家心中的故土梦。

万达集团董事长王健林曾对外表示，有兴趣研究一个扶贫模式，然后推而广之，老家广元成为首要考虑的对象之一。王健林不仅破格在广元市投资建设了万达广场，不久又在经济发展并不匹配的老家苍溪县投资修建万达广场，这被外界看作王健林回报家乡情谊下的产物。

“宿迁人民的好儿子”刘强东，将京东商城分散在广州、上海、北京的客服部门全部集中到宿迁，建立了一座总面积达 6000 平方米的全国客服中心。仅呼叫中心就在宿迁形成一个产业，直接带动 2 万人就业和超过 20 亿元的税收。同时京东信息研发处理中心、财务结算中心、物流管理中心和云计算基地全都搬到宿迁，宿迁成为京东第二总部。

反哺家乡，这是责任驱动，也是乡情使然。在我看来，“衣锦还乡，古人所尚”。对于现代民营企业家来说，这种饮水思源、回报乡梓的行为，才是回乡省亲的正确打开方式。

树高百尺不离其根，江逐千里不舍其源。民营企业家们当“用心、用情、用力”表达对家乡的情感。

“用心”是民营企业家们带着回报桑梓的热忱，常怀赤子之心，时刻将家乡装在心中，将社会责任扛在肩上。把从商的红利捐作教育、慈善和地方公益经费，鼎力支持中国的社会公益事业。

“用情”是民营企业家们维护家乡建设，为家乡充当宣传员，当好桥梁，把一切有利的发展机会带回家乡。在发展壮大自己企业的同时，抓住好机会，把好项目引到家乡去。

“用力”是民营企业家们以前瞻性的视野和务实奋斗的姿态，将梦想种在乡土，助力家乡高质量发展。民营企业家们要发挥企业的独特优势，加快发展现代乡村产业体系，深入挖掘乡村优秀传统文化，积极帮助乡村培育特色产业，促进农村一、二、三产业融合发展，走向一条“共富”的发展之路。

生而为人，当思来处。在我的心中，也始终有一种强烈的桑梓情结，希望能为家乡的建设、发展尽一点力。我时常回想，时常感恩，不敢忘记自己是农民的儿子，是大地万物滋养了我，是故乡的山水养育了我，是父母乡亲哺育了我，待有时，定当涌泉相报。现在，企业做大了，个人财富增多了，我就要努力回报社会、回报国家，这是一个普通人，更是一个人大代表义不容辞的责任与义务。

湖南省益阳市安化县冷市镇小九溪村，这是我出生和成长的地方。从雪峰山深处倾泻而下的小九溪，是那样细小而平凡，但它不顾一切往远方流淌、一心奔赴大海的那股劲儿，着实强大。在我闯荡、创业、成长的每一个阶段，无论是失还是得，小九溪都在给予我力量。

每次想起小九溪和家乡，我都会心存无限感激，感激那片热土赋予自己的一切，感激那片最原始的能量场。在我创业之初，我就告诉过我的父母，等以后事业发展起来，我会回到湖南，因为深圳于我而言更多的是积蓄力量、帮助企业孵化成长的地方，但是湖南作为我的家乡，作为生我养我的地方，我一定会为它做点什么。

多年来，我和我们企业把益阳市安化县和长沙浏阳市作为高度关注和乡村振兴建设的主要投入阵地，竭尽全力支援建设、不忘初心回报桑梓。

截至目前，绿之韵支援安化的足迹遍布安化高明乡、古楼乡、冷市镇、江南镇、烟溪镇等地，项目涉及赈灾济困、兴教助学、孤残救助、医疗卫生、修路饮水、养老医疗、中药材种植加工等，累计向安化县捐赠款物价值近600万元，参与各类社会公益事业累计捐赠款物价值8000多万元，有效补齐了困难村县基础设施和公共服务的短板。

在安化，我们企业发展壮大特色优势产业，做好巩固拓展脱贫攻坚成果同乡村振兴的有效衔接，影响和带动更多企业参与家乡安化的乡村振兴建设。因此，我们企业被全国工商联、国务院扶贫办评为“全国万企帮万村精准扶贫行动先进民营企业”；被全国工商联授予“抗击新冠肺炎疫情先进民营企业”称号，被全国妇联授予“全国巾帼文明岗”称号。中国文史出版社出版了《脱贫攻坚工作纪事》一书，我们企业凭借在脱贫攻坚、乡村振兴等领域的优异表现，使《“三个精准”助力脱贫攻坚》扶贫案例成功入编该书。

未来，我们企业还将进一步推动由“输血”式扶贫向“造血”式、“互联网+三农”模式的转变，尽最大努力帮助安化解决乡村振兴的实际困难，注重实效，使企业的发展成果惠及更多邻里乡亲！

我是益阳人，应知家乡事。这些年在外也遇到很多活跃在各行各业的家乡人，大家都乡音不改、心系益阳发展。近几年，根据建设富饶、创新、开放、绿色、幸福益阳的“五个益阳”总愿景，益阳市始终坚持稳中求进工作总基调，切实践行新发展理念，大力实施创新引领开放崛起战略，吹响高质量发展集结号。

益阳将工业经济“东接东融”写入《“十四五”工业新兴优势产业链发展规划》《“十四五”产业园区高质量发展规划》，结合益阳十大工业新兴优势产业链，精准对接长株潭高端装备制造、生物医药、工程机械等22条工业新兴优势产业链，加快建设电容器智能制造创新中心、工程机械产业集群配套基地、先进碳基复合材料基地、数字经济产业园、生命健康产业园和PCB产业园，着力构建与省会长沙工业经济配套合作、优势互补、协同发展、融合发展新格局。

一直以来，作为湖南本土企业，我及我们企业都致力于“现代化新益阳”建设。

依托商会，积极推介益阳城市名片；发挥力量，争取重大项目和重要产业落户益阳；壮大优势，做好脱贫攻坚向乡村振兴跨越。

我对益阳市“五个益阳”总愿景和“东接东融”发展战略高度认可和支持，对安化县委、县政府坚持走茶旅文康融合发展为主导产业的绿色产业发展道路高度认可和支持，充满了信心。

在对故乡的建设中，我充分发挥益阳籍湘商的力量，积极响应“人才返乡、资本下乡、产业兴乡”的号召，推动更多人才、技术、资本等资源要素向家乡汇聚，以产学研结合为模式，与南京大学、湖南农业大学、湖南中医药大学、湖南中医药研究院等国家重点科研院校机构开展产学研校企合作，以中药材种植为引领，结合安化丰富的中药材资源，着力发展安化县冷市镇胡家村2000亩黄精种植基地，配套完善黄精原产料加工、制造、销售等环节，以自身的持续高质量发展，助推乡村全面振兴，努力实现家乡强、家乡美、乡民富，为构建“产业兴旺、生态宜居、乡风文明、治理有效、生活富裕”的现代化新益阳提供“企业样本”。

人是故乡好，月是故乡明。再美的风景，都比不上回家的路。我希望成为一名不忘桑梓、共建家乡，有乡情印记的益阳人；我也希望成为一名赓续红色精神、再攀高峰，有使命担当的益阳人；我更希望成为一名拥抱时代、感恩奋进，有家国情怀的益阳人！

第三节　感恩让世界变得更美好

感恩，在《现代汉语词典》中的解释为：“对别人所给的帮助表示感激，是对他人帮助的回报。”中华民族自古崇尚感恩，视感恩为美德。“滴水之恩，当涌泉相报”“知恩不报非君子”“投我以木桃，报之以琼瑶”等语句深入人心。在中国，不懂感恩的人，是不值得信任、不值得尊重、得不到欢迎的人。

人生在世是需要感恩的，有了一颗感恩的心，就迈开了成功的第一步。不仅对自己的现状要心存感激，对他人在我们懵懂之时、痛苦之际、无助之边缘为我们所做的一切更要心存敬意，内心要感念他们。对于企业来讲，心怀感恩的企业，也许不是走得最快的，但一定是走得更远的。因为感恩文化，让它自内而外更具韧性和毅力。

在我的认知里，个人的命运永远与国家命运、时代命运紧密相连，三者是不可分割的命运共同体。改革开放后，国内的经济体制逐渐由计划经济转向社会主义市场经济。跟随着时代的浪潮，每个人都得到了无比广阔的发展空间，开始自由地翱翔于祖国的大好河山。而企业家们也得以背上梦想的行囊，在各自领域大展拳脚。

我们企业过去的这些年是幸运的，虽然每一步都很艰辛，但不断有收获。这是多彩的年华，面对着太多太快的变化，目标在不断地改变，好像是一场没有终点的旅行，开始就不是为了到达某个地方，而只是为了经历不同的风雨和磨砺，寻找着超越自我的兴趣，收获超出预期的满足。对于我个人而言，这些年既是在认识世界也是在认识自己，与这个给予你机会的时代和帮助过你的人相比，我个人的智慧与努力不值得骄傲和自豪，我衷心感恩他们的付出。

松下幸之助晚年接受采访时，谈到自己的成功之道，分享过一个故事。

在一个小镇上有一家高档点心铺。有一天，来了一位要买一个豆沙包的乞丐。

店里的小伙计犯愁了，豆沙包都是一袋一袋卖的，怎么分开来卖一个给乞丐呢？在小伙计犹豫不决时，老板说：我来招待吧！说着，就递了一个豆沙包给那个乞丐。

乞丐走后，小伙计一脸疑惑地请教老板：迄今为止，无论遇到什么样的客户，您从来都没有亲自招待过。为什么今天您要亲自招待那个乞丐呢？

老板回答道：一直以来我们都受到顾客的关照与爱护，这是顾客对我们的一种恩惠，一定要珍惜。平时经常来我们店的都是有钱的很体面的客人。而今天那个乞丐想要尝尝我们的豆沙包，他拿出的那一点点钱可能是他的全部家当，这是一种信任，更是一种恩惠。对于这样的客人，理所应当由我亲自去招待，才能表达我的感恩之情。这就是经商之道。

这个故事向我揭示了经商之道需要感恩之心的真谛。成功的企业家往往都怀揣着对社会、对消费者的感恩之心。一个懂得感恩的人一定会让施以援手的人心如三春暖，前进的道路越走越宽，自身也会形成强大的能量磁场，吸引更多的人与资源来帮助自己，未来会更加光明。

曾经我以为说一句“谢谢”很容易，但当我感恩他人对我的帮助，要有所回报时，我才发现这个词很重，我要感谢的人有太多。

我感恩各级领导对我们企业的关怀和支持，我与他们一些交往的细节，都藏在一个个真实发生过的故事中，用照片记录下来，挂在我们企业产业园办公大楼每一个楼层的墙壁上，让过往不会因为记忆的消退而湮灭。

在这些照片中，也有一部分领导从没有来过我们企业，但是，当他们接见我时，我向他们简短汇报企业的发展情况，他们听得十分仔细，并一再嘱托，一定要把我们的事业干得更好。我还记得，领导们那亲切而铿锵有力的话语：“企业发展过程中遇到什么困难，需要什么政策支持，尽管向我们反映。”这些照片，正是领导们谆谆教诲的生动记录。

当然，面对各级领导的慷慨帮扶，我们在感恩的同时，更重要的还是以规范化的自律为准则，不辜负领导的期望。我们自律，才使各级领导帮助我们时充满底气，才使他们能够一如既往地对我们的事业倾注他们的爱心。

在过去这些年波澜起伏、充满挑战的发展进程中，我们企业克服了无数艰难险阻才取得了今日的成绩。多年的风雨征程，我们由 12 名员工发展到 400 多名员工，很多人与我一同见证着绿之韵的成长、进步与发展。

我感谢这些同甘共苦、风雨同舟的家人们，并真诚地道一句：你们辛苦了！是你们一次次放弃与家人团聚的机会，日夜奋战在工作岗位上，用真诚、心血和汗水，践行着一个企业的责任和担当。在我们企业的发展历程中，家人们的辛苦付出，虽事隔多年，但仍历历在目，企业所有的荣誉和成绩都属于你们，你们是绿之韵的英雄，我深深地为你们感到自豪！

我还特别感谢 80 多位 10 年以上工龄的老同事，你们是企业基业长青的资本！你们是我的骄傲！你们是企业发展的中流砥柱，推动我们企业站在了中国大健康产业的最前沿，集团的每项荣誉都凝结着你们的汗水。追求卓越是一场没有终点的长跑，但有你们同行，路上不会孤单，路越跑越宽。

没有员工的企业不能被称为企业，没有员工的奋斗、奉献和风雨同行，企业也无法向好发展。员工是我们企业健康发展的力量之源，为表达对长期以来辛勤工作的员工的肯定和感谢，我建立健全了公司长效激励机制，引入了劳动股份期权嘉奖，实施利润分享福利制度，让员工真正享受到企业发展的丰硕成果。在我们企业还有一个不成文的准则，对于在我们这里工作过的人，哪怕是只有一小时，也会有一个永久的工号给他，感谢他们当时当刻为我们企业的付出。

2022 年，虽然是一个寒冬之年，但在年底，我还是给集团的员工发了一封内部邮件，里面这样写道："2022 年是不平凡的一年。经过全体员工的努力，我们克服了重重困难和挑战，取得了我认为企业近 3 年来最为难得的进步和业绩！尽管还面临着一些困难，公司仍然做出了 2023 年加薪和 2022 年丰厚的年终奖计划。这不仅是因为我们现金充足，更因为勤奋工作并取得出色成绩的家人们值得褒奖……好好过年吧，千万记得替我向你们的父母、孩子和家人朋友们问好！没有他们的付出，就不会有今天的绿之韵！感谢你们，绿之韵人！"

2022 年，我们绿之韵的"父母慰问金"也是如期地汇入了员工父母的银行卡上，虽然金额不多，但也蕴藏着企业对员工、对员工亲属诚挚的关怀和真诚的问候。这份温暖传递至员工的手中，感恩之情传递到每位父母长辈的心中。

传递的是温暖，传承的是感恩。

我们要感恩我们身边的亲人，没有他们长久以来的默默支持，我们也不能安心工作。家庭是我们最强有力的支撑，亲情在心中，家和万事兴。

我们企业即将启动时，是我的爱人向她大姐借了5万元，公司才得以成立。刚刚成立时，创业条件十分艰苦，在资金周转困难的时候，又是我的弟弟，变卖了出租车，抵押了房子，把贷款给我，帮我渡过难关。

现在，当我有了能力以后，我对这些帮过我的人一一回报，给他们买了车、买了房，为他们的子女创造良好的学习条件。我的弟弟过40岁生日时，刚好我在外地出差，我特意抽出时间逛遍当地的酒庄，寻找生产年份与我弟弟出生年份相同的红酒。在不同的酒庄，我找到一支就寄给他一支当作生日礼物，可惜的是前后几天，花了很大的工夫也只找到了两支这样的红酒，不过即使这样，我的弟弟还是十分感动。

我的父母已经开始慢慢变老，他们的几个儿子，包括我在内，生活确实忙碌，肩上的担子也不轻。但是，对父母的关怀，我们始终没有忽略。父母老了，他们需要的不是钱，而是陪伴。作为儿女，最好的孝顺，就是多回家陪陪父母。

我还记得以前看过的一则公益广告，广告内容是在春节的时候，白发苍苍的母亲准备了一大桌子丰盛的年夜饭，等待着一年之中团聚的时刻。

可随着天色渐晚，子女们也没有赶回家中，等到最后，则是孩子们的一通通电话打来，告诉母亲自己太忙，就不回家团聚了。

母亲到最后也只是说了句："忙，忙点儿好啊。"只身一人，过着那本该热闹欢聚的节日。

这给我很大的触动，我要求我的弟弟们，每周都必须回家看望一次父母，陪他们说说话，一起吃顿饭，了解他们的需求和心愿，定期送上一些日常生活所需的物品，为他们的生活送去便利与舒适，让他们感受到我们的关怀与爱意；每次出差前，一定要告诉父母，这次要去哪里，什么时候回家，不要让父母再为我们的远行而担心；过年时，我还会给弟弟们发红包，让他们陪父母打牌，大家一起玩一会儿，这是感情沟通的平台，也是一年当中难得的温情时刻。我给弟弟们定的规矩只有一个，就是必须把钱输光，让父母开心。每次牌局结束，父母心中的愉悦都写在了脸上，这是一种发自内心真实幸福的笑。

在我看来，能够看到父母的笑也是我们做子女的幸福，也是我们孝心的体现。

生而为人，要感谢父母的恩惠、伴侣的恩惠、亲友的恩惠，让我们得以自立于天地之间。我们要学会感恩，回报所有的恩情。

在闲暇之时，我偶尔也会看看电视剧，放松下心情，最近几年，给我感触最深的电视剧莫过于《人世间》。剧中人物形象丰满，情节演绎细腻，聚拢来是烟火，摊开来就是人间。

爱恨纠葛的情场，尔虞我诈的职场，利益之争的商场；深沉厚重的父母情，相濡以沫的夫妻情，情同手足的兄弟情，将世间人性阐述得淋漓尽致。剧终沉思，人性本无善恶，只是角度不同，利益不同，人性的尽头终是善，是感恩。

感恩父母，所以终身陪伴；感恩妻子，所以甘于付出；感恩兄弟，所以两肋插刀……人世间因为感恩而变得长情美好。

在呼和浩特市儿童福利院看望残疾儿童时，我们的国家领导人强调，“有一颗感恩的心很重要，所有的人都要有感恩的心”。在我的理解中，这不仅是要在全社会弘扬一种人心向善的风气，而且是对传承民族文化、弘扬社会正能量方面提出了更加贴切的精神要求。

我们说做人要学会感恩，许多人也在身体力行，但也有人对感恩反应淡漠，在他们的生活中充满了怨言，仿佛天下人都在亏欠他，谁都是他的仇人。这些人总是自以为是、主观片面，在他们眼中，人生总是灰暗的，他们看不到光明、看不到前途，有问题就抱怨他人，从不做自我反省。他们只想从别人那里得到好处，却一点儿也不愿意付出。尽管开始也会有人好心帮助他们，但天长日久，他们就会伤了众人的心，最终成了孤家寡人。

当我们身处逆境甚至绝境时，有人伸出手来帮了我们一把，我们一定要表示感谢，我们心存感激，这是我们做人的基本准则。我们经常听到“谢谢你”这三个字，话虽然很短，但这就是感恩的象征。这三个字引导着我们笑对他人，笑面人生，笑对我们生活的这个世界，如此，我们的生活就会充满光明和希望，我们也会感到自己周身被温暖包围着。

我们每天都在面对一面镜子，你对它露出笑脸，它也对你笑脸相迎，你对它一副苦相，它也回报你愁眉苦脸。这面镜子就是感恩。懂得感恩，我们就会心胸宽广，就会踏上成功之路。

有一个故事，说的是一个表演大师准备一出戏的演出，他在这部戏里要扮演古代一位徒步旅行的百姓。正准备上场时，他的一个学生提醒道："师父，你的鞋带松了。""谢谢你。"大师赶忙答谢，然后便蹲下身子系鞋带。但当他走到舞台入口处时，学生已经看不到他的身影了，他又蹲下身，把刚系好的鞋带重新松开。大师的用意是想通过松垮的鞋带来表现经过长途跋涉旅行之后的疲惫。有个到后台采访的记者目睹了这一幕，不解地问道："您为什么不当场教那位学生呢？他还不懂演戏的真谛。"大师是这样回答的："要教导学生演戏的技能，机会多得是。在今天的场合，最重要的是教导他学会感激别人对自己的关心。"

感恩是我们企业的核心价值观，也是企业文化中浓墨重彩的一笔，指导着每一位员工的一言一行、一举一动。除了要感恩父母，还要感恩身边的朋友、事业伙伴乃至国家。

在人海中相遇相知相守，无论谁都不会一帆风顺，只有一颗懂得感恩的心，才能拥有一生的爱和幸福。常怀一颗感恩的心，力所能及地服务他人、服务社会，是我们义不容辞的责任。心存感恩，能让世界变得更美好，做一颗螺丝钉、做一滴水、做一线阳光……让我们一起向着美好的未来前进，让他人因我们的存在而感到幸福吧！

引擎十一

仁者爱人，有礼者敬人

《孟子》有云：“仁者爱人，有礼者敬人。爱人者，人恒爱之；敬人者，人恒敬之。”意思是，仁慈的人爱人，有礼貌的人尊敬人，爱别人的人，别人也爱他，尊敬别人的人，别人也尊敬他。

我们富而有德、富而有爱、富而有责，对内，让发展成果更公平地惠及全体员工，有着“立人达人”的更高追求；对外，满足社会公众需求，财富取之于社会也用之于社会，热心公益事业，积极参与扶贫济困活动。这些无一不体现着“仁者爱人”这种中华优秀传统文化的至高智慧为我们企业涂抹上的厚重底色。

第一节　让爱成为生命的习惯

经济全球化背景下资本的逐利性体现得淋漓尽致，直接面对市场厮杀的企业尤其是民企处境更加微妙，是倒向利益驱动的资本大潮，还是坚持更高层次的使命追求？

福耀玻璃集团董事长曹德旺的一番话给了我深刻的触动，他讲道："我做企业不是为了钱，是为了国家的兴旺发达。我认为，一个真正有作为的男人，在他手上赚的钱，死之前必须还给社会！"他创立的河仁慈善基金会一次性捐款 100 亿元，他还以国家的名义在福建成立一所公办大学，取名福耀科技大学。

我也是这样，把公益慈善看成自己分内的事，它与企业的利润无关，而只与信仰有关，只与价值观有关。随着一个企业的发展，其社会影响力必然越来越强，这时候企业的经营目的已经不仅是盈利，必须肩负"安邦济世、兼善天下"的社会责任，领导人要把公共利益纳入自己的决策范围。利润之上，企业还要有更宏大的理想和更崇高的使命，唯有这样，企业才能引导一群有理想的人释放更多的潜能，为社会做出更大的贡献，创造更大的商业价值。

创造商业价值，获得利润，这是每一个企业必须追求的。企业只有赚了钱，存活下来，才能够谈其他。但是，企业拥有的社会责任感、使命感能让企业走得更久，发展得更好。

管理学大师吉姆·柯林斯在《基业常青》中提道：伟大的公司应该有"利润之上的追求"，如价值观、社会责任等，且必须具体可行。而这正是我们的追求，我们追求的是与社会共进步，将商业价值与社会价值紧紧连在一起的企业社会抱负；我们追求的是在物欲横流的商业社会的各种诱惑面前，正确地处理商业利益与公众利益的关系，守住道德底线的理性、良知。

事实上，热衷公益的这种责任感、使命感，是我在年幼时就深深扎在骨子里的一个理念。我出身于湘中农村，在读高中前一直同父母生活在一起。虽然生活很艰辛，但父母的急公好义、乐善好施等思想行为，还是深深地影响了当时年幼的我。这让我在很小的时候就产生了一种对弱势群体的同情，希望将来通过自己的努力，能够帮助部分穷困者改变命运，让他们过上幸福快乐的生活。

当我步入社会开始创业时，接触到外面更广阔的天地，我开始慢慢知道，扶贫不仅需要爱心，更需要资金，需要有雄厚的经济实力作基础。不过，在我内心中，我还是始终认为投身公益与打拼事业是同等重要的事，并把这看作人生价值与未来规划的一个重要组成部分，也将其作为企业发展的一项重要内容。

2003 年绿之韵成立，在公司创立后的第二年，有一些微薄盈利的时候，我们就在公司所在地浏阳市捐赠了一所希望小学，这是我们企业公益之路上的标志性行动，我们提出一个目标——捐建 38 所希望小学。

实际上，“38”只是一个概数，代表着我们企业创立之初的一个梦想。我是从安化大山里走出来的孩子，深知教育对于贫困学子改变命运的重要性。为孩子们的求学路点亮一盏希望的灯，共圆一个求知的梦，我们没有休止符。

2006 年，为使公益行动更加有保障、可持续，公司设立了绿之韵慈善基金。基金设立后的第一件事，依然是建立了一所希望小学。这一次选址在吉林——因为当时东北是我们市场份额最大的区域，我们以感恩之心担起了自己的一份社会责任。

说实话，在基金会成立初期，我们并不太懂得如何去做，只是觉得这件事情很重要，必须去做。这个重要不光是对别人、对社会，对我们自己企业也很重要。它会改变我们对生意经营和社会之间的关系的看法，也让我们把自己摆在利益相关者的正确位置上。

2008 年汶川大地震后，我们对公益慈善的概念、公益行为的理解和覆盖人群，都有了更深刻的认知。我们慢慢了解并逐渐明确，在经济快速发展大潮中的优秀企业和企业家，必须使自己的利益和整个国家经济成长的大趋势、民族利益保持一致，同时要照顾到周围的利益相关者。

因为有些利益相关者离你很近，他或是社会的弱势群体，或是就在你所在的社区，或是你的客户、供应链相关者，又或是社会上的某一特定族群。

2010 年，比尔·盖茨和巴菲特到中国鼓励民营企业家做慈善公益，这种活动在媒体上形成了巨大的关注点，并引发了社会舆论的热议。盖茨基金会在北京一座庄园里举办了一个简单的晚宴，主要由盖茨和巴菲特分享做慈善的感受和体验，邀请许多知名的企业家参与，不过也有许多富有的企业家并没有出席这场慈善宴会。

在媒体的报道中，各方的分享都给我很深刻的印象。

做慈善是一件非常专业的事情，巴菲特说他之所以把钱给了比尔·盖茨，是因为他最会赚钱，有了这些钱，他就能赚到更多的钱，就可以捐更多，公益资源的使用也非常讲效率。

没有参加这场晚宴的企业家面对媒体采访时则是表示，把辛苦赚来的钱用来投资，就能产生更多的就业机会，能为国家和社会带来更多财政收入，但若是捐出去，这些资产就失去了“生命力”，“杀富济贫”是不对的。慈善在于奉献，公益在于参与，在于用心和时间付出点点滴滴的行动。公益不分大小，不取决于你捐了多少钱，而取决于你唤醒了多少爱，能否唤起更多的人参与进来。

各方的分享都让我感慨万千，做公益不仅是做一件好事，做好事还要讲方法，不仅要选一个正确的专业机构，而且要用专业人才和专业能力，才能把事情做得完美。慈善不仅是狭义上的捐钱捐物，为困难人群提供致富的途径也很重要。此外，慈善也并非富豪们的专属，每一个人都可以参与到慈善事业中。

在我们集团的大厅，常年设立着一个捐款箱——这是我们发起的爱心倡议，“每天一元”。一元钱能做什么？买一支冰棒、坐一次公交车、投一个游戏币……但对我们企业来说，一元钱可能意味着一支笔、一个笔记本，能给困难家庭的孩子带来一个期望的满足。

每天，大厅里来来往往的员工们已经习惯了这种捐助方式。捐款箱里有硬币也有纸币，有一元也有一百元。不少员工也鼓励孩子参与进来，每天一元，积少成多，捐款通过公益基金用于扶贫。

我们每一年的年会上，都设置了一个重要奖项——慈善大使。

赠人玫瑰，手有余香。我希望我们的员工和事业伙伴，能够永葆爱心，多做善事。在中国传统文化中，素来都有乐善好施的传统美德，而如今，这种美德在一些人身上变得稀缺。尽自己所能去帮助他人，这奉献出的是一份爱心，收获的是一份快乐，做人常存爱心，乐于做好事，这也是在尽一份责任。虽然有时候我们的善良会被践踏和欺骗，行善会被怀疑和毁谤，但是我们的善行是不能随之动摇的，相信只要人人都献出一份爱，世界将变成美好的人间。

在佛经里，善念有三重境界。第一重境界是恻隐之心，在他人的苦难面前，心怀同情，给予关怀；第二重境界是造福一方，为一地一方的受难者提供庇护与生计；第三重境界是超越自我，不拘于自身得失利弊，将苍生的福祉当成自身的福祉。

善念并不分大小。最小的善行，胜过最大的善念。

“乌鸦反哺”“羔羊跪乳”等经典谚语中凝结着中华民族深厚的感恩文化。

我希望这个奖项能够提醒自己，为富有仁，回馈社会。相对而言，企业家从社会中获得的财富比较多，享受的也比较多，那么他们承担的社会责任也就比较多。早期的创业是要解决生存的问题。那时候的财富用于满足自身需求。随着事业的推展，企业规模越来越大，这个阶段财富是企业及事业的追求。企业发展步入更高的阶段时，这个时候的财富只是数字的变化，它已经属于社会，而我只是这个阶段的管理者。财富不是无本之木，财富的获得离不开社会土壤的滋养，因此，我更应该对社会心存感恩，通过适当的方式回馈社会。

“不积跬步无以至千里，不积小流无以成江海。”我还希望让公益成为我们企业每一个人的习惯，从而带动更多人的参与进来，进而营造良好的社会环境，促进慈善事业的发展。生活中，一些不经意的习惯，看似细小，实则力量无穷。西方流行一句话：“一夜之间可以造就一个富翁，但是要培养一个绅士需要三代人的努力。”同样，培养一名有爱心的人也并非一朝一夕之事，需要长期努力的同时构建良好的社会环境。

2015 年 5 月，我们绿之韵慈善基金经湖南省民政厅批准升级为湖南省绿之韵公益基金会。如果说 2006 年慈善基金的设立，让绿之韵完成了由最初临时性的、不固定的慈善投入，到更有保障、可持续的公益慈善行动的转变。那么，2015 年绿之韵慈善基金升级为湖南省绿之韵公益基金会，则意味着绿之韵公益的载体走向了更加规范和专业的道路。

我们成立基金会以后，基金会受到主管部门监督，捐赠支出明细更加透明、公开；开展的公益项目也更加具体，实际操作更加专业；拥有了更多的合作体系，与中华慈善总会、湖南慈善总会、北京博爱妇女发展基金会、长沙市青少年发展基金会等公益慈善组织共同合作开发公益项目。

尤其值得一提的是，为了节约行政开支，最大限度地支持公益事业，同时给公司员工提供参与公益的机会，基金会的主要工作人员基本上由我们企业的员工在工作之余兼任。

依托绿之韵公益基金会，我们相继开展了绿跑大型公益计划、绿 + 儿童、守护孤残儿童、关爱困难母亲等 100 多个公益项目。各种暖心的故事，每天都在公益基金会组织中发酵，这就是慈善的力量，是我们企业在不断进步的路上，最值得关注和称道的地方。

2022 年 3 月 8 日，我们发布了《绿之韵集团 2003—2022 年度企业社会责任报告》，这是我们企业发布的第 12 份社会责任报告。这不仅是记录企业对社会的点滴责任，也是时时“将自己架在炭火上”，因为，如果哪一年我们什么也没做，就是出洋相丢大脸，这就形成了倒逼机制。

《大学》中有一句话叫“大学之道，在明明德，在亲民，在止于至善”。其大意是：大学的宗旨，在于彰显光明的品德；在于反省提高自己的道德并推己及人，使人人都能改过自新、弃恶从善；在于让整个社会都能达到完美的道德之境并长久地保持下去。

在我的认知中，在新时代的今天，大学之“道”与企业之“道”在某种程度上是相通的，这个企业之“道”就是企业要将人之善性发扬光大，进而由己及人影响他人，使民众向善，能够扮演好各种社会角色，在不同的身份阶段都能做到尽善尽美。可以总结为：厚度优于速度、行业繁荣胜于个体辉煌、社会价值大于商业财富。

在践行企业社会责任这条路上，我去过没有灯光、没有窗户的地下室，那里，六十岁的母亲与患有精神疾病的儿子相依为命；我去过汽车不能通行的深山，那里，十多岁的小姑娘无论寒暑都要挽起裤脚蹚过河水才能上学。我面对许多普通的绿之韵伙伴，他们用自己的真诚默默奉献着自己的爱心。我更与身边的朋友共同探讨过财富与责任的话题，创造财富考验的是一个人的智商与情商，分配财富则考验着一个人的智慧与德行。

有的人生命只属于自己，有的人则生命属于社会。在我们企业，无数细小而真情的付出最终汇成责任与大爱的江河，这份责任感将是我们立足社会、开创未来的基石。公司网站上实时更新的慈善专题，许多伙伴与公司一起撑起了这份沉甸甸的责任，令我十分感动。怀抱慈心，施以善行，是中华民族的传统美德，也是人类走向文明的漫漫长路中，像星光一样温暖人心的精神财富。懂得这个道理的人，受到的必然是生活加倍的福报。

“明道知责”是前提，“修身立德”是关键，“传道树人”是根本。在我们企业的成长过程中，我们时时会提醒自己记得一个身份：民族企业。记得一份责任：超越利润。

第二节 脱贫攻坚到乡村振兴的递嬗

2015年11月23日，中共中央政治局审议通过《关于打赢脱贫攻坚战的决定》，脱贫攻坚战吹响了嘹亮的冲锋号。“立下愚公移山志，咬定目标、苦干实干，坚决打赢脱贫攻坚战，确保到2020年所有贫困地区和贫困人口迈入全面小康社会。”这是我们党对全国人民的庄严承诺。

湖南，是精准扶贫战略思想的首倡之地。作为扎根湖南的一名普通民营企业家，我时刻把助力脱贫攻坚作为党赋予我们民营企业家的一项重大政治任务。

致力于精准扶贫，是伴随着我们企业的发展一同进行的。我和我所创办的绿之韵集团积极响应各级党委、政府的号召，紧扣湖南省委、省政府脱贫攻坚的决策和部署，创新性实施绿之韵“三个精准”（精准施策、精准推进、精准落地）扶贫策略，盯住最贫困的地方，瞄准最需要帮助的群体，大胆探索“互联网＋精准扶贫”“基地订单式产业扶贫”“党委＋公益基金会”“农产品直购会”等扶贫模式，形成了一批可复制、可推广的扶贫经验和做法，为打赢脱贫攻坚战贡献出自己的力量。

“精准扶贫、精准脱贫”战略思想从根本指引、重要依托、基本框架、重要途径、总体方略等方面，全面深刻阐明了精准扶贫、精准脱贫的重要意义和丰富内涵，既有重大的方法论意义，又有厚重的实践性价值。

我认为，脱贫攻坚，贵在精准，重在精准。在助力脱贫攻坚过程中，我和我所创办的绿之韵集团把益阳市安化县和企业所在地长沙市浏阳市作为高度关注和精准帮扶的对象。

2015年7月，我赴安化江南镇黄石片区进行扶贫工作调研时，捐资30万元帮扶安化县江南镇黄石片区村组建设水、电、道路和学校等基础设施，解决当地村民文明、致富和开放的迫切需求，并呼吁更多的企业家、爱心人士加入“反哺桑梓、结对帮扶”的工作中来。

浏阳市小河乡乌石村是湖南省浏阳市重点省级贫困村之一。自2015年开始，我先后多次走进乌石村，带领爱心志愿者实地走访贫困家庭，详细了解村民家庭情况，指导贫困户经营种植养殖产业，为贫困家庭送去温暖和关怀。每年定期举办两场农产品直购会帮助农户销售鸡蛋、土鸡、河鱼等农产品，解决贫困户生产、生活上所面临的困难。2017年，绿之韵与乌石村村委点对点帮扶签约，建立了长期性的生态产业，通过“农场共建、产品共享”机制将农户们种植的优质农作物通过公司平台引入市场，进入千家万户。2018年，绿之韵与乌石村村民委员会签订水稻大米收购合约，收购玉针香大米5万斤，约占地125亩，收购5341优质稻20万斤，约等于200亩产值。通过进行点对点帮扶，小河乡乌石村建档立卡的贫困户曾政、谭克阶等多个家庭已经走上了小康之路。

小河乡拥有得天独厚的自然资源，与绿之韵立足大健康，推动绿色经济产业发展相适应。2022年，绿之韵在小河乡建立一个长期的精准扶贫的生态产业，以“农场共建、产品共享”的方式，发展新产业、新业态，构建带动农户持续增收的长效机制，培育乡村发展新动能。

从2016年绿之韵第一次走进小河乡开展爱心助学捐赠活动，到2017年与浏阳市小河乡签订三年定点精准帮扶协议，再到2022年绿之韵公益基金会与小河乡乌石村村委共建慈善爱心驿站，6年的时间，绿之韵通过与乡村振兴的有效衔接，让小河乡面目一新。这也见证了绿之韵公益慈善事业从“输血”模式到“造血”模式的转变，从产业协同到乡村振兴、从基建发展到人才培养的进一步提升，小河乡也成为绿之韵探索形成“基建提升、兴文助教、产业协同”三位一体的乡村振兴模式的最佳典范。

慈善绝不是施舍。当面对需要帮助的群体时，我不去做，不是别人难受，是我自己心里难受。在多年的扶贫过程中，我渐渐意识到，同情和关怀虽然能解一时燃眉之急，但终非根本之道。仅靠一时帮衬是远远不够的。它只能解决眼前的一些问题，不能解决长远的问题。要从根本上解决这一问题，只有靠造血式扶贫，才能对整个地区形成一种推动力。

我深谙，帮扶重在帮扶有发展意愿和发展能力的贫困户，尽力帮助他们产生“造血”功能，既体现扶危济困的善意和美好，又充分调动贫困家庭脱贫致富的积极性。在助力脱贫攻坚过程中，我十分看重“造血式”智力扶贫、产业扶贫，借助科学知识、致富理念、劳动技能、从业培训等来改变贫困群体的命运，从长远和根本上扶贫。

在国家发改委与湖南省政府重点支持的“三农”产业项目之一的中药材种植加工方面，我们企业已经解决了 10 多万名员工和经销商就业或自主创业的问题。

公司在全国各地有几千家加盟专卖店，拥有几十万人的分销队伍，其中 70% 是下岗职工和农村剩余劳动力。公司旗下绿之韵浏阳国际大酒店位于浏阳国家生物产业基地，吸纳浏阳市洞阳镇周边欧阳水勤、胡妹、赵小玲、董小青、罗毛珍、邹茶英、鲁双全等 100 多人创就业，并且每周都举办从业资格、商务礼仪、人际交往、外语口语、个人品牌塑造等各式各样的教育培训，每年累计举办教育培训活动 100 多次，帮助他们提升技能水平和职业素质。

因户施策、因人施策。在帮扶弱势群体创业就业过程中，我既希望能借助科学知识、致富理念、劳动技能、从业培训等来改变贫困户的命运，又不断探索“基地 + 农户”等扶贫新模式，通过产业拉动，带领广大农户增收致富。

农业产业化是推进农业和农村经济结构战略性调整、发展农村经济、增加农民收入的突破口。绿之韵集团紧紧锁定“三农”产业，本着以点带面、规模化帮扶贫困群体的初衷，在广州市护肤品生产基地、长沙国家生物产业园保健品生产基地、江苏微藻研发生产基地、湖南益阳中药材种植生产基地、江西井冈山灵芝种植基地、湖南安化黑茶种植生产基地等自建种植生产基地广泛采用了“基地 + 农户”的模式，即基地与农户通过签订订单合同，在明确各自权利和义务的条件下，鼓励和扶持乡亲们申办专业合作社，如茶叶农民专业合作社、中药材农民专业合作社等，把产供销统一起来，结成利益共同体。

扶真贫、真扶贫。公司通过高科技加工，生产出高档保健品、护肤品等系列产品，顺利完成了农民种植的产品价值“升值工程”。如绿之韵湖南安化中药材种植基地是湖南省委、省政府“万企联村·共同发展”30个省级重点示范项目之一，带动了近万名农民脱贫致富。绿之韵在安化县江南镇、冷市镇等地投建的黑茶种植生产基地等项目，解决了安化县冷市镇胡家村、东坪镇辰山村、马路口镇八角村等及周边区域近2万户农民的就业问题，为当地农民增加了1500元的月工资收入，为广大农户开辟出一条种植绿色药用经济作物的致富之路。

如今的安化黑茶已从一个产品上升到了一个产业，享有湖南十大农业品牌之首和“中国十大茶叶区域公用品牌”的盛誉。未来，我将继续秉承着三湘儿女勇于担当、埋头实干、务实创新的精神和果敢求进的执着继续带领绿之韵集团创新工作思路，加大加快安化中药材种植生产基地和安化黑茶种植基地的项目建设，积极倡导安化茶人树立品牌意识，自觉参与到“安化黑茶”公共品牌建设中来，以自身的持续高质量发展，助推安化乡村振兴。

很多贫困地区并不缺产品，他们需要的是市场、信息和强大的物联网支撑。随着国家乡村宽带、草根物流和贫困群众大数据平台建设提速，绿之韵“互联网+精准扶贫”的优势凸显得淋漓凸显。我们的“互联网+精准扶贫”克服贫困地区区位瓶颈制约，让生产特色农产品的贫困群众与买家无缝对接，让其劳动产出更便捷、更有效地转化为实际收入。更重要的是，我们的“互联网+精准扶贫”在帮助贫困群众创业就业的同时，能够让他们从骨子里具备互联网意识，成长为现代农民，快速脱贫致富。正因为如此，我们绿之韵被全国工商联、国务院扶贫办评为全国“万企帮万村”精准扶贫行动先进民营企业。

除了产业扶贫，我们企业在扶贫过程中更加注重准确性。无论是捐赠希望小学、资助贫困学生，还是树人行动领导大学生教学，绿之韵梦·学术援助建立爱心图书馆。绿之韵公益基金会一直在探索和思考如何尽可能实现三准确，即准确选择扶贫区域、准确识别扶贫对象、准确实施扶贫措施。

为了准确识别扶贫对象，我们企业还依托当地民政部门对接扶贫数据，建立了有针对性的扶贫数据库，重点关注贫困母亲、百岁老人和贫困学生。其中，绿之韵公益基金会开展了一系列帮贫困学生实现梦想的爱心行动，在湖南省许多地方为被两所以上大学录取但家庭贫困的学生提供了 1 万元的助学金。

2021 年初，我国脱贫攻坚战取得了全面胜利。8 年时间，9899 万农村贫困人口全部脱贫，832 个贫困县全部摘帽，12.8 万个贫困村全部出列，历史性消除了绝对贫困，如期打赢脱贫攻坚战。这是中华民族发展史上亘古未有的壮举，也是人类减贫史上的伟大奇迹！

脱贫攻坚战全面胜利后，我国“三农”工作重心历史性转向全面推进乡村振兴。我们企业深入贯彻落实党中央、国务院关于全面推进乡村振兴的重大决策部署，再次把助力乡村全面振兴作为奋斗的新起点、工作的发力点，积极把巩固拓展脱贫攻坚成果同全面推进乡村振兴有效衔接起来，持续深化定点帮扶责任落实，积极帮助定点帮扶县按下产业发展“提升键”、跑出乡村振兴“加速度”。

在乡村振兴建设工作中，我们企业持续开展乡村振兴建设暨共建爱心驿站活动，将企业党委与村党支部对接，把党支部建在产业项目和产业链上。村企对接后，企业和农村实现了资源共享。绿之韵为发展村级产业提供人才、资金、技术、项目等支持，出资为村支部建设支部活动中心。企业党委与村支“两委”定期召开联席会议，共商村企发展新思路，制定针对性帮扶机制，尽最大努力帮助困难地区解决实际困难，帮助困难群众树立脱贫希望、寻找致富方法，努力使企业发展成果惠及更多邻里乡亲。

“要富口袋先富脑袋。”人才与文化的发展在乡村振兴的过程中起着精神动力及智力保障作用。为乡村振兴工作谋长远，我们企业积极开展兴文助教工作。一方面通过捐建学校、捐建校车以及长期直接资助数千名困难学子，为困难学子家庭解决实际困难；另一方面则积极辅助教育，培养专业人才。自 2015 年以来，绿之韵已先后捐资筹建“致公·绿之韵班”“致公·绿韵生态班”“致公·绿之韵 3 班”。除了改善受助学生们物质生活和专业职业技能学习情况，绿之韵还不定期派出公司高管、专业人士到学校为学生授课，提前将商业实战经验、职场专业技能导入教学中。2021 年 11 月，湖南“一家一”助学“就业·同心温暖”工程“致公·绿之韵 3 班”在安化县职业中专学校（安化县黑茶学校）举行开班仪式，绿之韵再次捐资 20 万元建立致公 3 班，努力为安化乡村振兴建设储备专业人才。

本着以点带面、规模化帮扶贫困群体的初衷，2021 年 7 月，我们企业与新化县农业农村局就新化黄精及其他道地中药材相关产业规划升级和精深加工签订了涵盖基地建设、精深产品研发和市场营销的战略合作协议。绿之韵向新化县科头乡汝溪村捐赠 13.5 万元，主要用于当地特色中药材广东紫珠种植产业发展。汝溪村复垦了 50 亩集体荒山，我们捐赠的爱心款项全部用于村集体进行土地平整、种子、化肥和灌溉费用，最终实现村集体增收。值得一提的是，我们企业与湖南省中医药研究院携手，以新化道地黄精为原料，研制出了黄精发酵饮品产品，一经推出，受到公司市场及消费者一致好评。

我们企业将农民生产的农产品与各种销售平台联系起来，为他们提供稳定的销售渠道，形成长期的供应链，从长远角度帮助他们摆脱贫困，从万企业帮助万村向万企业繁荣万村过渡。2021 年 11 月，绿之韵集团、绿之韵公益基金会组织爱心志愿者再次进入浏阳刘家下橙园，推动一村一产品脐橙产业，帮助浏阳当地农民开发猪肉、鸡鸭、河鱼等农产品销售渠道，将蔬菜市场送到农民家门口。另外，绿之韵结合公司自身的绿色发展战略，通过提高农民种植产品的附加值，帮助当地人民摆脱贫困，共同致富。例如，通过高科技加工，灵芝、铁皮石斛等中药材的价值得到了很大的提高。

2022 年 6 月，绿之韵与安化县长吉中药材合作社达成以黄精种植为依托的产学研基地战略合作意向。7 月，湖南民营企业助力县域经济发展新化行暨全省“万企兴万村”行动推进会在娄底新化举行，绿之韵与安化县工商联签订《帮扶乡村振兴重点县战略协议》，将以“万企兴万村”行动为平台，采取公益帮扶和投资经营相结合的方式，通过产业帮扶、就业帮扶、消费帮扶、公益帮扶等形式，与地方县域经济共享共赢、共同发展。

此外，绿之韵与致公党湖南省委会“互联网 +”委员会数次深入安化县胡家村考察调研，并制定《致公党湖南省委会助力安化县胡家村乡村振兴行动规划》，积极探索产业帮扶新路子，重点指导帮扶胡家村进一步加大黄精初、深加工产品的综合利用开发，研制出“胡氏黄精汤包”这一特色产品。通过“造血式”帮扶将胡家村的生态优势转化为健康珍品的品质优势、品牌优势，实现村集体经济可持续发展，带动村民致富，推进乡村振兴。

我们心系乡村振兴，持续不断地在乡村这片土地上散播爱与希望。2023 年 3 月，浏阳市“万企兴万村”民营企业助力乡村振兴长冲行动暨村企党组织结对共建签约仪式在浏阳市长冲镇举行，绿之韵现场与长冲镇才常村签订村企共建协议。此次，绿之韵与长冲镇才常村开展结对帮扶工作，将在才常村共建绿之韵慈善爱心驿站，形成以“实物助困、服务助困、精神关怀”为建设目标，“广覆盖、多领域、错层次、多样化、持续性”帮扶体系，不断探索“基建提升、兴文助教、产业协同”三位一体的乡村振兴模式，并逐步付诸实施。

乡村振兴既要塑形，也要铸魂。党的二十大报告指出：“要推动乡村文化振兴，加强农村思想道德建设和公共文化建设。”

为积极响应湖南省“民企兴县跨越同行”助力乡村振兴重点帮扶县专项行动，2023 年 3 月，我们绿之韵集团通过湖南省绿之韵公益基金会“书香助学项目”捐赠 100 万元爱心款项，用于安化县冷市镇胡家村爱心书屋建设及在安化大桥学校设立“绿韵圆梦奖学金”，支持乡村振兴文化建设和教育事业发展。

安化县冷市镇胡家村爱心书屋规划面积约530平方米，设置了近50个阅览座位，大大小小的木制书架，占据了所有可利用的墙面，可容纳藏书20000余册，计划配置少儿、文学、科学技术、人文历史等各类实用性图书与工具性用书。

我希望书屋建设能够进一步丰富村民的业余生活，引导村民及学生共建学习型群体，形成爱读书、读好书的学习习惯，为孩子们点亮一盏灯、打开一扇门，在县城里也能看到外面的世界和远方，提升家乡人民生活的幸福感、获得感。这所爱心书屋落成后，会定期开设主题研学活动。后续还将在安化大桥学校设立专项奖学金，为家乡的乡村振兴建设工作储备更多优质人才。

实施乡村振兴是党的十九大做出的重要决策部署，是决胜全面建成小康社会、实现农业农村现代化的必由之路。今后，我们仍将不忘初心、牢记使命，以“抢”的意识、“拼”的勇气、“实”的作风，做好巩固脱贫攻坚成果与乡村振兴的有效衔接，促进农业高质高效、乡村宜居宜业、农民富裕富足，为“美丽乡村”建设添砖加瓦，为更好满足人民日益增长的美好生活需要而不懈奋斗！

第三节 “以善励善”先富带后富

中西方文明中，都有各种学说探寻人类心中最美好的理想生活，西方有影响深远的“理想国”，中国有传承至今的“大同之世”，“大同”便是中国人心中美好的愿景之一。“求大同”是中华民族对优良公共生活的朴素期待，尤其是对终极理想社会的不懈追求。

“大同之世”出自儒家经典《礼记》：“大道之行也，天下为公，选贤与能，讲信修睦。故人不独亲其亲，不独子其子，使老有所终，壮有所用，幼有所长，矜、寡、孤、独、废疾者皆有所养。男有分，女有归。货恶其弃于地也，不必藏于己；力恶其不出于身也，不必为己。是故谋闭而不兴，盗窃乱贼而不作，故外户而不闭，是谓大同。”根据这一经典描述，“大同之世”尽管附带着浓厚的原始共产主义色彩，但以人类发展所必要的理想主义精神之历史张力为我们留下了宝贵的思想资源。

对于我们企业家来说，“大道之行也，天下为公”，不仅表达着公共权力的生成逻辑和政道指向，也昭示着对企业家本身的德行要求，即用企业家本身的影响力为天下人谋福祉，自觉走高质量发展的路子，以实干担当带动共同富裕，在服务大局中弘扬企业家精神，努力为中国式现代化贡献民企力量。

要做到这些并不容易，它对我们民营企业和民营企业家提出了三点要求。

第一，它要求我们民营企业家需要不断深化共同富裕的理念认同，以“高质量发展”担负起促进共同富裕的社会责任。民营企业和民营企业家是我国改革开放政策允许先富起来的一部分，作为社会主义市场经济的经济组织，民营企业在推进共同富裕的过程中，要践行新发展理念，深刻把握民营经济发展存在的不足和面临的挑战，转变发展方式、调整产业结构、转换增长动力，坚守主业、做强实业，自觉走高质量发展路子，为社会提供更多的优质产品和更好的服务内容，创造出更多的就业岗位和可预期的劳动收入，以及更多的社会财富和税收，不断满足人民日益增长的美好生活需要，为推动共同富裕奠定更加坚实的物质基础。

第二，它还要求我们民营企业家需要贯彻以人民为中心的发展思想，做守法经营、回报社会的典范。改革开放以来的实践证明，民营经济不是贫富悬殊的源头，而是共同富裕的动力源。民营企业家的财富都来源于社会，民营企业家既要创造财富，也要回馈人民、回馈社会。民营企业家不仅要在企业内部积极构建和谐劳动关系，促进员工与企业机制共建、成果共享、风险共担，还要坚持依法经营、依法治企，在诚信经营中做强自身、造福人民、贡献国家，实现发展成果共享，富而思善不忘义。

民营企业一头连着生产，一头连着消费，对我们企业来说，就是坚持扎根乡村、服务“三农”，为促进共同富裕持续发力。我们正在努力构建企业、员工、合作伙伴、农民、供应商、物流等多领域的利益共同体，达到“办一个基地，活一方经济；建一个市场，富一方百姓”的目的，实现共同致富。

第三，更关键的一点还在于，它要求我们继承弘扬中华传统美德，热心公益慈善事业，展现富而有责、富而有义、富而有爱的社会形象。

在共同富裕的大背景下，做大做强现代公益事业，少不了企业家的广泛参与，企业家浸润商业市场多年的智慧结晶在公益事业方面的作用显得尤其可贵。企业家投身公益的路径不仅在于出钱出力，更在于他们的引领和创新作用，不断拓宽了公益帮扶的领域，更迭了公益理念和方式，为公益事业提供新途径。

履行企业社会责任对于中国企业而言已被广泛认同且已经成为一种趋势。但也有很多企业特别是正处于发展初期，进行资本积累阶段的企业，把履行企业社会责任当作一种负担而消极对待。部分企业以是否能获得短期可见利益为衡量是否积极履行社会责任的标准。

就企业发展而言，以履行社会责任是否可获得利益为第一标准是十分不利于企业可持续发展的，因为忽视了企业在履行过程中对社会产生的作用及因此形成的社会影响力。我非常赞同一句话，“世界不会因你所知给你勋章，而会因你的善行而给你荣耀”。

我国古代就倡导日行一善，就是每天做一些我们力所能及的事情，帮助更多的人，让社会更加美好和谐。创造财富考验的是一个人的智商与情商，分配财富则考验着一个人的智慧与德行。公益，实质是社会财富的再分配，考量着一个人的花钱智慧与再创造的能力。永无止境的舍，便是永不枯竭的得。因为你舍得，社会给予你的更多。

近年来，《慈善法》《公益事业捐赠法》等与第三次分配相关的法律法规相继颁布，制度体系不断完善。国内的慈善公益事业也经历从热情到理性的转变，社会公众从以往的简单捐赠转变为更加关心公益慈善专业化、品牌化、项目化。

一个最鲜明的例子就是腾讯推出的“99公益日”，它开创性地将公益转化为全民嘉年华式的公众性事件。在每年公益日期间，腾讯会联合上百家公益机构和创意机构发起上千个公益项目，并在逐年的探索中邀请更多群体如自媒体、明星、企业入局，通过发起“益行家”运动捐步、号召捐款及配捐等形式激发公众公益热情，加大了活动传播力度。小红花作为其公益标识，也在美好的象征寓意之下不断深入人心。

轻松筹首席战略官王政阐述的一个理念我特别赞同，他说，通过塑造具有品牌效应的公益项目，能够更好地激发大众的公益热情，使公益精神深入人心，促进社会公益事业的良性发展，更加有效地集结发展势能，促进公益成为一种流行文化。

我认为，一个优秀的公益品牌，对社会资源有巨大影响力，也会从侧面反映社会公众对公益组织和公益项目的评价和情感认同。

“各美其美，美人之美，美美与共，天下大同”，为共同富裕做贡献，公益慈善在我们企业有了更多新使命，变得更加关注社会公平正义，更加注重全体人民共享发展成果。我们积极参与脱贫攻坚和乡村振兴，促进农民、农村共同富裕；我们把扩大就业作为促进共同富裕最直接的实践路径，充分发挥就业主渠道作用；我们充分发挥第三次分配的重要作用，坚持聚焦社会热点、痛点、难点和群众急难愁盼，调用多方力量，聚益行善，走专业化公益慈善发展路线。

多年来，我们精心设计慈善项目，打造出“绿之韵关爱困难母亲行动”“绿之韵希望学校”“绿之韵书香助学项目”“绿+儿童关爱项目”“绿之韵乡村振兴建设”“绿之韵圆梦行动”6个公益品牌项目。

“绿之韵关爱困难母亲行动”项目，是我们在2013年5月开始开展的公益项目，我们同中华慈善总会、北京博爱妇女发展基金会、湖南省慈善总会、各地民政部门、各地各级妇女联合会等机构合作，主要扶助脱贫地区的脱贫户家庭母亲及特殊困难女性，包括下岗妇女、单亲母亲、残疾母亲、重大疾病女性、低保家庭子女等。

“绿之韵希望学校”项目，捐助38所绿之韵希望学校是所有绿之韵人的夙愿。至今，绿之韵已先后在黑龙江佳木斯、四川汶川、内蒙古乌兰察布、湖南安化等地建成10余所希望小学。因在希望工程公益项目上的突出贡献，我们绿之韵集团荣获了共青团中央、中国青少年发展基金会颁发的“希望工程25周年杰出贡献奖”。

“绿之韵书香助学”项目，绿之韵集团与中国光华科技基金会合作建立300万“绿之韵爱心图书库”在全国各地开展“绿韵圆梦·书香助学”活动，向希望学校捐赠“流动图书馆”。近年来，书香助学活动还不断衍生出捐建体育器材、影音设备、修建校舍、捐建音乐教室等多个主题活动。同时，我们与湖南省统战部“一家一”助学“就业·同心温暖”工程合作，捐建“致公·绿之韵班”，培养专职专业人才。

“绿+儿童关爱”项目，这是绿之韵公益基金会针对孤残儿童和患大病、重疾儿童等特殊群体制定的长期帮扶机制和项目，为需要帮扶的孩子和家庭，提供有针对性的物资捐赠、精神陪伴、康复治疗、生活实践和职业技能提升等帮扶内容。同时，绿之韵与国际关心中国慈善协会（ICC）建立深度合作机制，致力于在全国各地30家福利院建立绿之韵孤残被弃儿童的关爱中心。

“绿之韵乡村振兴建设”项目，我们积极响应国家实施乡村振兴战略的号召，大力开展“同心工程建设”和“万企联村，共同发展”“企业联村·结对共建”等帮扶活动，逐步形成以“实物助困、服务助困、精神关怀”为建设目标，“广覆盖、多领域、错层次、多样化、持续性”为特点的立体式帮扶体系，不断探索“基建提升、兴文助教、产业协同”三位一体的乡村振兴模式，为助推乡村振兴、建设美丽乡村贡献出更多绿之韵力量。

“绿之韵圆梦行动”项目，从2015年开始，我们开展圆梦行动，资助和帮扶困难地区和脱贫地区的低收入家庭和困难群体；支援因突发自然灾害如地震、洪水、疫情等带来的基层建设、灾区重建、个人帮扶等工作……为需要帮助的人送去温暖和力量。2020 年新冠疫情期间，公司积极参与抗击疫情工作，调动各方资源持续支援防疫工作，被全国工商联评为“抗击新冠疫情先进民营企业”。

通过精准施策，我们不断探索符合企业实际的慈善救助形式，放大慈善效应，努力开拓发展慈善事业的新思路。我们的公益足迹遍布全国 20 多个省份，每个项目都有着广泛真实的社会需求，不仅经历了长期实践探索及成效验证，也让善行成为绿之韵人生命的一种习惯，成为我们绿之韵人的群体荣耀。

除了这 6 项公益品牌项目，我们企业还有一个独立的品牌公益活动，那就是一年一度的“绿跑 + 公益”活动，我们通过奔跑的形式与力量，积极融入“健康中国”战略，弘扬积极向上的体育精神，传播健康生活的现代理念，全力传递公益正能量，让更多弱势群体得到关注。

现在的公益不止是以常见的捐款捐物等形式落地，更多的是整合多方资源，彼此协作，建立长期有效的公益建设机制，去落实相应问题的优化和解决。绿跑活动自创立之初，就一直在不同领域，针对各类人群开展公益行动，这是一场已经持续近 10 年的公益跑，未来也将会持续跑下去。

目前，我们的绿跑大型公益计划已累计捐赠爱心善款 2000 多万元，用于关爱困难母亲、守护孤残儿童、城镇低保妇女“两癌”免费检查服务、绿之韵圆梦行动等多个公益领域，“运动 + 公益”理念普及 3 万多人，间接影响和直接带动 25 万人加入公益行列，已经成为公益健康跑领域的一个品牌。

在 2023 年的绿跑活动中，我们还发布了一个公益计划，绿之韵集团在“五五规划”期间，将投入 1000 万元设立“圆梦基金”，持续开展绿韵圆梦行动，着力构建政府指导、企业出资、基金会运作、社会组织广泛参与、覆盖广泛困难人群的慈善公益生态圈。项目包括设立助学助教奖学金、绿 + 儿童关爱、同心致公班、乡村医疗小屋、乡村爱心书屋、乡村留守儿童合唱团等，为需要帮助的人和群体服务。

慈纳于心，善施于行。经过多年的实践，我们的公益事业正悄然发生着变化。它的视野更广了，从关注个体，提升为关注社会发展、融入国家战略；它的平台也更大了，从设立基金到升级为基金会，绿之韵始终与时代同行，与发展同行。

从我们企业的自身经历来看，良好的企业声誉及品牌影响力也带动了企业业绩的显著提升，这也是企业社会责任履行带来的影响在企业长期经营绩效中的正向体现。

“人”字只有两笔，我的人生，一笔写企业，用心血铸造百年基业；一笔写慈善，用大爱赓续百年善心。虽然我书读得并不多，但我要用100倍的努力和拼搏把我们企业做成“勇挑社会责任、展现企业担当”的百年企业。

实现共同富裕，是中国特色社会主义的本质要求和战略目标，将为民营企业在新时代高质量发展提供更为广阔的空间和舞台。我们企业将心无旁骛谋发展，饮水思源做表率，守正创新树榜样，以新时代中国企业家创新精神，拓展国际视野，以滴水穿石、久久为功的恒心和耐力，坚定百年基业的决心和毅力，在实现共同富裕浪潮中行稳致远、阔步向前、勇立潮头。

引擎十二

善谋者行远，实干者乃成

《孙子兵法》有云："善谋者行远，实干者乃成。"意思是擅长出谋划策的人走得远，脚踏实地干事的人能成就事业。谋与干相辅相成，谋得深、看得远最终还是要体现在干得好。

"不谋全局者不足以谋一域，不谋万世者不足以谋一时。"我们企业从经济发展全局的高度去思考、谋划和处理企业的发展方向；我们排斥虚妄，拒绝空想，不求浮华，扎扎实实地做好每一项工作，用奋斗的身姿和勤劳的汗水去实现雄大高远的绿之韵梦。

第一节　将“绿之韵梦”融汇于中国梦

梦想，这是一个让人心动神驰的字眼，这是一种让人无限向往的境界，这是一股让人踔厉奋进的力量！一个人，只要他时刻心怀梦想，他就一定能拥抱未来。

有梦的人生是生机勃勃丰富多彩的人生，为梦想奋斗的人生是斗志昂扬充实快乐的人生。相对于频繁琐碎的现实土壤，梦想的天空总是高远而美妙。

有梦想才有希望，有奋斗才有未来。今日的中国，正在进入一个伟大的新时代，处于全面建成小康社会的攻坚期，踏上实现中华民族伟大复兴的中国梦的新征程。中国梦就是要让每个人获得发展自我和奉献社会的机会，共同享有人生出彩的机会，共同享有梦想成真的机会，共同享有同祖国和时代一起成长与进步的机会。这是一个千载难逢、前所未有的历史性特大机遇。如同一把钥匙，不仅打开了中华民族伟大复兴的新境界，而且开启了人人筑梦、追梦、圆梦的新时代。

梦想，有为个人，有为社会。“我生来就是高山而非溪流，我欲于群山之巅俯仰平庸的沟壑。”张桂梅校长掷地有声的口号，给山区的女孩带去了梦想。医生拯救生命，教师拯救灵魂，而教育是乡村振兴的支点，也是阻断贫困代际传递的治本之策。在一些偏远山区的农村家庭，孩子越生越多，越生越穷，而落后的思想观念让女孩更难接受到教育。张桂梅的初心和梦想便是让更多贫困山区的女孩接受到教育，改变落后的思想观念，能自由地去追逐自己的青春和梦想，最后能创造自己的幸福人生。扎根教育一线 40 余年，张桂梅校长已成功把 1800 余名贫困山区的女生送上大学，她也一直在追梦的路上，以平凡弱小的身躯坚守三尺讲台，燃烧自己，成为大山深处的一束光。

个人的梦想与国家的命运紧密相连。20 世纪 50 年代，粮食极度短缺，不少人死于饥荒，哀鸿遍野。在此情况下，袁隆平毅然从红薯育种研究转至水稻育种研究，坚持几十年如一日研究出了“杂交水稻”，他不仅让中国人远离了饥饿，也为全人类吃饭问题的解决做出了贡献。但他并没有止步于此。袁隆平的两个梦想，一个是“禾下乘凉梦”，另一个是让杂交稻覆盖全球，能让全世界 15 亿人吃饱饭。袁老几十年如一日，废寝忘食，一边致力于杂交水稻的研究，另一边努力促进杂交水稻走向世界，让杂交水稻在许多国家“生根开花”。正如 2004 年《感动中国》给袁隆平的颁奖词中写道，“他毕生的梦想，就是让所有人远离饥饿”。袁隆平一直朝着“水稻梦”努力着，“水稻梦”亦是中国梦，催人奋进，不忘初心。

辩证唯物主义认为，物质决定意识，意识反作用于物质。反映在中国梦的具体实践中就是，个人梦想与中国梦是辩证统一的，二者相辅相成。个人梦想的实现是在中国梦的基础上完成的，而中国梦不单单是每个中国人梦想的简单相加，而是无数个人梦想的凝练升华。

在伟大中国梦的感召之下，所有绿之韵人正在凝心聚力、奋力前行，将我们的“绿之韵梦”完全融汇于中国梦的历史实践中，去衍生、去运用、去奉献，真正做到“与时代共舞，与祖国同行”。

伟大的事业源于伟大的梦想，我们的“绿之韵梦”衍生于中国梦，它包含三个方面，即实现民族企业自强、实现民族品牌走向世界、为所有绿之韵从业者提供实现“幸福人生”的平台。在中国梦里，有“强国”也有“富民”。“绿之韵梦”里，有期盼也有实干。

“绿之韵梦”紧紧地将“立足“三农”、产业富民”这一企业价值主线贯穿企业发展的始终。

农业产业化是推进农业和农村经济结构战略性调整、发展农村经济、增加农民收入的突破口。绿之韵集团在产业的选择方面，恰恰选择了与农业产业化息息相关的生物工程。生物产业的原材料离不开土地，离不开农民的种植。绿之韵集团正是采用“公司＋农户”的模式即公司与农户通过签订合同，在明确各自权利和义务的条件下，把产供销统一起来，结成利益共同体，进行农产品的生产、加工和流通。这对带动农户参与市场竞争、引导农业结构调整、增加农民收入、促进农业技术推广与应用等方面发挥了重要的作用。

我们锁定“三农”产业，着重于提升农民种植产品的附加值。无论是螺旋藻、芦荟、沙棘，还是其他中药材，绿之韵集团通过高科技加工，生产出高档保健食品、护肤品等系列产品，完成了农民种植的产品价值“升值工程”，具有极大的产业意义和社会意义。

我们锁定“三农”产业，不断扩展基地建设。近年来，公司把原料基地建设作为企业发展壮大的核心工程来抓，以农户为依托，不断壮大原料基地。

我们锁定“三农”产业，把签约农户的种植地域作为第一车间来管理，确保原材料质量安全。严把种源关，坚持自繁自种；严把技术关，制定完整的技术体系；严把管理关，根据生产技术规程，对全部生产环节实行量化管理；严把标准关，对严格按照标准化要求生产的签约农户给予表彰奖励。

我们锁定“三农”产业，把签约农户视同企业员工来对待，把农民的利益作为公司的利益来维护。公司推行的“公司＋农户”模式之所以成功，很重要的一个原因就是，公司从不牺牲农民的利益换取企业一时之利，而是通过建立制度来保障农民稳定增收，稳固了与签约农户的合作关系，为企业发展提供了有力的保障。

中国梦的实现需要国人齐心协力。我们企业坚持守法经营，规范运作，积极引导广大员工、事业伙伴坚定跟党走，推动行业健康发展，做合格的中国特色社会主义事业的建设者，为中国梦的实现添砖加瓦。

在市场运作过程中，我们严格遵照国家相关法律、法规进行合法经营，规范运作。坚决杜绝一切破坏市场良性经营的违规行为。把绿之韵最优质的产品和服务更广地推向社会，用实际行动树立绿之韵集团的品牌形象，让广大消费者充分感受民族企业高度的社会责任感。

在企业内部，我们认真落实科学发展观，以深挖内力为导向，以技术创新和管理创新为动力，以“尽职尽责，讲奉献，发挥作用，促发展”为要求，不断加强企业的思想、组织、作风、廉政和精神文明建设，强力推进企业科学发展。

厚植家国情怀，自觉履行社会责任，我们绿之韵集团在乡村振兴中主动作为、大显身手，积极参与“万企联村，共同发展”的省级示范项目，紧紧围绕“以点带面，发挥企业自身优势带动地方经济”的战略目标，履职尽责创先进、立足岗位争优秀，实现了集团自身发展与湖南省经济发展的共赢。

作为一名企业家，中国梦就是“强国梦”“富民梦”。“实现中国梦，要坚持发展是硬道理的战略思想。”市场竞争是残酷的，企业只有不断发展、转型、苦练内功，才能应对挑战。实现民族复兴的中国梦，我们企业不仅要肩负起自身发展壮大的责任，还要肩负起行业发展的责任以及社会发展和国家发展的应尽之责！

目前，我们企业已经发展成为长沙国家生物产业基地龙头企业之一，实现了物质文明、精神文明、社会文明、生态文明的同步建设和发展。未来，我们计划成为湖南省大健康产业领域的纳税龙头企业。

在发展实体经济过程中，我们顺应国家、地方产业政策，全力推出高科技、惠民生的安全产品，用市场和销售回馈广大消费者，用大力吸纳人力资源、提供就业善尽企业义务和社会责任，用工业产值和直接缴纳累计 1 亿余元的税收回报国家和人民。

中国梦归根到底是民族的梦，是人民的梦，必须紧紧依靠人民来实现，必须不断为人民造福。而“绿之韵梦”是所有绿之韵人的梦，所有在绿之韵奋斗的事业伙伴，也都将享有人生出彩的机会，享有梦想成真的机会，享有与绿之韵共同成长进步、享受快乐和获得健康的机会。

据不完全统计，集团及我本人多措并举，全力以赴推进涉农项目开发，数万受益农民不需外出务工，实现就地转化就业、脱贫致富。

回望十年中国梦，探寻“禾下乘凉梦”，我们把粮仓筑得更牢、饭碗端得更稳；追逐“九天揽月梦”，我们迎来“神舟”问天、“嫦娥”落月、“祝融”探火、“羲和”逐日；求索“实业振兴梦”，我们稳居世界第一制造大国之位，筑成世界上最完备的工业体系……

而我们的“绿之韵梦”，通过实施“大健康产业”战略，围绕“打造大健康产业”的战略思路，全力打造“全球健康产业品牌”，逐步进军生态纺织、低碳生活、抗衰老等领域，在健康食品、养生、保健、美容等方面，运用先进技术研发出各种促进人类健康的产品。

通过实施“产学研支撑”战略，绿之韵始终坚持“关爱生命，绿色产品，天然环保，质高品优”的产品理念，持续加大科研资金投入，先后与南京大学、湖南中医药大学等科研机构、院校展开“产学研”战略合作，切实加强技术创新与研发，借鉴深挖养生文化内涵，将资源优势、人才优势转化为技术优势、市场优势，全力打造出“产学研”成功合作典范。

通过实施“培养、提拔、引进、留用”的人才建设战略，我们广开招贤纳才、岗位育才之路，完善人才引进、培养和管理机制，极力打造与企业发展、经济社会发展相适应的人才队伍，增强企业发展内驱动力。

有着深厚底蕴的绿之韵人，有着无限智慧的绿之韵人，承担起时代赋予的历史使命，正自信自强、守正创新，以饱满的热情、昂扬的姿态、扎实的行动、智慧的方法积极投身于“中国梦，绿之韵梦”的伟大实践中，成为时代的先锋，创造出骄人的业绩！

第二节　百年企业，世界名牌

梦想，是可以以百年来衡量的。“两个一百年”奋斗目标，依然时间紧迫、任务艰巨。2020 年，中国全面建成小康社会、实现第一个百年奋斗目标，随后便分两个阶段，乘势而上向第二个百年奋斗目标进军。

党的二十大报告强调，“从现在起，中国共产党的中心任务就是团结带领全国各族人民全面建成社会主义现代化强国、实现第二个百年奋斗目标，以中国式现代化全面推进中华民族伟大复兴”，这进一步吹响了新时代新征程强国建设、民族复兴的冲锋号。

对于我个人而言，我现在的梦想就是建设“百年绿之韵”，立鹏程万里之志，做信念坚定的“筑梦人”。

为什么会是“百年”？这是因为，我们这代人身上恰好承载着过去一百年的记忆，也决定着下一个百年的未来，历史如何总结？未来如何开启？没有人能代替我们去完成这个任务。

“百年”是当今中国被提及最多的热词之一，“百年未有之大变局”“两个一百年”奋斗目标“中华民族百年复兴”“中国共产党百年华诞”。“百年”是中华民族所代表的东方文明一种特有的历史视野和思想格局；以“百年”为尺度进行宏观思考和持续奋斗，也是有着五千年文明史的中华民族所特有的思维尺度和集体智慧。东方的“百年”视角不同于西方的“世纪”概念，司马迁在汉兴百年时作《史记》，其中写道：“夫天运，三十岁一小变，百年中变，五百载大变。”在中国传统文化中，“百年”视角更多地聚焦在“变”，着眼于天与人、时与势的发展变化过程。

我认为，以“百年”为时间单位去观察、度量和记录历史进程，去反思兴衰得失和观往知来，向历史寻求经验，向历史探究规律，向历史求索未来，是中华民族的历史传统和特殊优势。因为以“百年”为时间单位的视野足够宽阔，宽阔到足以观察不同民族、国家与文化之间的碰撞、互动与交融的过程和结果；以“百年”为时间单位的时光足够漫长，漫长到有足够的耐心去探求和验证一个时代的答案；以“百年”为时间单位的思考足够深刻，深刻到可以渐进地认知、反复地求索、缓慢地积累，在不期而至的变局中把握历史规律和发展趋势；以“百年”为时间单位的奋斗历程足够伟大，伟大到以几代人的接续奋斗去创造足以载入人类文明史册的民族百年复兴奇迹。

以中国企业的历史蝶变和时代跨越求索国家未来，是中国企业的使命责任。中国企业是中国百年近现代史的亲历者，它曾经被寄予“实业救国”“实业立国”“实业富国”“实业强国”的希望，它在内忧外困的旧中国艰难求生，在充满前途希望的新中国发展壮大，它孕育了改变中国前途命运的无产阶级，在建设新中国的伟大事业中，以“共和国长子”的责任担当冲锋在先；它曾是计划经济时代行政机构的附属物和保守僵化的“工厂”，也因为改革开放而焕发新生并成为中国奋起追赶时代、快速崛起强大的主力军。中国企业自诞生到现在，无论身上贴着什么标签——国有企业、集体企业、民营企业、外资企业和中外合资企业，都具有跨越百年而从未改变的精神内核——中国企业。

如今，中国正处在中华民族伟大复兴的重要关口，处在“两个一百年”奋斗目标的历史交汇点，这是一个千载难逢的历史机遇，这是一个创新突破和深刻变革的大时代，我们将“百年绿之韵”这一梦想和正在推动的新发展跨越，置于中国共产党领导的两个“百年”奋斗历程中，更凸显了我们企业在国家强大和民族复兴中的激情与创造。

“百年绿之韵”，这是一次没有先例的创新变革，充满艰辛和挑战，但如果我们能够以家国情怀、民族智慧、历史担当、大国格局、全球视野和创新思维去思考、探索和奋斗，加速实现新的发展跨越，提高科技主导的创新能力、创造价值的盈利能力、绿色低碳的可持续发展能力、全球布局的国际化经营能力、防范管控重大风险的治理能力以及全球竞争力和强大影响力，这一梦想也必然会实现。

这些想法可以归纳为“正统、正规、正道”。正统是我们坚持党的领导、加强党的建设，始终保持对党忠诚、勇担共富责任的民企本色；正规是我们依法合规、诚信经营，始终保持特别稳健、特别规范的经营管理特色；正道是我们义利兼顾、大道直行，始终保持信义为本、道义为先的企业发展底色。

我们的“百年绿之韵”是智慧的绿之韵，党的二十大报告明确提出，促进数字经济和实体经济深度融合，打造具有国际竞争力的数字产业集群。长沙市也在积极响应号召，鼓励大数据产业发展，要求推进生产性服务业数字化发展，拓展数字技术应用场景，计划将长沙市打造成为全国重要的大数据经济集聚区和“全球研发中心城市工厂”，推动产业转型。

在这股浪潮中，我们稳步推进大数据应用与智慧转型，从战略层面做好规划，以数字化思维重塑经营管理的模式；从细微处入手，从具体的场景化需求出发，让企业数字化转型落到实处，使企业的定位和城市的定位形成同频共振，创造更有价值的产品。

我们利用信息系统建设来助推各项管理职能与制度的落实，打通关键节点，推进流程再造，以提高工作效能、提升管理水平为目的，实现智能办公；我们全力打造智慧化仓储物流体系，铺设智能物流设施，包括立体库、分拣机器人、无人车等，有效提升货物盘点与物流效率，实现数字化监控、追溯和供应链信息互联协同；我们新办公大楼的全新数智化科技展厅已经上线，展厅布置了线上元宇宙体验馆、线下品牌体验馆，并配备了数字讲解员，可进行24小时主题直播。

线上元宇宙体验馆通过前沿的数字技术，在虚拟世界里面呈现实际情景，给每一位参访者留下难以忘记的全方位感官体验，时代感十足；展厅内的线下品牌体验馆营造出“虚实交融”的超视觉体验，以参访者深度感知为中心，聚焦服务和体验，以“看得到、摸得到、闻得到”的产品感知，加强参访者对产品的感受，并在与参访者的沟通中，建立起品牌与参访者的情感联系；别具一格的数字讲解员，具有强烈的互动性，不仅活跃参观氛围，也有助于参访者更好地了解我们企业各个方面的信息，加强参访者对于企业的认可度；24小时主题直播，“种草”年轻人的心仪好物，从情绪、视觉、心理等多方面营造满足感和惊喜感，为用户带来沉浸式购物体验。

我们的“百年绿之韵”是全球化的绿之韵，企业创新产品升级和多次国际并购，实现了全球化的战略目标。企业全方位整合市场、技术、原料、管理，将所收购的各个海外企业的协同效应发挥到最大，更加深入当地市场之中，构建起全球供应链和物流销售渠道。

走到世界舞台上的绿之韵，集合全球优势资源为品牌赋能，推动绿之韵成为更多消费者认可的国际品牌，成为生命健康全链条综合解决方案提供者，在特定领域从预防到保健到治疗到康复，为用户提供最全面的解决方案。同时，绿之韵发挥资本的作用，将一些具有国际影响力的海外品牌纳入绿之韵的旗下，这将成为绿之韵自有品牌之外，海外发展的辅助力量。

我们的“百年绿之韵”是薪火相传的绿之韵，使命价值、教育文化、财富计划代代相传。绿之韵的员工以及合作伙伴们，始终保持高度使命感和责任感，将弘扬中华优秀养生文化的事业进行到底，为社会创造财富，为人类健康做出更大的贡献。

“百年绿之韵”遵循传承下来的家风、家训和企业文化，有着广为流传的家风故事。在企业文化的长期作用下，形成优秀的“绿之韵”精神，绿之韵的发展历史成为时刻鼓舞员工和经销商前进的精神动力，历代绿之韵人积淀和凝练而成的共同追求、理想和信念，构成了企业的独特灵魂和内在气质。

我们的“百年绿之韵”是民族骄傲的绿之韵，时光一去百年，绿之韵实业兴国的梦想，照进现实。那时的绿之韵以更强的政治担当，广泛凝心聚力，服务发展大局，已经进化出属于自己的生命力，从中国走向世界，展示着中国传统养生文化的魅力，成为中华文化的一个鲜明标识。

作为一个具有丰厚文化底蕴的民族品牌，绿之韵拥有核心自主知识产权，主导并参与制定相关领域技术标准，完成细分领域里的引领，推动行业的变革，多次荣膺全国科学技术奖，是大健康产业中不可或缺的一环，以及居民生活中重要的健康拼图。在国际上，绿之韵为国家带来了许多高光时刻，让中国的保健行业拥有世界席位，为世界各地带去中国保健产品，让中国力量影响全球消费格局。

我们的“百年绿之韵”是幸福和谐的绿之韵，绿之韵在不断创造巨大经济和社会价值的同时，打造出深厚的人文精神，是将员工视作“家人”和最宝贵财富的最佳职场，自上而下充满爱的和谐氛围，全球员工共同维系着这份百年基业。

我们有着合理的薪酬福利体系，在职员工的收入持续稳定增长，满足他们对美好生活的期待，离退休人员也会享受到绿之韵的荣光和福利。“百年绿之韵”给员工提供多条发展通道和各种成长的机会，培养出适应全球化发展的不同领域的带头人，多名员工被评为全国或市以上各类先进工作者。在绿之韵，员工既可以通过提升管理技能和领导力成为公司各级管理者，也可以在专业领域不断深耕，成长为公司甚至行业的专家人才，绿之韵做到了，用看得见、摸得着的实际行动让员工感受到和企业的发展同频共振，幸福感、获得感、成就感、自豪感不断提升，快乐地工作，幸福地生活。

我们的“百年绿之韵”是共创共享的绿之韵，以全球化的视野、更加开放的姿态、更加包容的心胸，与员工、合作伙伴共同做大国际化版图的蛋糕，共享企业发展成果，共创美好未来，实现共赢。在新旧交替、岁月轮换的荣光中，新老绿之韵人一直在感受着前所未有的澎湃热血与坚定初心。

我们有着完整的中长期激励机制，通过股权激励、提薪激励、授权激励等多重激励措施，让员工共享公司发展成果，吸引和留住核心人才，充分调动员工的工作积极性，引导员工扎根企业长期发展，确保企业传承的平稳。同时，绿之韵在金融市场持续发展，表现稳健，与合作伙伴们共同把握资本市场的机遇，为合作伙伴们带去财富自由，并以一个百年企业最大的诚心与善意，始终将合作伙伴当作“家人”般礼遇，形成与合作伙伴们双向奔赴的浪漫。

“五五规划”这五年，是绿之韵迈步“百年绿之韵”的关键五年，挑战前所未有，机遇也十分宝贵。从风险挑战看，各类风险隐患明显增多，经济发展环境的复杂性、严峻性和不确定性上升，绿之韵将面临更多逆风逆水的艰巨考验。但从发展机遇看，中华民族伟大复兴的步伐不可阻挡，作为民族企业，绿之韵的发展必将乘势而进、蓬勃向上。

今天的中国企业正在塑造明天的中国，今天的中国正在影响明天的世界。在“百年绿之韵”成为现实的那一刻，我们将不仅是世界优秀产品和人类生产生活服务的提供者，还是国际制度规则、先进思想理念、优秀文化精神和生产生活新需求的创造者！我们既改变商业也改变生活，既提供产品服务也创造需求、形成文化。

当我们从追赶者跻身世界舞台中央，甚至逐渐驶入全球企业的深海和“无人区”，我们将被世界赋予更多的关注和期待，必将在世界百年未有之大变局中开创一个属于绿之韵的新时代。

百年仅是序章。我们都在努力奔跑，我们都是追梦人。

第三节　我们永远都是追梦人

通往梦想的路是遥远的，但不积跬步无以至千里。

2023 年，不仅是绿之韵创立二十周年，也是绿之韵“五五规划”的开局之年。“匠心”让绿之韵经受住了时间的考验，“创新”让企业拥有了强大的生命力。在坚守和突破中，绿之韵集团将提高站位，站得更高、看得更远，对“四五”规划进行升维，以大格局和大胸怀，围绕形势的变化、市场的变化、消费者的变化、技术创新的变化，提高主业的市场高度、经营高度和创新高度。

我们在“五五规划”中提出了“三经九纬”概念，“三经”是指明德、亲民、至善；“九纬”是指文化、党建、科研、产品、服务、升级、公益、税收、就业。在这一层层“经”线和一根根“纬”线串起的战略布局中，我们将在竞争中强化核心优势，做强做大产品和服务两个制高点，不断优化升级产品线，全方位提升品牌形象，专注市场突破，全力以赴加快重点项目建设，充分发挥大健康产业链优势，致力于打造更具影响力的民族品牌，为中国大健康产业的发展贡献力量。

落地执行“三经九纬”战略部署，意味着我们要继续全力锁定中国健康产业的新消费红利，深耕细分赛道，造福百姓健康，进一步奠基、强化和落地绿之韵集团的大健康战略。

今天的时代，健康已经处于世界发展议程的中心位置，成为衡量经济社会发展和人民幸福的综合尺度。党的二十大报告明确提出“推进健康中国建设”，民生所系，民之所倚，大健康产业的发展和创新，将成为后疫情时代重要的经济引擎。在此大背景下，我们绿之韵集团抢抓健康中国建设这一重要战略机遇期，既是自身发展的一次绝佳契机，也是扛起社会责任、主动作为的应有之义。

我们要做的“大健康”，是根据时代发展、社会需求与疾病谱的改变，在对生命全过程全面呵护的理念指导下所提出的一种全局的理念。它围绕人们的衣食住行以及人类的生老病死，关注各类影响健康的危险因素和误区，提倡自我健康管理。它追求的不仅是个体身体健康，还包含精神、心理、生理、社会、环境、道德等方面的完全健康。提倡的是人不仅有科学的健康生活，还有科学的养颜护肤，更有正确的健康消费，等等。

总体而言，绿之韵集团的“大健康”包含四个维度，为消费者生命全周期提供产品和服务。《“十四五”国民健康规划》提出，全面推进健康中国建设，持续推动发展方式从以治病为中心转变为以人民健康为中心，为群众提供全方位、全周期健康服务。

而我们绿之韵要做的，就是不断完善多元化产品体系，深耕客户细分需求，力求为广大人民群众提供全生命周期的健康保障，守护人民美好生活。产品和服务惠及少儿客户群、年轻客户群、中青年客户群、老年客户群，让消费者在每一个生命阶段，都能在绿之韵找到相匹配的产品和服务。

我希望，我们绿之韵集团未来的大健康产业，是集团以保健食品、健康产品产销为主体的保健品产业，辅之“互联网 + 健康”的健康服务，结合不同下属企业以个性化健康检测评估、数字化健康管理、咨询服务、调理康复、中医养生、保障促进等为主的健康管理，共同构成“产品健康 + 智慧健康”产业生态。

为了实现这样的目标，集团将加速布局“大健康”产业，围绕科技养生、微生态、低碳、女性健康四大细分市场领域，不断实现技术创新及产品突破，满足消费者多元化、精细化、进阶化的健康需求；我们还计划加强在智慧健康方面的布局，不仅会基于数字技术和数字化，为合作伙伴更好地服务消费者输出数字化解决方案，还会与一些药企、三甲医院、执业医师、执业药师和营养师合作，为消费者提供多样化的健康服务，搭建健康生态闭环。

各个下属企业所有的大健康业务都是我们集团大健康产业生态的重要组成部分，一方面，各个下属企业所有的大健康业务都带有充实“母平台”生态的意义，是“母平台”在业务上的延展或者成果，例如低碳公司以国家“双碳”相关政策为方针，以践行低碳生活方式为使命，以家庭减碳为工作方向，引领中国家庭“低碳生活”新潮流，这些都丰富了我们集团原本的生态，形成具有强大磁场效应的大健康产业集群；另一方面，作为具有独立市场前景的领域，各个下属企业在独立运营之后又会表现出极强的市场价值潜力，我们的微看公司研发适用于中国消费者的微生态定制型系列产品，正在助推微生态健康家庭推广工程。这种双重价值属性让绿之韵做大健康有更充足的动机和更丰厚的“回报”。

在“五五规划”期间，我们还将在生产、研发、销售各环节推进健康产业发展。绿之韵在保持螺旋藻领域行业龙头地位的同时，充分挖掘内部潜力，整合内部资源，积极探索创新，加大加快安化中药材种植生产基地、安化黑茶种植基地、黄精种植基地等重点项目建设，为加快生产进程提供坚实的保障。

同时，不断优化产业结构，推进产业链高效整合，推动黄精、黄花菜等系列产品研发生产，形成多种营养保健产品功能互补的局面，深耕细分场景，以更多种类优质产品提高市场占有率，满足多元、垂直且专业化的客户和用户需求。最终使多样化的产品矩阵助力我们实现细分市场的无盲点覆盖，盈利点离散分布让我们有效对冲外部环境变化带来的经营风险。

在“五五规划”期间，绿之韵还将通过选择性战略投资及收购，深化大健康产业价值链的垂直整合，从行业上游如原料、设备、研发，到下游产品流通环节，垂直整合优质资源，实现立体化发展。

我们会在大健康赛道始终保持技术创新领先优势，并提高对“产学研”一体化和自主创新的重视程度，继续加大研发投入，把握好发展机遇，深入分析市场发展动态，根据市场需求有效更新迭代产品，研发出顺应时代需求的产品，以提高企业核心竞争能力，强化在保健食品市场上的不可替代性；在技术进步的基础上，我们还要进一步提高生产效率、提升员工素质，以此来加大价格优势，并结合内外部资源和能力对企业各类因素进行战略整合，推动关键资源的积累，最终形成可持续发展的核心能力和系统优势。

一直以来，绿之韵集团紧紧锁定“三农”产业，精选道地药材作为产品原料，独具匠心运用到系列产品当中。强农兴农，我们初心不改，推进乡村全面振兴，我们使命光荣。“五五规划”期间，我们仍将乡村振兴与健康中国有机融合，以中药材种植为引领，坚持授之以渔，在新化县和安化县建设黄精中药材种植基地，配套完善黄精原地加工、制造、销售等环节，带动农民就地转化就业，让农民生活更加幸福。

乡村振兴是包括产业振兴、人才振兴、文化振兴、生态振兴、组织振兴的全面振兴，“五个振兴”共振，一体同强，不可偏取，不能孤立。形象地说，不是一峰凸起，不是一山独秀，而是五岳共峙。“五个振兴”，需要全面贯彻，需要全面落实、全面推进、全面融合。

我们企业进行的乡村振兴不是孤军挺进，在“五五规划”期间，我们在乡村振兴与健康中国有机融合的基础上，还计划通过结对共建等帮扶活动，结合实际，积极探索乡村生态振兴之道。不仅让农业、农村、农民“三农”融合，也让生产、生态、生活“三生”融合。

中国传统村落具有独特的美学特征，村落布局各具特色，融合着寄情山水的人文情怀与向往自然的营造理念。在村企合作中，我们将结合村文化底蕴，引导农村广大妇女积极打造美丽庭院，参与清洁村庄行动，带动村庄美起来，系统谋划建筑与环境的相互依存。让生态文明，起于庭院。优良生态，渐成美满生活的常态！

当然，“五五规划”期间，我们仍将持续关注大健康产业最新动态和国家政策，继续推进新科技、新理念、新政策落地。自“健康中国”上升为国家战略以来，稍有产业基础的城市都将大健康产业升级为当地支柱产业，纷纷立下打造万亿规模产业集群的目标，并配发极具吸引力的政策和资金支持吸引企业落户、壮大产业链，逐鹿大健康产业“头部玩家”。

目前，湖南省也印发了《培育大健康产业工作方案》，提出聚焦健康医药生产、健康器材制造等领域，推进健康产业实现一、二、三产业融合发展，把大健康产业培育成湖南战略性支柱产业。作为中医药大省，湖南发展大健康产业的条件得天独厚。而我们绿之韵在促进中药材产业发展方面，也早有布局。在“五五规划”期间，绿之韵的大健康产业将立足浏阳经开区这一生物经济产业集聚区，争取产业政策、资金等方面支持，充分发挥示范带动作用。

大健康行业是一个沉淀式的行业，入局时间越早，在业务布局方面就趋近于全面和完善。时间的积累是最好的护城河，这导致后来者想要追赶，要么亦步亦趋地对标“走一样的路”，要么根据自己的优势选择避其锋芒、另辟蹊径。

而无论哪种方式，都注定了有能力的先行者会抢占更有利的位置。我相信，在夯实产业基础的背景下，“五五规划”期间，我们的大健康产业必然会迎来新的升级阶段，即从“规模”向“价值”的变革。通过深挖大健康领域新的消费需求，转型升级传统业务，从传统的产品销售向大健康服务转型升级，组成线上线下一体化的健康服务体系，为人民群众提供全方位健康服务。

预计五年内，绿之韵集团将建成1000家健康管理体验店，将健康检测、健康教育、健康干预、健康大数据管理融为一体，用独特的“绿之韵模式”，打通一条连接老百姓与健康优质产品和服务资源的“健康美好生活”之路，服务社会民生、保障国民健康。

“三经九纬”这一战略设想，也包括了我们将在第五个五年发展规划中，与时俱进、跨界创新，全力以赴推进数字技术的全方位运用，立体打造绿之韵集团的大营销体系。

近年来，随着消费升级，叠加用户对健康、品质等方面需求的不断提升，一个企业难以通过单一渠道有效触达目标受众，这就需要企业重新设计消费者路径和营销模式，重构用户链接方式。

目前来看，营销迎来新的变革，从产销为主的1.0，打造品牌差异化的2.0，来到寻求价值观共鸣的3.0时代。营销的变革已经不再是往日的缓慢变化，在这个时代中，我们看到无数的新品牌快速推出，亦有无数新品牌快速成为明日黄花。

这是一个大营销时代，需要的不再是标新立异、模式取胜，而是真正拿出品牌诚意，为目标消费群体创造价值。

所以，我们在“五五规划”当中，提出了“大营销”这一概念，我们要以全球化的视野，从战略角度看待营销的趋势，围绕消费者新的兴趣点，提供相匹配的内容。我们会以消费者为中心，依托新的社交工具、社交平台、社交产品，依托线上和线下的结合，来打造驱动新营销增长的新的力量。我们底层逻辑不变，基础的分配机制不变，以轻创业起步，以用户思维驱动发展，来激发新营销本身的活力，吸引更多年轻人参与。

我们的大营销，本质是洞察人心，以消费者为核心，满足或创造人性需求，持续加强用户的全域覆盖；以全域营销为核心，通过多元场景下的联动，为企业带来业绩的快速提升，让品牌收获广泛的认知度。

在“四五规划”期间，我们绿之韵集团成立了“绿之韵智能云管理平台”项目。在这一项目的建设过程中，绿之韵应用互联网、云计算、大数据、人工智能等现代技术手段，将业务系统向云端迁移。通过直播平台等营销新入口，增加私域流量沉淀，提升运营效率。

大营销时代，效果至上。在“五五规划”期间，我们仍会跟准趋势，根据消费者媒介触点的变化，灵活调整营销渠道。

在原有的营销模式中，我们继续搭建覆盖全国的营销网络及各省市营销网络下的营销服务团队，并在各线下店配备营销人员和资深技术人员，形成相对完善的国内营销和服务网络。在更易接受新潮流的核心城市，我们推进线下体验店的建设和形象升级，并出台一系列政策，为体验店精准赋能。

在营销渠道的选择上，我们计划全面拥抱 B 站、小红书、抖音、微博等社交平台，根据不同平台用户的特性来输出营销内容，借势社交大平台的高流量曝光和精准触达的能力赋能品牌传播，借助抖音、视频号发力直播电商，通过自己的小程序打造品牌私域阵地。

当前，短视频商业全面提速，“短而精致，简而生动，小而美好”的内容营销，已成为不少品牌的出圈“利器”。我们计划通过多种渠道让用户参与产品设计、研发、制造的全流程，由此满足用户追求场景体验、个性化和共创共享的多元化需求。不再简单地提供产品给消费者，而是向消费者营销企业使命，不再把客户看作一个简单的、对产品有需求的主体，更多的是把个人看作一个有血有肉、有精神需求的人，注重“人本营销”。

在与用户的持续交互过程中，我们希望能够快速激活用户对绿之韵品牌从兴趣到认可，从消费到信任关系的通路，潜移默化地唤起消费者在固定的时间、地点、形式下与品牌的情感链接，帮助事业伙伴带来业务新增量。同时，我们会重点、定向地培育、孵化内部 KOC（关键意见消费者），实现品牌自传播，用消费者来影响消费者。

在跨境电商方面，我们要继续稳步推进营销体系建设，逐步组建海外本土化的销售团队，及时响应客户需求，自主设计并推出具有市场竞争力的产品，以境内境外双团队的模式，双向赋能，进行市场开拓、产品销售、客户服务，并根据不同地区消费群体特性制定专属的推广计划，进一步加强公司自有品牌影响力。

为了更大范围地触达用户，我们还会通过跨界联名的营销模式，结合文创 IP 和节日热点，开发创新社交产品，提升产品对于用户的吸引力，并围绕产品传播开展一系列创意营销活动，不断刷新消费者对品牌的认知，拉近与国民的距离，体现新时代民族企业国货品牌的“弄潮儿精神”。

在数字经济方面，我们计划大健康携手元宇宙，为健康产业注入创新的动力，利用虚拟现实技术打造出更加真实、沉浸式的健康体验。“五五规划”中，我们计划开发一款小游戏，放在绿之韵 App 中。在游戏中加入健身元素，伙伴们可以通过完成任务或挑战获得虚拟奖励，并在现实生活中得到相应的物质奖励。这样既能提高伙伴们参与锻炼的积极性，又能让他们获得一定程度上的满足感。

更主要的是，我们还要在虚拟世界中打造出更加安全、舒适的健康环境。比如，虚拟医生可以通过虚拟现实技术为合作伙伴和消费者进行健康咨询和建议，避免了医疗资源的浪费。同时，我们还会在虚拟世界中建立起各种社交平台，让人们分享健康知识、经验和心得，提高健康意识和素养。

概括起来，我们的大营销无外乎“守正出奇”四字：推动线下布局、深耕体验营销、公益活动推动品牌知名度是“守正”的一面，能够强化绿之韵在行业中的领先地位。发力线上渠道、融入数字时代、建立全域营销生态，则是“出奇”的一面，在提振销售之余与用户“隔空对话”，增加品牌资产，实现多场景营销、多端用户触达与运营，激发全渠道生意的新可能。

我们还将在“三经九纬”这一框架内，坚持以“区域大健康产业名片”“大健康领域深受国民信赖的民族品牌”和“中华民族脊梁企业名片”的三个维度作为核心抓手，全力以赴打造绿之韵的大品牌力量。

在经济全球化时代，品牌已经成为国家核心竞争力的象征。企业是创造国家竞争力的主导力量，而企业的核心竞争力之一就是品牌竞争力。

进入新发展阶段，构建新发展格局，就必须发挥品牌经济的引领作用，同时激发企业的创造力，让中国品牌真正走上消费的引领位置。

当前，大健康领域企业之间的竞争，以及我们新营销行业企业之间的竞争，已经不仅是“规模体量”的竞争，也是品牌硬实力和管理软实力的竞争。这种更高水平、更高层次上的竞争，其实质是品牌竞争力与企业竞争力的综合较量。

目前，大健康产业的政策导向和市场形势为培育和催生健康领域大品牌提供了绝佳的土壤。而我们绿之韵，虽然已经成为一个品牌，但距离成为大品牌还有很长的一段路要走。牢牢抓住机遇，实现品牌的突破性发展，是我们绿之韵在“五五规划”期间需要着力推进和实施的一个庞大系统工程。

因此，在“五五规划”期间，我们正式迈入品牌“从强到大”的发展新征程，全面提升品牌的知名度、美誉度、被提及率，打造“区域大健康产业名片”“大健康领域深受国民信赖的民族品牌”和“中华民族脊梁企业名片”。

要成为“大健康领域深受国民信赖的民族品牌”，我们在品牌建设方面，强调研究品牌发展内在规律，加强产品生命周期管理。尤其是在思想观念上要紧跟品牌发展要求，系统考虑品牌研发和营销管理，不断总结提炼、丰富品牌文化内涵，注重品牌文化传播的系统性和连续性。

我们要提升品牌的技术含量。品牌的科技力正在成为当代市场环境下最为重要的能力，所谓“做科技崛起的铺路石，才能铺就品牌的王者之道”。在“三经九纬”的落实中，绿之韵集团将不断加大自研和产学研，推进科技领军人才计划，联合组建国家级实验室和省级研发中心，借助中医中药现代化技术手段对系列产品进行革新升级，让技术创新成为品牌创新的首要支撑，强化品牌的竞争力，持续推动产品质量创新，不断满足人民群众对美好生活的向往。

我们要提升品牌的质量管理。建立和完善质量标准体系、质量认证体系、质量检测检验体系、安全预警和快速反应体系，形成贯穿产品设计研制、生产、检验、销售、交付全过程的质量安全管理体系。同时，开展质量管理培训和辅导，对包括人员、设备、物料、方法、环境和信息等在内的各生产要素进行有效地计划、组织、协调、控制和检测。建立关键领域质量安全追溯体系，提供信息实时追溯和查询服务。

我们要运营好自有品牌。自创立以来，绿之韵集团始终坚持“以产品为导向”的发展理念，通过“自研”和“产学研”双引擎，不断强化产品线的科研攻关，夯实企业产品核心竞争力。目前，绿之韵拥有“韵宜生”“绿韵兰茜”“享居”三大子品牌，市场销售覆盖全国大部分省市区。

“五五规划”期间，绿之韵将进一步树立先进的品牌营销理念，持之以恒实施长远规划，因“企”制宜制定品牌策略，认清企业现状以及企业、行业、社会、消费者兴趣的发展趋势，结合市场需求和自身特色做好品牌定位、命名和推广工作；组建业务能力过硬的品牌推广团队和服务团队来提高消费者、合作者的满意度，让客户对产品形成依赖；充分借助信息技术实现对品牌营销各项信息的收集、整理、分析，通过广告传播、赞助、新闻宣传、社会公益活动、展览会、专营店等加强品牌推广传播。

想要实现“区域大健康产业名片”这一品牌建设目标，就意味着我们要融入政府的品牌建设当中。进入新时代，湖南更加注重加快企业的品牌建设、塑造品牌优势。湖南省委、省政府加强品牌建设顶层设计，在金融、科技、人才、财税、公共服务等方面细化措施，推进湖湘品牌建设制度完善、环境优化。

2023 年，湖南省人民政府办公厅印发了《湖南省培育大健康产业工作方案》，浏阳经开区也在年初发布了《关于加快推进生物医药产业高质量发展的若干政策》，从着力招大引强、鼓励研发创新等七个方面给予企业全方位激励、全生命周期扶持，单个企业最高可获得 3500 万元奖励。

生物医药产业是浏阳经开区起家立业的产业，经过 20 多年的发展，浏阳经开区已成为湖南最大的生物医药产业集聚区。我们绿之韵要借助周边企业创新的动力与能量，不断加大品牌投入力度，更加注重品牌价值评估和保护，表现出强有力的区域创造力和竞争力，使区域经济的高质量发展助推我们企业的品牌建设，力争把绿之韵企业品牌转化为“城市名片”，让绿之韵品牌成为体现一个地区经济活力的重要象征。

“中华民族脊梁企业名片”是我们“五五规划”中品牌建设的另一维度，我们继续将履行社会责任融入企业的品牌建设、融入日常经营活动，担负起质量责任、经济责任、社会责任、环境责任，提高生产标准、落实安全生产、保证产品质量、保障员工的健康和薪酬福利，做到合法经营、依法用工、节能环保、诚实守信，以更积极的态度投身公益慈善事业，定期编写社会责任报告并向社会公开，以公众之眼、社会之言来督促自身，促进企业的进步、社会的和谐。

在“五五规划”期间，我们计划开发新公益项目，新增爱心志愿者1万人，公益累计投入3000万元。其中，我们将投入1000万元设立“圆梦基金”，持续开展绿韵圆梦行动，着力构建政府指导、企业出资、基金会运作、社会组织广泛参与、国内国际联动、覆盖广泛困难人群的慈善公益生态圈。该项目包括设立绿之韵助学助教奖学金、绿+儿童关爱、同心致公班、乡村医疗小屋、乡村爱心书屋、乡村留守儿童合唱团等，为需要帮助的人和群体实现梦想。

我们还要做一个时尚绿之韵，即推进品牌的年轻化路线，从营销、产品、渠道、文化等方面创新升级，以时尚活力引领健康生活的消费潮流，全面推进营销数字化，打造一体化数字生态系统，让数字化全面融入企业经营。

在2023年的绿跑公益活动中，绿之韵集团20周年全新IP形象公仔“韵小宝”正式发布。从我们近年来的大健康的营销活动和推出的新产品中不难发现，我们已经在不断迎合年轻人的喜好，整体的营销创新都更多地围绕年轻人，想要在年轻人的市场中站稳脚跟，大部分营销活动已经有了“出圈”的效果，给品牌带来了足够多的曝光量和销量。

我们也会积极探索新消费、新模式，在每一次营销活动中，不断加深与新生代消费者沟通交流，构建多维沟通生态圈，持续发力品牌年轻化。

我们眼含星辰，心有坚守，要成为稳健发展的品牌。面对复杂多变的外部环境，我们牢固树立风险意识，坚持防范为主、化解为先，建立健全风险研判机制、决策风险评估机制、风险防控协同机制、风险防控责任机制。进一步提升防范风险的能力，做到正确认识风险、全面把握风险、沉着应对风险，快速响应市场的需求，从容应对市场的变化。

我相信，做到以上这些，在“五五规划”期间内，我们绿之韵终将成为“区域大健康产业名片”“大健康领域深受国民信赖的民族品牌”和“中华民族脊梁企业名片”。

在执行“三经九纬”的战略构想时，我们还会坚持用“实业兴国、实业强国”作为核心指针，务实推进产业集群，全力以赴构建绿之韵集团的大产业体系。

我们在“五五规划”中提出的“大产业”，是以集团健康产业为核心产业，进行产业布局；合作体为主体的健康管理、健康服务为辅助支撑产业，从产业升级、模式创新、载体建设、人才引进、服务提升、数字化转型等多个维度，形成一个具有较强创新能力和核心竞争力的大健康全产业链集群。培育 3~5 家公司，在中国港澳地区上市融资，参与国际并购、开展全球经营，逐步完成绿之韵大金融产业布局体系，提升国际市场综合竞争力。联合药企、药房、医院以及医疗健康行业从业人员，提升国内市场健康产业的核心竞争力。我们的产业板块涵盖房地产、生产基地、线下店、医院等。

我们期望能够实现的目标是，从优秀保健食品制造商，转型为卓越的大健康产业服务商。

为此，我们将充分发挥对中华传统文化和中医理论研究、应用的优势，深刻洞察消费者对健康的更高要求，在食、住、用、乐、养等方面进行产业布局，构建新时代特色的大健康生态圈。

我们投资20亿元的绿之韵中心项目已经开始全面装修。作为高端商务会议型酒店，它有豪华的客房，高端的餐饮、娱乐、休闲设施和完善的会议系统，并请全球最著名的酒店管理公司——喜来登，负责酒店的运营和管理。

规范的管理方法、先进的科技手段、过硬的工程质量、反响强烈的招商入驻让我们的绿之韵中心项目成为长沙城市CBD新地标。这里集高端智慧办公、高品质酒店及精品商业于一体，让人、空间、交通、城市有机连接，通过商业聚合和多业态的叠加，在有限的空间中串联多种场景，形成生活圈连接的闭环，进一步提升雨花区商业服务的品质。更为重要的还有，这一项目解决就业岗位2000个，每年为雨花区创造GDP3亿～5亿元，新增税收3000万～5000万元，助推城市发展迈向新高度。

我们本着“农户致富、企业增效”的原则，计划在对口帮扶的乡村，将茶产业、中药材产业等本地特色产业与旅游活动、旅游经营相结合，带动农民增收，实现从“输血”到“造血”的产业帮扶。

旅游活动既包括以深度体验、特色活动为亮点的沉浸体验型，也涉及以绿色生态、中医药养生为亮点的乡村康养型，还有以原始景观、历史赋能为亮点的古村体验型，以及以产村融合、主题体验为亮点的家庭农场型。

伴随互联网和数字经济的快速普及，我们乡村旅游营销传播手段会更加多元化，借助短视频、自媒体等新的营销手段，我们打造的乡村旅游点将成为网红景点，让“绿水青山真正成为金山银山”。

在健康产业方面，我们将运用数字化手段和智能设备采集健康数据，通过数据提炼、分析、解读和共享，达到精准获取需求、科学决策的目的。同时把数据应用到产业生态圈的所有相关者，打通数据采集、健康社交、健康管理、产品交易、智能硬件等环节，实现多方协同、快捷服务，确保大健康产业生态圈高效便捷运转。

厚植产业的“生态圈”，扩大合作的“朋友圈”，“五五规划”期间，我们仍将积极开展大健康领域战略合作，实现高质量、多层次的协同发展。要把做大产业影响力体现在平台上，深化与知名大院大所的合作，努力打造产业发展的“风向标”、资源汇聚的“强磁场”。

落实到具体工作，我们要紧抓项目节点，突出“存量的增量”和“增量的增量”这两个着力点，确保大健康产业发展驶入“快车道”、迈向“中高端”。以爆款思维培育增长点，以需求导向增进获得感，确保各项任务措施真正落到实处、取得实效。

在产业供应链方面，我们一直致力于建设快速响应、高效率、低成本并适应自身特点的供应链体系，不断升级内部运作结构，现已建立了一个集原材料、生产、仓储及物流于一体并连接全国行销网路的高效供应链。“五五规划”期间，我们又计划推进智慧仓储项目和智能化生产车间项目，利用现代化物流装备和智能仓储管理系统，实现供应链信息集成，保证货品进出的安全、精准和高效，通过数据驱动的优化措施不断提高生产效率和质量。

近几年，我经常来往于长沙、深圳、中国香港之间，一方面，是我担任了一些社会性职务，比如，中国香港湘都同乡会名誉会长、中国香港长沙商会常务副会长、中国香港观塘民联会名誉会长、中国香港中华教育基金荣誉主席等，希望能够搭建湘籍企业家沟通、交流、回乡的桥梁，推动长沙与粤港澳大湾区湘商企业家的深度交流与合作。另一方面，就是我在为绿之韵集团的大金融产业布局谋局开篇，全面提速“大品牌、大健康、大金融”的企业上市进程，拜访一些企业和金融机构，了解中国香港证券市场最新动态及上市改革新政，积极拓深、拓宽企业在中国香港、中国澳门等地的合作与交流。

党的十九大报告提出，要深化金融体制改革，增强金融服务实体经济能力，提高直接融资比重，促进多层次资本市场健康发展。我们绿之韵积极响应国家“鼓励和支持民营企业结合金融资本上市”的号召，秉持兼顾经济、环境、社会和治理效益的可持续发展价值观，践行“绿色金融”，全力打造专业的金融管理团队，培育大健康产业下的大金融产业布局体系，服务于国家“一带一路”整体发展，旨在通过“产业多元化”“大金融板块”撬动新的业绩增长点。

在大金融领域，绿之韵集团践行了其自身的创新和资源整合能力，在传统企业融资和投资领域保持积极，投资了生物制药、国防军工领域30余家企业，还深入探索与健康产业相结合的金融服务。

总体来看，我们是将“创新、协调、绿色、开放、共享”发展理念贯穿实现“大产业”的全过程。进一步推进科技创新、理念创新、管理创新、产品创新等各方面创新；对内进一步协调好各部门之间的关系，实现效率效益最大化，对外整合各方资源，做到内外统筹互补，增强发展整体性协调性；注重经济效益和生态效益融合发展，在节能降耗上做“减法”，在环保投入上做“加法”，提倡节约和高效利用资源；放眼于自有与合作两种资源，拓展对外开放的深度和广度，增强企业的多元化和包容性；共享推动普惠发展，把企业命运和健康中国战略、人民健康联系起来，让全体职工、所有客户共享企业发展成果。

怀抱“百年绿之韵”的梦想，我们将在“三经九纬”的战略设想中，全面贯彻五大新发展理念，坚持走高质量发展道路，全力以赴构建绿之韵集团的大服务体系。

回顾我们绿之韵的发展历程，能够有今天这样的局面，离不开以我们消费者为导向的品牌价值观和用心服务合作伙伴的长期坚守。对于服务，我们有着无止境的追求，总是会问自己一句：这样就可以了吗？

在今天，人们的选择和决策逻辑都越来越成熟、越来越个性化。怎样生活，怎样消费，早已不再有模板和标准答案。每一个决策背后，都是人们对于生活的个性化理解和自洽的选择。

我们绿之韵想做的是，以服务为突破口，在“环境、生意、组织”的时代变迁与政策变化中，不断审视、迭代、优化人与人之间的交互方式，与时代共振，与客户同频，实现从“我为你”到“我和你”，再到“我是你”的进阶之路。因此，在“五五规划”中，我们提出了“大服务”这一概念。

我们要以优质的产品服务，带给消费者巅峰体验。我们会基于消费者的需求，对产品潜心打磨和技术创新，增强服务消费者的核心能力。在保证产品功能的同时，通过颜色和细节提升产品质感、高端感及整体性，让美感融入生活，实现外在美观与内在品质的结合。

绿之韵经营的每一天，都将以优质的产品和服务，切实保护好消费者的权益，赢得消费者的尊重，提振消费者的信心，让每一位消费者安心使用好产品，享受优服务，因为绿之韵而体验到健康生活的美好，感受到幸福！

我们要建立一个为消费者服务的普惠平台、为合作者服务的升维赋能平台，以优质的服务，带给消费者和合作伙伴巅峰体验。我们计划增设4家省级分公司，携手合作伙伴加速线下体验店的规模化落地，让线下门店这一直面消费者和合作伙伴的交互窗口，能够有机会下沉到更多人身边，构建全方位深度连接。进入线下体验店，应该是消费者体验产品、享受服务的开始。

以往，我们的线下店只负责售卖产品，并不负责产品的售后维修。如果消费者或合作伙伴使用产品遇到售后问题，前往线下店寻求帮助，无论大小麻烦，都需要再转到专业的集团客户接收，将产品送到专门的售后服务维修点进行检修，这不仅影响消费者的售后服务体验，在某种程度上还会增加消费者享受售后服务时的沟通成本与时间成本。

在“五五规划”期间，我们将对线下体验店进行升级，配备经过专门培训的服务顾问。服务顾问不仅将热情地接待客户，并高效快捷地帮助客户解决困扰，在遇到产品技术疑难问题后还将寻求专业线上工程师的服务支持，全力为客户解决一切疑难问题。

简单概括就是，我们将服务扩展至产品的整个使用周期，全场景地覆盖消费者的需求，实现用户使用体验的一次重构。每一家店面，都将是消费者和合作伙伴的服务点，以服务全面赋能合作伙伴，让服务无处不在，最大限度便利消费者、服务消费者，让消费者安心使用绿之韵产品。

我们要以数字化服务，带给消费者和合作伙伴巅峰体验。“五五规划”

期间，我们绿之韵将以合作伙伴为核心的经销网络、以公众平台线上运营等作为支撑的数字化网络、以线下实体店为突破的服务网络相结合，从制造到销售、交易、服务保障等全链路实现数字化。

通过人工智能、数据分析、现代物流等服务，强化绿之韵数字化的服务能力，直面消费者，对接市场需求，更加精准有效地提供服务，从而完善消费者的购物体验，提高用户黏性，提高品牌美誉度和消费者的信任度。

我们的数字化服务还包括了健康干预、健康体检、健康评估、健康追踪、健康教育等数字化管理服务。绿之韵充分依托自身优势——遍布全国数量庞大的会员、数千家连锁店、先进管理机制和技术领先优势，致力于打造合作伙伴的大健康数字化服务体系，以“数字化、智能化、精准化”的健康管理服务引领企业发展。

我们的大数据服务于“大健康产业集群”，为合作伙伴和消费者精准匹配康养产品、医疗机构，推动资源之间的主动衔接和稳定匹配，着眼于企业与全人类、全社会的协调、共享发展。

在“五五规划”中，我们还提出金融服务生活的概念，我们计划与银行合作，发行联名卡，为合作伙伴提供全面而贴身的金融服务，包括证券经纪及财务顾问服务、期货经纪及资产管理服务，以更为快捷、便利、安全的金融“星级”服务，增强合作伙伴与集团公司的联系；我们计划与保险公司合作，推出定制险种，谋求合作伙伴的人身安全保障最大化。

当然，我们的服务不只面向消费者和合作伙伴，还有我们自己的员工。“五五规划”期间，我们要建立一个为员工服务的幸福增值平台，我们计划打造系统高效的薪酬体系，根据岗位及业务类型，建立客观公正的多元化价值评估与劳动报酬分配体系，确保所有员工能够获得与其劳动、职务水平相对应的报酬，为员工创造公平公正、积极进取的工作环境。

我们计划实施股权激励制度。通过积极促进员工持股，实现了企业价值与人力资本价值同步转化、企业与个人利益共享。

我们持续畅通职业发展通道。坚持把引育优秀人才作为发展战略之一，结合员工职业发展意愿，搭建员工发展平台，完善员工培训体系，使各个层面的员工都有机会在不同职业发展通道上接受培训和学习，让员工的工作技能、自身能力不断提升。

我们优化考核体系。以结果为导向，对员工进行不同维度的考核评估，并将考核结果作为员工调薪、职位变迁、合同续签、年终奖等重要参考指标。

我们还要成为为政府服务的责任平台，近年来湖南的营商环境越来越好，绿之韵加大了在湖南的投资力度，坚定信心在湖南发展。“五五规划”期间，绿之韵仍将积极参与和投入地方经济社会发展各项事业，为湖南经济高质量发展作贡献。

企业要做大，服务必须跟上。我相信，在“五五规划”期间，我们以服务作为企业核心，不断扩张产业版图，深化产业结构，提升健康调养的专业性，会让绿之韵深入消费者生活的点点滴滴。

人类因梦想而有力，梦想因美善而伟大。我们绿之韵的梦想，激荡着壮志与豪情，落笔乡村振兴，布局健康产业生态链，“五五规划”展新篇。我们校准梦想的罗盘，展开奋斗的双翼，搏击长空迎风雨，必将在新时代复兴大业中勇创新业。

后　记

随着这本《洞见的力量》的撰写接近尾声，我深感一种责任和满足。责任在于，我希望通过这本书，能够向读者传递出我对于企业管理的理解和实践；满足则在于，这本书也是我个人学习、思考与实践的结晶，它见证了我如何将中国传统文化与西方管理思想相融汇，并付诸实践的过程。

西方管理思想以其科学性、系统性和实用性在全球范围内得到了广泛应用。然而，在实践中，我也发现了一些西方管理思想的局限性。例如，在强调制度化和标准化的同时，有时可能会忽视人的情感和文化背景。而传统文化中的人文关怀、道德伦理和智慧谋略正好可以弥补这些不足。

有所追求的人，人生终究会经历一个向内求的“王阳明时刻”。而这种觉悟，常常来自自身的积累与启发。“譬之金之在冶，经烈焰，受钳锤，当此之时，为金者甚苦；然自他人视之，方喜金之益精炼，而惟恐火力锤煅之不至。既其出冶，金亦自喜其挫折煅炼之有成矣。”

因此，我开始尝试将传统文化与西方管理思想相结合。我研读了大量的古籍和西方管理学名著，汲取了先贤和大师们的智慧。同时，我也结合自己在企业管理中的实际经验，不断摸索和总结。在这个过程中，我逐渐找到了一种将传统文化与西方管理思想相融合的方法，并提出了成就不凡的十二大引擎这一概念。这些引擎包括初心、文化、党建、使命、管理、产品、科研、人才、诚信、感恩、公益、梦想，每个引擎都有其独特的内涵和应用方法，通过学习和实践，人们可以将其融入自己的工作，从而成就不凡。

当然，我也必须承认，对于传统文化和企业管理，虽然我在书中尽力将两者结合起来，但我的认识还存有浅薄之处。所以，我希望广大读者和创业者能够批评指正，提出宝贵的意见和建议。只有通过不断地交流和学习，我们才能够不断进步，不断创新。

此外，我还要感谢信任我、支持我、鼓励我、帮助我的每一个人。

我个人的成长、绿之韵的发展壮大，得益于各级领导、各位专家、各位同行以及社会各界人士的关心、支持和指导，心怀敬意，深表感谢。

特别感谢全国政协委员、国际易学联合会名誉会长、北京中医药大学国学院创院院长张其成先生，香港金融管理学院首任院长、香港中华教育基金理事长王中英女士，著名战略研究专家、北大和清华新营销总裁高级研修班特邀授课导师胡远江先生，百忙之中，淋漓遣墨，欣然为本书作序。

特别感谢中国经济出版社对本书的出版给予了大力支持和帮助。

我要感谢我的同事劳嘉女士，以及所有绿之韵同仁，感谢我的父母和家人朋友，在此书的创作过程中，与我一起回顾过去、把握现在、展望未来，激发了我的创作灵感。

我还要感谢那些参与本书编写的专家和学者们的辛勤工作和付出，他们的建议和意见让本书更加完善。同时，也要感谢那些在企业管理实践中勇于尝试和创新的企业家和管理者们，他们的经验和智慧为我提供了宝贵的素材和启示。

时间无限，岁月漫长；人生有限，刹那须臾。庆幸的是，文字作为超越时间的载体，能够存活百年千年。在这一场关乎于文字的旅行中，我深感传承是命脉所在，创新是活力源泉。我相信，站在巨人的肩膀上，我们能看得更清晰，走得更远，让每一份理想都开花结果！

2024 年 3 月 28 日于长沙